Günther Frischenschlager
Hilde und Willi Senft

Claudia & Peter, 9.5.13

Wanderführer

Ennstal

Vom Dachstein bis zum Gesc

D1719472

Gesäuse – Ennstaleralpen –
Kemetgebirge – Niedere Tauern –
Dachstein

2. Auflage

Leopold Stocker Verlag
Graz – Stuttgart

Umschlaggestaltung: Atelier Geyer, Judendorf-Straßengel
Umschlagfoto (Auf dem Weg von der Preintalerhütte zur Planai
mit Hochwildstelle im Hintergrund): W. Senft, Graz
Zeichnungen: Hilde Senft, Graz

Die Deutsche Bibliothek – CIP Einheitsaufnahme

Frischenschlager, Günther:
Wanderführer Ennstal : vom Dachstein bis zum Gesäuse ; Gesäuse –
Ennstaleralpen – Kemetgebirge – Niedere Tauern – Dachstein / Günther
Frischenschlager, Hilde und Willi Senft. – 2. Aufl.. – Graz ;
Stuttgart : Stocker, 2002
   ISBN 3-7020-0939-6
NE: Senft, Hilde ; Senft, Willi:

ISBN 3-7020-0939-6
Printed in Austria
Satz: „AGENDA", Wiener Straße 287, 8051 Graz
Druck: Euroadria Ljubljana

INHALTSVERZEICHNIS

1 Gstatterboden – Ennstalerhütte – Tamischbachturm 6
2 Rundweg: Mühlbach – Ennstalerhütte 7
3 Auf den Großen Buchstein 9
4 Hartelsgraben – Sulzkarhund 10
5 Haindlkarhütte – Gsengscharte – Johnsbach 12
6 Johnsbach – Hochtor – Heßhütte 13
7 Auf die Stadelfeldschneid 15
8 Johnsbach – Hochzinödl 17
9 Gesäuseeingang und Goferalm 18
10 Kaiserau – Admonter Kalbling – Sparafeld 20
11 Kaiserau – Riffel – Kreuzkogel 21
12 Auf den Lahngangkogel bei Trieben 22
13 Schitour auf den Leobner 24
14 Wandern um Admont: Frauenberg – Dörfelstein – Röthelstein 25
15 Auf den Pleschberg bei Admont 27
16 Auf den Bosruck 28
17 Von der Ardningalm zum Pyhrgasgatterl 30
18 Auf den Großen Phyrgas 31
19 Buchauersattel – Natterriegel – Bärenkarmauer 33
20 Auf den Grabnerstein 34
21 Schitour auf den Grabnerstein 36
22 Schitour auf den Scheiblingstein 37
23 Liezen – Hintereggalm – Nazogl – Angernalm 38
24 Hochmölbinghütte – Hochmölbing 40
25 Wörschach – Hochtausing 42
26 Auf das Dürrenschöberl 43
27 Rottenmanner-Hütte – Hochheide 45
28 Gaishorn – Flitzenschlucht – Kalblinggatterl 46
29 Auf den Blosen bei Oppenberg 48
30 Oppenberg – Riednersee – Seekoppe 50
31 Schitour auf den Hochschwung 51
32 Schitour auf den Brennkogel 52
33 Schitour: Oppenberg – Hintergullingspitz 54
34 Schitour: Oppenberg – Hochgrößen 55
35 Auf Mölbegg und Hochstein 56
36 Auf den Hochrettelstein 58
37 Donnersbach – Moseralm – Karlspitz – Totenkarspitz 59
38 Schitour von Treglwang auf das Vöttleck 61
39 Wandern im Gebiet der Mörsbachhütte 62
40 Von der Mörsbachhütte auf das Große Bärneck 64
41 Donnersbachwald – Finsterkarsee – Finsterkarspitz 65
42 Donnersbachwald – Michelirlingalm – Schoberspitze – Schreinl 67
43 Donnersbachwald – Lärchkaralm – Jochspitze 68

44 Donnersbachwald – Glattjoch – Eiskarspitz – Hohenwart 70
45 Schitour: Von der Planneralm auf das Schreinl................................ 71
46 Öblarn – Englitztalalm – Bergkreuzkapelle 73
47 Öblarn – Englitztalalm – Hangofen 74
48 Von Fleiß im Großsölktal auf das Gumpeneck 76
49 Vom Großsölktal auf das Gaßeneck 78
50 In die „Seifrieding" bei Mössna im Großsölktal............................... 79
51 Mössna – Gstemmerscharte – Mörsbachhütte – Donnersbachwald.... 81
52 St. Nikolai – Hohensee – Schwarzensee – Mittereck 83
53 Auf den Großen Knallstein 84
54 Von der Sölkpaßstraße auf den Hochstubofen 85
55 Auf das Deneck 86
56 Kleinsölktal – Tuchmoaralm – Seekarlscharte 88
57 Kleinsölk – Kochofen – Schladminger Törl 89
58 Auf das Spateck 91
59 Auf die Karlspitze und zur Strickeralm 92
60 Vom Schwarzensee auf den Predigstuhl 94
61 Auf das Kieseck 95
62 Putzentalalm – Prebertörl – Rantentörl 97
63 Putzentalalm – Lemperkar – Hochgang 98
64 Putzentalalm – Landschitzscharte 100
65 Putzenalm – Kaiserscharte – Preintalerhütte................................ 102
66 Schitour auf das Gumpeneck 103
67 Öblarn – Zinken – Gumpeneck 104
68 Pleschnitzzinken – Scheibleck 106
69 Ruperting – Hauser Kaibling – Moaralmsee – Kolleralm 108
70 Vom Hauser Kaibling auf den Höchstein 110
71 Vom Sattental zu den Goldlacken 111
72 Auf die Hochwildstelle 113
73 Zum Klafferkessel 115
74 Auf das Waldhorn 116
75 Planai – Preintalerhütte 118
76 Viermannlspitze – Sonntagkarzinken 120
77 Schladminger Untertal – Gollinghütte – Greifenberg 121
78 Auf den Hochgolling 123
79 Duisitzkar – Giglachsee – Hopfriesen................................ 125
80 Eschachalm – Keinprechthütte – Rotmannlspitze – Giglachsee 126
81 Zu den „Steinernen Rinnen" im Knappenkar 128
82 Giglachsee – Hochwurzen 129
83 Auf die Steirische Kalkspitze 131
84 Reiteralm – Gasselhöhe – Rippeteck – Schober 133
85 Schitour: Auf den Schusterstuhl im Sattental 134
86 Schitour: Auf das Säuleck 135
87 Auf den Grimming 137
88 Lengdorf – Perillenalm – Kammspitze 139

4

89 Felsritzzeichnungen im Gebiet der Neubergalm 141
90 Kammspitze und Mausbendlloch 142
91 Zu den geheimnisvollen Felszeichnungen in der „Notgasse" 144
92 Von Aich-Assach auf den Stoderzinken 145
93 Weißenbach – Kufstein 147
94 Durch die Silberkarklamm zum Hölltalsee 149
95 Luseralm – Hölltalsee – Silberkar 150
96 Auf die Lackenmoosalm „Auf dem Stein" 152
97 Von der Ramsau auf die Scheichenspitze 154
98 „Ramsauer Klettersteig":
   Hohe Gamsfeldspitze – Scheichenspitze 155
99 Zu den Füßen der Dachsteinsüdwände 157
100 „Über den Stein": Vom Krippenstein ins Ennstal 159

Seit 1994 hat sich auf dem Kartensektor einiges getan, so daß es angebracht ist, die im Rahmen unserer Tourenvorschläge angeführten
Wanderkarten zu ergänzen bzw. auf den neuesten Stand (2002) zu bringen.

Freytag & Berndt
WK 202 Radstädter Tauern – Katschberg – Lungau
WK 201 Schladminger Tauern – Radstadt – Dachstein
WK 281 Dachstein – Ausseer Land – Filzmoos/Ramsau
WK 082 Totes Gebirge – Windischgarsten – Tauplitz/Liezen
WK 062 Gesäuse – Ennstaler Alpen – Schoberpaß
WK 051 Eisenwurzen – Steyr – Waidhofen/Y. – Hochkar

Kompaß-Wanderkarten
WK 19 Almtal – Steyrtal – Totes Gebirge
WK 67 Lungau – Radstädter Tauern
WK 68 Ausseerland – Ennstal
WK 69 Gesäuse – Pyhrn/Priel
WK 222 Wölzer-, Rottenmanner-, Triebener Tauern

1 Gstatterboden – Ennstalerhütte – Tamischbachturm

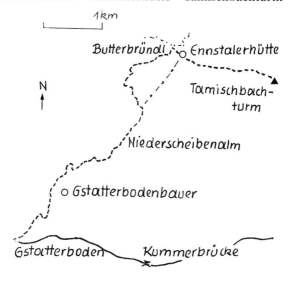

Neben dem kleinen Bergkirchlein von Gstatterboden beginnt unser markierter Pfad, der mehrmals Forstwege überquert oder ihnen auch einmal ein Stück folgt. Am prächtigen Jagdsitz „Gstatterbodenbauer" und einer kleinen Kapelle vorbei gelangen wir auf die Niederscheibenalm. Vom östlich gelegenen Gstatterstein haben 1979 ein verheerender Felssturz und ein anschließender Windwurf eine riesige Waldfläche verwüstet; man erkennt heute noch die Folgen in allen Einzelheiten. Die Talstation der 1974 neu erbauten Materialseilbahn zur Versorgung der Ennstalerhütte lassen wir rechts liegen und steigen nun steiler durch Hochwald auf den bewaldeten Felskamm (Jagdhütte „Butterbründl"). Durch eine prachtvolle Bergflora (Flockenblume, Storchschnabel, Frauenmantel usf.) geht es weiter bis zur 1544 m hohen Ennstalerhütte mit bereits prächtiger Fernsicht auf alle Gesäuseberge. Die Hütte ist seit 1924 – heute entsprechend modernisiert – im Besitz der AV-Sektion Steyr. 2½ bis 3 Gehstunden vom Tal. Die Hütte ist von Mai bis Oktober geöffnet. In 1 bis 1½ Stunden von hier zum Gipfelkreuz des Tamischbachturmes, welcher der am leichtesten und völlig gefahrlos zu erreichende Gipfel des Gesäuses ist (2035 m). Aussicht: Gr. und Kl. Buchstein; Hochtor, Ödstein und Planspitze; Heßhütte und Hochzinödl, Lugauer und Kaiserschild; Dachstein, Gr. Priel, Großglockner, Schneeberg, Donautal, Gleinalm und Petzen. Leichte bis schwierige Kletereien an der benachbarten Tieflimauer und am Kl. Buchstein.

Die Gipfelschau vom Tamischbachturm eröffnet dem Wanderer nicht nur die grandiose Aussicht auf die weltberühmten Wände der „Hochschule des Bergsteigens", wie das Gesäuse seit den zwanziger Jahren unseres Jahrhunderts genannt wird, sie gibt auch einen Einblick in die Geschichte des Ennstales. Sein Gesicht war ja von den Eiszeiten, vom „Ennsgletscher", gestaltet worden, der in der Zeit seiner größten Ausdehnung, im Riß, vom Dachstein bis nach Großraming (gut 20 km nördlich der Landesgrenze bei Altenmarkt) reichte und in seinem Vereisungszentrum eine Mächtigkeit von ca. 850 m, beim Gesäuseeingang eine Stärke von 470 m aufwies. Ein Seitenarm floß über den Pyhrnpaß nach Windischgarsten, der größte von ihnen durch das Paltental bis nach Furth, etwa 5 km westlich des Schoberpasses. Kleinere „Zwischengletscher" füllten u. a. das Johnsbachtal, den Hartelsgraben und die Radmer aus, so daß alle Gipfel nur mit geringer Vereisung aus dem Gletschermeer ragten. Die vier Eiszeiten veränderten jeweils den Schottergehalt der Täler; das Eis bewegte sich talwärts, hobelte dabei Hindernisse ab und schob jedesmal Millionen Tonnen von Gesteinsschutt vor sich her. Bohrungen bei Wörschach ergaben, daß das Tal der Enns dort fast 200 m hoch mit Sanden und Schotter aufgefüllt wurde. Nach dem Abschmelzen des Eises vor rund 10.000 Jahren entstand – auch durch einen Felssturz von der Haindlmauer des Gesäuses verstärkt – zwischen dem Gesäuseeingang und Irdning ein 30 km langer See, der mit einem 15 km langen Seitenarm auch das Paltental ausfüllte.

W a n d e r k a r t e n : F&B: Blatt 6; ÖK: Blatt 99 u. 100 oder Gebietskarte Ennstal; AV-Karte Nr. 16; G e h z e i t : Ennstalerhütte 2¹/₂ bis 3 Std., zum Gipfel: 1 bis 1¹/₂ Std.; HU.: 1458 m.

2 Rundweg: Mühlbach – Ennstalerhütte

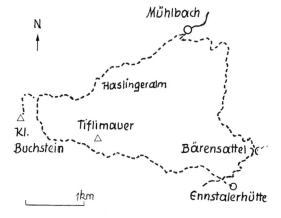

Diese landschaftlich großartige und auch hochalpine Wanderung ist nur etwas für geübte Bergwanderer und sollte nur bei trockenen Wetterverhältnissen unternommen werden. – Ausgangspunkt ist Mühlbach zwischen

Großreifling und St. Gallen in der Nähe des Erbsattels. Wir fahren hier noch 2 km in den Mühlbachgraben hinein und folgen nun der Markierung Nr. 650 hinauf zur Ennstalerhütte. Durch Mischwald geht es aufwärts, und nach etwa 1½ Std. tritt der Wald zurück. Latschen bilden nun die Hauptvegetation, und wir erreichen den Bärensattel, wo auch ein markierter Pfad durch den Tamischbachgraben heraufkommt. Nach einer weiteren halben Stunde sind wir auf der Ennstalerhütte (1544 m; von 15. 5. bis 15. 10. geöffnet). – Von hier folgen wir nun der Markierung in Richtung Kl. Buchstein, wobei es mäßig steigend ein bißchen im Auf und Ab dahingeht. Am teils berasten, teils mit Latschen bestandenen Rücken wandern wir weiter. Direkt vor uns baut sich die Tieflimauer und dahinter großartig der Kl. Buchstein auf. – Nun folgt ein besonders schönes Wegstück mit Blick auf die gegenüberliegenden Gipfel des Gesäuses. Bald sind wir unterhalb der Tieflimauer (markierter Klettersteig zum Gipfel zweigt hier ab). Wir gehen aber linker Hand weiter. Nach Querung einer Schuttriese führt der zwischendurch Trittsicherheit verlangende, aber nie gefährlich ausgesetzte Pfad hinauf auf den Verbindungsgrat zwischen Tieflimauer und Kl. Buchstein. Es folgt eine längere Querung im schrofigen Gelände bis in die Scharte des Kl. Buchsteins (dieses Wegstück nur bei trockener Witterung begehen; unsichere Anfänger durch Rebschnur sichern). Nun geht es steiler abwärts, und bald erreichen wir das begrünte Kar unterhalb des Buchsteins und kommen zur markierten Abzweigung des Klettersteiges zum Gipfel des Kl. Buchsteins. – Unsere Markierung führt uns in den Haslingergraben und zur Bruckwirtalm, und dann sind wir schon beim Ausgangspunkt und waren 5½ Std. an reiner Gehzeit unterwegs.

Da unser Ausgangspunkt an der Verbindung von Großreifling über den Erbsattel nach St. Gallen liegt, lohnt es sich, einiges über die Sehenswürdigkeiten und Historisches von der „Eisenstraße" zwischen Leoben und Steyr bzw. zwischen Hieflau und Großreifling in Erinnerung zu rufen:

H i e f l a u , an der Einmündung des früher „Schollnitz" (Salzbach) genannten Erzbaches in die Enns gelegen, war aufgrund seiner Verkehrslage für das Eisenwesen wichtig. Schon 1510 wurde hier zur Holzkohlegewinnung ein erster „Ennsrechen" errichtet, der aber durch Hochwasser zerstört wurde. 1572 ließ der Landesfürst Erzherzog Karl durch den Tiroler Hans Gasteiger hier den größten Holzrechen der Monarchie errichten (585 m lang, 695 bis zu 9,5 m lange Piloten im Ennsboden; Modelle im Eisenerzer Museum und im Forstmuseum Großreifling!), der bis 1890 (Einführung der Kokshochöfen!) arbeitete und das aus dem Ennstal herabgetriftete Holz auffing, welches an den Kohlstätten gut 300 Jahre lang durch rund 100 Beschäftigte zu Holzkohle (in „liegenden", ab 1800 in „stehenden" = italienische Rundmeilern) verarbeitet und den Eisenerzer sowie Hieflauer Hochöfen (1810–1923) zugeführt wurde. Reste dieses gewaltigen Bauwerkes am „Tor zur Eisenwurzen", wie man den ehemaligen Hammerbezirk der Innerberger Hauptgewerkschaft nannte, sind heute bei Niedrigwasser der Enns noch zu sehen. In L a i n b a c h , früher Lehmbach, beginnt die sog. „Dreimärktestraße", die über Gams und Palfau nach Lunz führt und auf welcher der vertraglich zustehende Proviant (landwirtschaftliche Produkte) von Scheibbs, Gresten und Purgstall gegen das „Eisenerzer Graglach" (hochgekohltes Eisen = Stuckofenne-

benprodukt für die sog. Zerrenhämmer) zugeführt wurde. Ehemaliges „Herrenhaus" (Lainbach Nr. 6) des Lainbacher Hammerwerkes noch erhalten, ca. 1600 entstanden.
G r o ß r e i f l i n g : Schönes Ensemble Filialkirche hl. Nikolaus (1507), Alter Kasten und Neuer Kasten (1771) für Getreide, in dem das Österreichische Forstmuseum („Silvanum") von FOL Alfred Grabner eingerichtet wurde (geöffnet: 1. 5. bis 31. 9., tägl. außer Montag 10–12 u. 13–17 Uhr).
W a n d e r k a r t e n : F&B: Blatt 6; ÖK: Blatt 99 u. 100 oder Gebietskarte Ennstal; AV-Karte Nr. 16; G e h z e i t : 5½ Std.; HU.: ca. 850 m.

3 Auf den Großen Buchstein

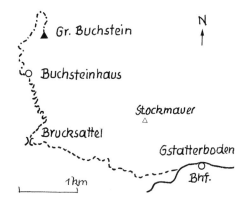

Wandfluchten von 1000 m Höhe und dazwischen das grüne Band der Enns – das ist unsere „Bergheimat Gesäuse". Die meisten der rassigen Touren sind den Kletterern vorbehalten, aber dazwischen gibt es doch einige Wanderpfade mitten hinein in die prachtvolle Berglandschaft, hinauf zu den Aussichtspunkten und auf den einen oder anderen Gipfel. – Ein solcher Aussichtspunkt ist das Buchsteinhaus in 1571 m Seehöhe; eine herrliche Sonnenterrasse und eine regelrechte „Theaterloge" vor der grandiosen Schau der Gesäusewände.
Wir gehen in Gstatterboden vor dem Bahnübergang weg; zuerst auf einer Forststraße, dann auf einem Wanderweg, der mit der Nr. 641 bis hinauf zum Haus leitet. Die Forststraße wird dabei mehrmals überquert. Ab dem Brucksattel wird der Pfad dann etwas breiter und führt in vielen Serpentinen sehr angenehm bis zum Buchsteinhaus. – Nach 2½ Std. sind wir oben, und für den Normalwanderer ist die Tour hier bzw. ein Stück oberhalb des Hauses, wo die gewaltigen Wände des Gr. Buchsteins ansetzen, beendet. – Geübte Alpinisten dürfen sich allerdings ohneweiters an den Gipfel selbst wagen;

hierzu muß man aber im leichten Fels absolut sicher sein (Schwierigkeitsgrad I ist rot markierter „Normalweg"; Schwierigkeitsgrad I–II als sog. „Wengersteig" blau markiert). Auch der „Normalweg" kann bei Nässe oder Neuschnee unangenehm werden, daher Vorsicht! – Vom Buchsteinhaus zum Gipfelkreuz mit der Inschrift „Alpha bis Omega" benötigen wir an die 2 Std. – Geologisch gesehen stammen die berühmten Kletterwände des Gesäuses aus einer Zeit vor 100 bis 200 Millionen Jahren. Es sind die herrlich gebänderten und gebankten Dachsteinkalke, die teilweise wunderbare Kletterwege abgeben. Den Sockel dieser Kalke bilden Dolomit und gelegentlich auch tonhaltige, wasserundurchlässige Schichten, an denen Quellen austreten; eine solche Quelle versorgt auch das Buchsteinhaus mit Wasser.

Ortskundliches: Gstatterboden: „Hauptstadt" des Gesäuses in 574 m Seehöhe, ca. 200 Ew., PLZ: A-8913.
Gstatterboden (1383 „Staderpach" – der ruhige, hier tatsächlich etwas „stader", ruhiger, fließender Bach = Enns; 1434 und 1439 „Staderwag" = vom mhd. wag, womit das Wasser in einem Flußbett oder Graben bezeichnet wurde) zählt zu den bekanntesten Ausgangspunkten in die „Hochschule des Bergsteigens", die nach der Erstbegehung der Roßkuppenkante (Sixt-Hinterberger, 1925) durch Jahrzehnte die Geschichte des Alpinismus in Österreich geprägt hat. Während das Admonter Becken, das Johnsbachtal und der Übergang in die Radmer schon in illyrischer Zeit (17.–7. Jhdt. v. Chr.) besiedelt waren (Salzgewinnung bei Hall, Gräberfunde bei Wörschach, Schmelzofenspuren unter dem Zinödl-Gipfel), galt das 16 km lange, von bis zu 1800 m höher liegenden Gipfeln eingerahmte Gesäuse lange als unpassierbar. Es wurde zunächst nur das für die Kohlenmeiler von Hieflau bestimmte Holz im Wasser der Enns „getriftet" bzw. zu den Hammerwerken des St. Gallener Beckens weitertransportiert. 1888 erwarb das Land Steiermark die stark verlichteten Waldflächen im Gesäuse und um St. Gallen und entwickelte im Rahmen der „Steiermärkischen Landesforste" durch sachkundige Bewirtschaftung daraus wieder hochwertiges Forstgut, das nicht zuletzt gemeinsam mit Bahn und Straße sowie dem Stauseekraftwerk dem Bergsteigerzentrum zu seiner heutigen Gestalt und Bedeutung verhalf.
Wanderkarten: F&B: Blatt 6; ÖK: Blatt 99 und 100 oder Gebietskarte Ennstal; AV-Karte Nr. 16; Gehzeit: Buchsteinhaus 2¹/₂ Std.; Gipfel 2 Std.; HU.: 1655 m.

4 Hartelsgraben – Sulzkarhund

Wir beginnen unsere Wanderung an der Ennsbrücke, etwa 4 km von Hieflau entfernt, wo der Hartelsgrabenbach in die Enns mündet. (Wir folgen zuerst der Nr. 665, dann der Nr. 601.) Wir überqueren die Bahngleise und steigen neben dem wilden Bergbach aufwärts in den engen Klammeinschnitt hinein. Von beiden Seiten kommen Wasserfälle herunter. Weiter geht es auf einem alten Almweg im Hartelsgraben ziemlich steil aufwärts. Aber schon nach etwa 20 Min. wird es flacher. Einmal führt der Weg links, dann wieder rechts vom Bach. Nochmals wird der Weg steiler, und wir kommen an Wasserfallkaskaden vorbei – der Almweg wurde seinerzeit unter großen Mühen angelegt. Nach 1¹/₂ Std. lassen wir die Schlucht hinter uns und erreichen über-

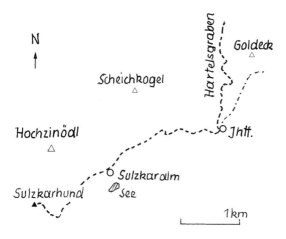

raschend bei den „Jagdhütten" Wiesengelände. Links zweigt hier der Weg Nr. 666 über den Goldecksattel nach Hieflau ab; wir folgen in westl. Richtung dem Weg Nr. 601 zur Sulzkaralm. – Vorerst geht es flach taleinwärts. Über kleine Almböden und durch lockeren Almwald geht es angenehm hinauf, und hinten im Talschluß sehen wir schon den Einschnitt des Sulzkarhunds. Unser Steiglein schlängelt sich hübsch durch die Felsblöcke auf dem Almboden dahin, und dann erreichen wir auch bald die romantische Sulzkaralm. Wir folgen weiter dem alten Saumweg hinauf zum Sulzkarhund und kommen rasch an den Talschluß heran. Nun taucht vor uns der auffällige rote Felsklotz auf, der die Einsattelung teilt: Von der Ferne sieht er wie ein sitzender Hund aus. Zum Schluß verschwindet unser Pfad im steilen Rasengelände zur Scharte hinauf, ist aber immer problemlos zu finden. Dann sind wir oben auf 1821 m in der wunderschön gelegenen Sulzkarhundscharte mit dem bekannten Kreuzmotiv vor der lotrechten Felskante des Hochzinödl. – Gute 3½ Std. haben wir herauf gebraucht. Von oben sieht man auch sehr schön auf den Sulzkarsee, den wir beim Rückweg von der Sulzkaralm aus aufsuchen sollten, wenn wir denselben Weg wieder zurückgehen. – Man könnte natürlich auch nach der anderen Seite nach Johnsbach absteigen, hat aber dort das Problem der Rückkehr zum Ausgangspunkt.

Mit der Felsgestalt des „Sulzkarhundes" verbindet der Volksmund, wie mit vielen anderen eigenartig geformten Felsformationen oder einzelnen Blöcken, eine Sage: In den mittelalterlichen Zeiten des Faustrechts hatte ein Ritter von Strechau bei Rottenmann Schloß Friedstein im Ennstal überfallen, den Besitzer getötet und dessen Tochter auf sein Schloß entführt. Der treue Schloßhund war aber dem Fräulein, das bald danach durch einen Kleidertausch mit seiner Zofe der Gefangenschaft entrinnen konnte, heimlich gefolgt. Er begleitete die Flüchtende in die Johnsbacher Berge, wo sie schließlich auf der Jägerhoferalm vor Hunger und Kälte zusammenbrach und in den Armen eines Holzknechts starb. Dieser holte den Johnsbacher Pfarrer und einige Leute, die nun auch das treue Tier an der Seite seiner Herrin tot liegend fanden. Das Ritterfräulein wurde auf dem Friedhof von Johnsbach zur letzten Ruhe gebettet, der Hund hingegen blieb an Ort und Stelle und versteinerte im Lauf der Zeit, so erzählt die Sage. Nachts, wenn Wilderer in den Wäldern umgehen oder sittenlose Burschen einer Sennerin auflauern, sprühe der Sulzkarhund aus Augen und Rachen helles Feuer, so daß die bösen Menschen von der friedlichen Alm flüchten.

Wanderkarten: F&B: Blatt 6; ÖK: Blatt 99 und 100 oder Gebietskarte Ennstal; AV-Wanderkarte Nr. 16; Gehzeit: ca. 3½ Std.; HU.: Ennsbrücke 521 m, Sulzkarhundscharte: 1821 m.

5 Haindlkarhütte – Gsengscharte – Johnsbach

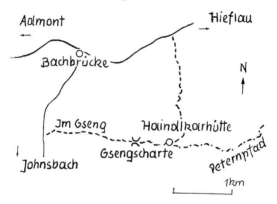

Auf dem Parkplatz an der Gesäusebundesstraße lassen wir uns vom Hinweisschild „Haindlkarhütte" 1¼ Std. bergauf leiten. Neben dem Bachbett steigen wir im Geröll aufwärts. Vor uns bauen sich die wilden Wände von Roßkuppe, Dachl, Hochtor, Festkogel und Ödstein ganz mächtig auf. Verhältnismäßig rasch kommen wir zwischen den Felsblöcken und Wandln höher. Schließlich wird das Haindlkar gegen die Wände zu etwas flacher. Wir kommen an der berühmten Alten Haindlkarhütte vorbei und stehen dann gleich vor dem neuen Bau (1960). – Nun folgen wir der Hinweistafel „Gsengscharte 1½ Std. ins Johnsbachtal zur Bushaltestelle Bachwirt". – In einem romantischen Hochtal mit Schuttriesen beiderseits und darüberstehenden Felstürmen erreichen wir bereits nach einer guten Viertelstunde die Gsengscharte. – Drüben geht es zuerst über eine kurze Schuttriese mit eingebauten Trittstaffeln sowie einer Drahtseilsicherung hinunter, wobei man einen interessanten Blick ins Admonter Becken hat. Der Pfad ist ungefährlich, und sobald die ersten Latschen erreicht werden, ist der Weg auch ordentlich fest.

Wir steigen nun in der Nähe eines Schotterwerkes ab. Bald haben wir dann den Johnsbach erreicht und gehen an seinem rechten Ufer etwa 1^1/$_2$ km hinaus bis zum Gasthof „Bachbrücke", von wo es gut 2 km bis zum Parkplatz „Haindlkar" an der Bundesstraße sind. – 3^1/$_2$ bis 4 Std. waren wir insgesamt unterwegs. Aus dem Haindlkar führt der bekannte „Peternpfad" in die andere Richtung zur Peternscharte und hinunter zur Heßhütte. Für seine Begehung muß man geübt, trittsicher und schwindelfrei sein. Der mit Farbflecken markierte Steig führt zuerst unter Hochtor und Roßkuppe in den innersten Kar-Hintergrund und von dort dann überraschend linker Hand über Felswandln und Schrofen in unschwieriger Kraxelei (Grad I–II) hinauf in die Peternscharte.

J o h n s b a c h : Gebirgsstreusiedlung in 800–900 m Seehöhe im oberen Johnsbachtal mit berühmtem Bergsteigerfriedhof; ca. 300 Ew.; PLZ: A-8912; Auskünfte: Tel. 0 36 13/23 55 17.

Das Gesäuse selbst wurde – im Gegensatz zum Admonter Becken und dem Raum um Hieflau und Eisenerz – wegen seiner urweltlichen Unzugänglichkeit erst sehr spät begehbar gemacht. Nur die Jäger wagten sich in diese wildreiche Gebirgslandschaft, unter ihnen so prominente wie Rudolf I. der Stifter (1281) und Kaiser Maximilian I., der dem Admonter Stift 1508 die gesamte Jagd „über die Ennspruggen auf die rechte Straßen vom Innerperg (Eisenerz) auf Admund" mit allem Hochwild abverlangte und als sein Eigen erklärte. Während die leichter zugänglichen Teile schon früher genannt wurden (Johnsbach 1139 als „ripa jonis" = Bach des Johannes; der Admonter Kalbling 1131 als „Calbinga" = vom mhd. kalo/kalwes = kahl, unbewachsen), findet die allmähliche Erschließung des Gesäuses erst relativ spät ihren Niederschlag (1392 der „Gstatterhals", 1497 der „Zinödl", 1560 der „Große Buchstein" und Gstatterboden als „Gstaderwag", zuvor 1383 als „Staderpach" = das „ruhige Wasser"). Erst um 1840 legte man die erste befahrbare Straße durch das Gesäuse an, den zugrunde gelegten Saumweg hatten zuvor schon F. Grillparzer und – bei Nacht und Nebel – Erzherzog Johann benützt, und 1872 fand die kühne Anlage der „Kronprinz-Rudolf-Bahn" (Amstetten–Gesäuse–Selzthal) ihren „touristenbringenden" Abschluß. Das Johnsbachertal gehörte schon im 12. Jhdt. zum Stift Admont, wenngleich es von der Radmer oder dem Paltental her besiedelt wurde, und erhielt 1310 eine eigene Pfarre St. Ägyd, die als Zentrum der dort um einen 1152 erbauten „Meisterhof" (Donnerwirt) angelegten 15 Gehöfte galt (Anzahl der Gehöfte noch heute gleich!). Der jahrhundertealte stiftische Bergbau (Eisen, Blei, Silber, Kupfer, Quecksilber und Kobalt) basierte auf jenen Grauwackenvorkommen, die schon illyrische Stämme erschmolzen. (Bronzezeitliche Kupferschmelzplätze unter dem Gipfel des Zinödl und im Johnsbachtal!)

W a n d e r k a r t e n : F&B: Blatt 6; ÖK: Blatt 100 oder Gebietskarte Gesäuse; AV-Wanderkarte Nr. 16; G e h z e i t e n : Aufstieg ca. 4 Std.; Abstieg: 3^1/$_2$ Std.; HU.: 1330 m.

6 Johnsbach – Hochtor – Heßhütte

Die Besteigung des Hochtors über das „Schneeloch" ist nur etwas für Geübte, Trittsichere und Schwindelfreie. Für alle, die den untersten Schwierigkeitsgrad I der Kletterskala (= „unschwierig") beherrschen, ist die Tour auf das Hochtor, den mit 2369 m höchsten Gipfel des Gesäuses, aber besonders

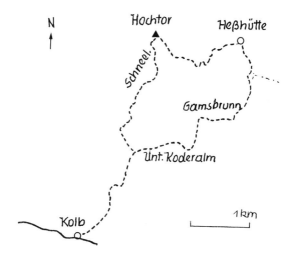

lohnend. Die Gesamtgehzeit für diese Bergbesteigung beträgt 7½ bis 8 Std., wenn man die Heßhütte mit einbezieht, so daß sicheres Wetter und gute Kondition weitere unabdingbare Voraussetzungen sind! – Ausgangspunkt ist der Gasthof Köberl in Johnsbach, von wo aus wir zuerst den markierten Weg in Richtung Heßhütte einschlagen. Auf der Unteren Koderalm, schon direkt unterhalb der gewaltigen Felsabstürze des Ödstein-Hochtorzuges, zweigt der markierte Pfad zum „Schneeloch-Hochtor" ab. Eine erste und zweite kleine Karstufe werden durchstiegen; ringsum wachsen die lotrechten Felswände steil empor, eine kurze Latschenzone wird durchquert, über kleine Geröllhalden geht der Weg weiter. Dann betritt man den Rand einer großen, kararttigen Trichterdoline, deren Boden auch im Herbst noch mit Schnee erfüllt ist – das „Schneeloch". Überraschend einfach führt der Steig über die steile Kesselumrahmung hinweg, indem Schrofenstufen auf guten Tritten überstiegen werden. Zwischendurch führt der Pfad auf Rasenbänken weiter, und nur viermal müssen solche mehrere Meter hohe Wandln überwunden werden. Dann legt sich das Gelände zurück, und plötzlich stehen wir beim Gipfelkreuz und haben einen Pracht-Rundblick auf alle Gesäusegipfel, Hochschwab, Dachstein und viele Tauernberge. Besonders eindrucksvoll ist die Tiefschau auf das direkt unterhalb liegende „Dachl" und das grüne Band der Enns. 3½ bis 4 Std. haben wir von Johnsbach herauf gebraucht. – Der Abstieg über den gesicherten Josefinensteig zur Heßhütte (2 Std.) kann wegen des gelegentlichen Fehlens von Versicherungen etwas schwieriger als der Steig über das „Schneeloch" sein, so daß es sich durchaus empfiehlt, den Aufstiegsweg auch wieder abzusteigen, was die Tour auch um 2 Std. verkürzt.

14

Gilt Johnsbach gleichsam als der Hauptausgangspunkt für die „einfacheren" Besteigungsmöglichkeiten der Gesäusegipfel, so sind die Haindlkarhütten jener legendäre Standort, von dem aus Generationen von Kletterern nach den berühmtesten Routen durch die „Hochschule des Bergsteigens" gesucht haben. Während jene Jäger und Bauern, die als erste die leichteren Gesäusegipfel bestiegen hatten, oder der Johnsbacher Jäger Fehringer, der den Gr. Ödstein als erster bezwang, ebenso wie die Johnsbacher Bauern Kölbl und Wolfbauer, die wohl die ersten Menschen auf dem Hochtorgipfel waren, darüber keine Aufzeichnungen hinterließen, ist die Geschichte der Klettererfolge bis zu den extremsten Sportkletterrouten unserer Tage meist sehr gut dokumentiert. Das bekannteste Kletterparadies Österreichs wurde 1925 durch die erste extreme Gesäusefahrt des Münchners Karl Sixt und des Wieners Fritz Hinterberger eröffnet; es war die Roßkuppenkante. Die Vertreter der sog. „Wiener Schule" und der mit dieser konkurrierenden „Münchner Bergsteigerschule", die quasi von da an zusammenwirkten, bezeichneten schließlich die Gesäusewände und -gipfel als „Hochschule des Bergsteigens". Sie sollte durch Jahrzehnte die Geschichte des Alpinismus in Österreich prägen.

Wanderkarten: F&B: Blatt 6; ÖK: Blatt 100 oder Gebietskarte Gesäuse–Ennstal; AV-Wanderkarte Nr. 16; Gehzeiten: über Schneeloch ca. 3¹⁄₂ bis 4 Std.; Abstieg bis Heßhütte (1699 m Seehöhe, Tel. 0 36 11/295) und Heßhütte–Gh. Köberl: je 1¹⁄₂ bis 2 Std.; HU.: 1518 m.

7 Auf die Stadelfeldschneid

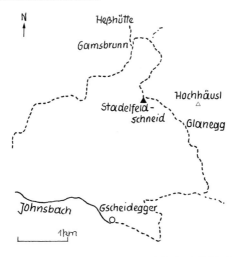

Vorweg sei festgehalten, daß die Wanderung auf die Stadelfeldschneid leicht ist, also keinerlei Kletterfertigkeiten verlangt. Aber der Weg ist unmarkiert, und man muß manchmal ein bißchen „Pfadsuche" in Kauf nehmen. – Wir können die Rundwanderung von Radmer a. d. Hasel (900 m) aus beginnen und über den Neuburgsattel (1439 m) zur Foitlbaueralm hinübergehen, wo bei der Jagdhütte unser Steig seinen Anfang nimmt (1¹/₂ Std.). – Wenn wir keine Fahrgelegenheit von Johnsbach zurück organisieren können, dann ist es besser, daß wir bis zum Bauernhof „Gscheidegger" (1016 m) in Johnsbach fahren und dort der Markierung in Richtung Neuburgsattel folgen. Wir verlassen sie auf der Humlechneralm und gehen zur Jagdhütte auf die Foitlbaueralm hinüber. – Hier beginnt der Steig auf den ausgedehnten Kammrücken der Stadelfeldschneid. Der Pfad verläuft durch lockeren Almwald aufwärts und zieht dann in das romantische Kar zwischen Stadelfeldschneid und Hochhäusl hinein (auf der Landkarte mit „Im Glanegg" bezeichnet). In nordwestlicher Richtung geht es nun hinauf auf die Geländekante unterhalb des Gipfels und im Bogen auf den höchsten Punkt der Stadelfeldschneid (2092 m) mit Steinmann und kleinem hölzernem Gipfelkreuz (3 Std.). Besonders interessanter Blick auf die schräggestellten Felsbankungen der benachbarten Gsuchmauer, aber auch auf alle Gesäuseberge und den Dachstein sowie hinunter zur Heßhütte. – Den Abstieg bewerkstelligen wir in Richtung Heßhütte in nördlicher Richtung. Zuerst gehen wir längs einer markanten, niedrigen Felsbarriere, bis wir auf den ersten Steinmann stoßen. Hier biegt der Steig rechts in die Latschen hinein, und zwei weitere Steinmännchen zeigen uns die Richtung. Der Pfad wird nun gut erkennbar und verläuft schließlich unterhalb der Rotofenwände hinunter, bis er auf die Markierung zur (nahen) Heßhütte stößt. Weiterer Abstieg auf dem markierten Pfad nach Johnsbach zum Gasthaus Kölbl (3 Std. vom Gipfel).

Radmer an der Stuben: Die alte Bergbaustreusiedlung liegt in 702 m Seehöhe, ca. 6 km westl. der B 115, der „Eisenbundesstraße", um die 1602 geweihte, von Erzherzog Ferdinand (später Kaiser Ferdinand II.) gestiftete doppeltürmige Wallfahrtskirche zum hl. Antonius von Padua. Zwischen 1590 und 1610 bestand im langgestreckten Radmertal der bedeutendste Kupferbergbau der Steiermark mit einer durchschnittlichen Jahresproduktion von 4000 bis 5000 Tonnen. Nach der Behebung mannigfacher Schwierigkeiten, die vor allem auf Wassereinbrüche zurückzuführen waren, gelang es gegen Ende des 17. Jhdts., neue Stollen und Gänge anzulegen. Schon 1637 hatte der Eisenerzer Bergrichter Martin Silbereisen in der Radmer das „Pulversprengen" eingeführt, womit die Sprengtechnik schon elf Jahre nach ihrer ersten Anwendung durch Graf Montecuccoli im Schemnitzer Bergbau ihren Weg zu den Bergbauten der Alpenländer gefunden hatte. Im Jahre 1711 entdeckte der Bergknappe Hans Adam Stangerer beim Bucheck am Fuß des Lugauers ein mächtiges Spateisenlager, dessen Erze ungeröstet 39% Eisengehalt aufwiesen. 1712 wurde der erste, 1802 der zweite Hochofen gebaut, so daß im Jahre 1805 die Produktion bereits 30.924 Zentner umfaßte. 1840 wurde sie nach zehnjährigem Stillstand wiederaufgenommen und erreichte kurz vor der endgültigen Einstellung 1878 rund 200.000 Zentner. Mit der konkursbedingten Schließung der Radmerer Assmann-Betriebe 1994 ist die Radmerer Bergbaugeschichte wohl für immer zu Ende.

Wanderkarten: F&B: Blatt 6; ÖK: Blatt 100 oder Gebietskarte Gesäuse–Ennstal; AV-Karte Nr. 16; Gehzeiten: Radmer–Foitlbaueralm: 1¹/₂ Std.; Foitlbaueralm–Stadelfeldschneid: 1¹/₂ bis 2 Std.; Gscheidegger–Stadelfeldschneid: ca. 3 Std.; HU.: ca. 1120 m bzw. 1076 m.

Admonter Kalbling

Blick auf Lugauer und Ödstein von der Stadelfeldschneid

Sparafeld und Admonter Reichenstein vom Standort Mödlingerhütte

Frühjahrsstimmung mit Kl. Buchstein

8 Johnsbach – Hochzinödl

Der 2191 m hohe Hochzinödl ist einer der wenigen leicht zu ersteigenden Gesäuseberge. Wir beginnen unseren Weg beim Gh. Kölbl in Johnsbach (Nr. 601), gehen zuerst über Wiesen und haben als erste Sehenswürdigkeit den weißstäubenden Wolfsbauern-Wasserfall vor uns, der im freien Sturz 30 m fällt. Nun führt der Pfad durch Wald nach oben. Bei der Unteren Koderalm, die schon in großartiger Hochgebirgsumrahmung daliegt, lassen wir den schwierigen Steig durch das „Schneeloch" auf das Hochtor links liegen und gehen durch lockeren Almwald und über Almwiesen weiter zur Stadlalm (1600 m). Beim „Gamsbrunn" zweigt rechts der markierte Weg zur Sulzkaralm und durch den Hartelsgraben zur Gesäuse-Bundesstraße ab. Das letzte Wegstück führt uns eben und bequem zur Heßhütte (1699 m; von Pfingsten bis Oktober geöffnet). Großartige Lage zwischen Hochtor mit seinem eigentümlichen Plattenkar, dem „Tellersack", und Hochzinödl. Der kürzeste Aufstieg führt direkt von der Hütte in vielen flachen Kehren nach oben (Nr. 662), und in 1¼ Std. (insges. 4 Std. von Johnsbach) stehen wir beim Gipfelkreuz. Die bequemere, aber fast zweistündige Aufstiegsvariante quert die sogenannte „Ochsenleiten", die Hanglehne des Zinödl, in sanfter Steigung bis zum „Gass" (1949 m) und von dort weiter in mäßiger Steigung bis zum Gipfelkreuz. Wunderbare Aussicht mit dem Nebeneinander von fesselnden Nahbildern und Fernblicken: urgewaltig der Hauptkamm vom Ödstein über Hochtor zur Planspitze; Bösenstein, Hochgolling, Dachstein, Venediger- und Glocknergruppe, Schneeberg, Ötscher und Julische Alpen. Prachtvolle Flora mit Petergstamm und Enzian sowie, unterhalb der Heßhütte, dem reizenden Heilglöckchen. Abstieg über Sulzkaralm (Sulzkarsee) und Hartelsgraben ins Gesäuse 4 Stunden; normaler Rückweg nach Johnsbach nur 2 Stunden!

Einige Sätze zum Begriff „S u l z". Neben diversen Sagen finden sich immer wieder auch Hinweise, wonach Jäger oder Hirten durch Wild bzw. Weidetiere auf Salzstellen aufmerksam gemacht wurden. Liest man in den Karten eine Flurbezeichnung mit der Vorsilbe „Sulz", so bedeutete dies in den Tauern ehemalige Steinsalzlegestellen für diese Tiere, im Kalkalpenbereich hingegen salzhaltiges Wasser, das ja für die pflanzenfressenden Weidetiere ein besonderer Anziehungspunkt ist. Vieh- oder Schwaigsalz wurde im Ennstal und im Ausseerland bis zur Mitte unseres Jahrhunderts noch in besonderen Gaben verabreicht. Vor dem Almauftrieb war es meist ein geweihter Salzstein im Futtertrog oder ein Brotstück mit geweihtem Salz ins Maul, gleichzeitig eine gute Dosierungsmöglichkeit; das Melkvieh bekam sein Salz von Eintiefungen in Holztrögen, Balken oder Rinnen, den sog. „Salzmoltern", „Salzkhendln" oder „Salzniaschln". Das „Galtvieh" (noch nicht milchgebende Jungkühe) wurde meist beim Namen und mit dem Zusatz „Lecks, lecks!" zur Salzgabe gerufen, die nicht selten – etwa beim Wechsel zu einem anderen Weidegebiet – auch als Lockmittel diente. Waren die Rinder aber durch Salzmangel von der „Lecksucht" betroffen, mußte diese Gabe von einem erhöhten Standplatz aus verabreicht werden, weil die Tiere dabei gefährlich drängelten. Heutzutage erzeugt die Österreichische Salinen AG in Bad Aussee in einen Blechring gegossene, Verluste vermeidende Lecksteine mit eigener Halterung.

W a n d e r k a r t e n : F&B: Blatt 6; ÖK: Blatt 100 oder Gebietskarte Ennstal; AV-Karte Nr. 16; G e h z e i t : 3½ bis 4 Std.; HU.: 601 m.

9 Gesäuseeingang und Goferalm

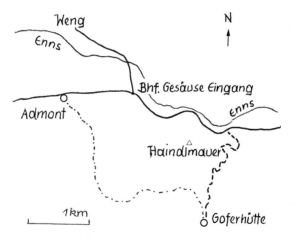

Zwei verschiedene, aber nah beieinanderliegende Wandervorschläge sollen uns die urtümliche Welt des Gesäuseeinganges erschließen. Zuerst die Wanderung zum Gesäuseeingang: Ausgangspunkt ist die Laufferbauerbrücke, wo der sog. „Fritz-Proksch-Weg" beginnt, und zwar am linksseitigen Ennsufer. Ein kurzes Stück folgen wir dem Zufahrtsweg zu einem versteckt liegenden

Haus. Dann weist die Beschilderung aber schon hinunter zur Enns auf einen Pfad, der vorerst durch ein hübsches Auwaldgelände führt, das gegen die Felswände zu noch von einem schmalen Wiesenstreifen begleitet wird. Ahorn, Eschen, Espen und Weiden lassen ihre Zweige über das hier noch ruhige Wasser hängen; kleine begrünte Inseln und Sandbänke teilen in der trockenen Jahreszeit die Enns. – Dann hört man aber schon das gewaltige Rauschen der ersten Kataraktstufe. Die Felsen rücken beiderseits ganz nahe zusammen, große Felsblöcke liegen im Flußbett, und die Enns schießt und brodelt mit gigantischer Kraft durch die Engstelle. – Hier endet dann bald der Steig; 1 Std. an reiner Gehzeit benötigen wir für diesen kurzen, aber lohnenden Ausflug. – Gleich in der Nähe können wir auch zu unserer zweiten Tour auf die Goferalm starten: Wir beginnen den Weg bei der Bushaltestelle „Gofergraben" an der Gesäusestraße (d. i. vor der Abzweigung nach Johnsbach). Wir folgen von hier einer Forststraße (Schranken) längs bzw. oberhalb des Goferbaches aufwärts und gehen dabei direkt auf den Reichenstein zu. Nach einer Stunde erreichen wir die reizvoll gelegene Goferhütte des Gebirgsvereines auf 1020 m (Selbstversorgerhütte) mit Prachtblick auf den Gr. Buchstein. – Neben der Hütte Gedenkstein für Hubert Peterka (1908–1976). – Der Forstweg endet in zwei Kehren oberhalb der Hütte. Dem alten Holzziehweg aufwärts folgend (in Richtung Sparafeld), gelangt man in $^1/_2$ Std. auf einen kleinen Sattelübergang, von wo man zu den Häusern vor dem Gesäuseeingang absteigen kann.

Das namengebende „sausende" Wildwasser am Eingang des „Gesäuses" ist seit den Zeiten seiner Erschließung nicht nur Augenweide für Touristen und Ziel kühner Wildwasserfahrer oder der Petrijünger, auch die Elektrizitätswirtschaft hat schon früh ein Auge auf die hier brachliegende Wasserkraft geworfen. So plante schon um 1908 das k. u. k. Eisenbahn-Ministerium ein „Detailprojekt zur besseren Ausnutzung der Wasserkraft" zwischen Admont und Altenmarkt. Gut zehn Jahre später waren – schon wegen der Elektrifizierungspläne für die Gesäusebahn – zwei Projektvarianten in Vorbereitung: entweder der Bau von acht Staustufen oder die Ableitung der Enns unter dem Gr. Buchstein durch einen 3,8 Millionen Kubikmeter Wasser fassenden Stausee bei St. Gallen, der ein Kraftwerk bei Weißenbach speisen sollte. Die mit der Konzession schließlich bedachte „STEWEAG" ließ das Buchsteinprojekt aus Kostengründen sterben und errichtete dafür 1954–1956 das Stauwehr bei der Kummerbrücke, von dem das oberflächlich manchmal leider kaum noch im Flußbett sichtbare Ennswasser 6 km weit unterirdisch in den Waagspeicher beim Hieflauer Kraftwerk abgeleitet wird. Der Bau einer Kraftwerkskette von Hieflau flußabwärts und die mittlerweile in Teilen als ökologischer Fehler erkannte Begradigung und Befestigung der gesamten steirischen Ennsufer führten dazu, daß von den 350 km der Fließstrecke nur noch jene 3 bis 4 km des Gesäuseeingangs unberührt blieben. Mehr als zwanzigjährige Bemühungen des Stiftes Admont, auch dort noch das Ennswasser abzufangen und durch einen Stollen unter der Haindlmauer zu leiten, um damit ein Kraftwerk nahe der Gofergrabenmündung zu betreiben, scheiterten wohl endgültig, als im Jahre 1988 der Gesäuseeingang zum Naturdenkmal erklärt wurde.
W a n d e r k a r t e n : F&B: Blatt 6; ÖK: Blatt 99 oder Gebietskarte Gesäuse, AV-Karte Nr. 16; G e h z e i t : Gesäuseeingang u. zurück: ca. 2 Std.; Goferalmrunde: ca. 2$^1/_2$ bis 3 Std.; HU.: unwesentlich bzw. ca. 500 m.

10 Kaiserau – Admonter Kalbling – Sparafeld

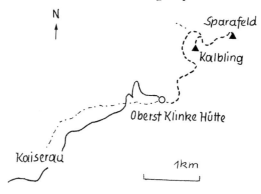

Über Trieben-Dietmannsdorf oder von Admont her erreichen wir die herrliche Niederalmfläche der Kaiserau mit Schloß und Meierhof, überragt vom wilden Felshorn des Admonter Kalblings. Über eine Mautstraße geht es weiter bis zur Oberst-Klinke-Hütte (1486 m). Von hier auf markiertem Steig bis unter die von Kletterern häufig begangenen Süd- und Westwände des Kalblings, über einen Felsabsatz zum Gruberach und über die mäßig geneigte Rückseite zum Gipfel des Kalblings (2196 m); großartiger Tiefblick auf die Klinkehütte und das Ennstal. Direkt gegenüber liegt der etwas abweisend aussehende Gipfelaufbau des Sparafelds, der aber für trittsichere Bergwanderer gefahrlos bis zum Gipfelkreuz erreichbar ist (2247 m). Gesamtaufstiegszeit für beide Gipfel ca. 2½ Stunden. Rundsicht: direkt gegenüber Admonter Reichenstein, weiters Gr. Buchstein, Hallermauern, gesamte Kette der Niederen Tauern, Großglockner, Dachstein. – Ausdauernde und geübte Bergwanderer können vom Speikboden zwischen Kalbling und Sparafeld über Riffel (2106 m) und Kreuzkogel (2011 m) auf manchmal ausgesetztem Pfad (Drahtseil) über die Scheiblegger Hochalm in 4 Std. nach Admont absteigen. – Prächtige Kalkflora: Alpenflachs mit hellblauen Blütchen, Zwergalpenrose, Stengelloses Leimkraut, Alpen-Leinkraut, Kugelblume, Hungerblümchen, Fettkraut („Insektenfresser“) u. a. Oberst-Klinke-Hütte (AV-Sektion Admont) bis auf November ganzjährig geöffnet; 160 Schlafplätze; Schilift.

Der 15. August 1967, der „Große Frauentag“, war für die Kaiserau und die darüberliegende „Oberst-Klinke-Hütte“ Auftakt für eine zwiespältige Entwicklung: Mit der Weihe der neugeschaffenen, damals 600.000 Schilling teuren Höhenstraße zur Hütte begann auch in dieser versteckten Region die Zeit des Massentourismus; die Hütte mußte erweitert werden, Lifte wurden gebaut, wo noch im Jahre 1911 die Admonter Jäger ihren Schiwettbewerb vom Langhang ins Paradies abhielten und für diese Strecke auf den alten Holzbrettern heute unvorstellbare 24 Minuten brauchten. Ihr Ziel lag damals an einem geschichtsträchtigen Verkehrsweg, der Straße über den heute manchmal auch Dietmannsberg genannten „Lichtmeßberg". Die steile, kurvenreiche Straße aus dem Enns- ins Paltental war schon im Mittelalter ein vielbenutzter Transportweg; einerseits für die Getreide- und Weinfuhren, die meist im Winter von Zeiring her über den „Tauern" aus der südlichen Steiermark kamen, andererseits für die vom Beginn des 14. bis zum Ende des 18. Jhdts. immer im September durchgeführten Salzlieferungen nach Gurk, ins Kloster der Begründerin von Admont, der hl. Hemma. Sie soll ja der Legende nach selbst – vor den Nachstellungen ihres Burgvogts flüchtend – mit einem Ochsengespann den Weg über den Lichtmeßberg genommen haben. Auf der Höhe des Lichtmeßberges wurde im Mai 1297 Abt Heinrich II. von Admont durch einen Pfeilschuß ermordet; ein Opfer der damaligen Auseinandersetzungen zwischen den neuen habsburgischen Landesfürsten und dem steirischen Adel.

W a n d e r k a r t e n : F&B: Blatt 6; ÖK: Blatt 99 oder Gebietskarte Gesäuse; AV-Karte Nr. 16; G e h z e i t : Aufstieg jeweils ca. 2¹/₂ Std., Abstieg über Riffel nach Admont: ca. 4 Std.; HU.: 670 m bzw. 761 m.

11 Kaiserau – Riffel – Kreuzkogel

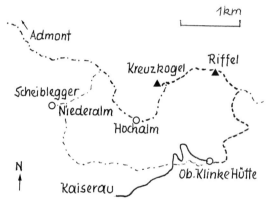

Von der Kaiserau fahren wir vorerst einmal hinauf (Mautstraße) zur „Oberst-Klinke-Hütte" und lassen uns durch die Markierung über das gleich oberhalb liegende Kalblinggatterl auf das schöne Plateau zwischen Kalbling und Sparafeld leiten. Hier wenden wir uns nach links, nach Westen, um Riffel und Kreuzkogel zu besteigen. – Beide Gipfel sind auf markiertem Pfad zu erreichen, wobei man allerdings trittsicher sein muß, und es empfiehlt sich, diese anspruchsvolle Bergwanderung auch nur bei trockenen Verhältnissen. – In mäßiger Steigung geht es zuerst einmal hinauf auf den breiten Rücken der 2106 m hohen Riffel. Beim Weiterweg zum Kreuzkogel muß man trittsicher sein: Es folgen nämlich ein mittels Drahtseils gesicherter kurzer Abstieg in ein Schartl und anschließend eine Querung auf schmalem Steigerl, das, gut angelegt, durch die Flanke des Verbindungskammes „Riffel–Kreuzkogel" führt. Bald ist dann auch der Gipfel des 2011 m hohen Kreuzkogels erreicht, dessen kleines Gipfelkreuz auf einem gegen Admont vorspringenden Felsrücken steht. Man hat von hier einen besonders lohnenden Tiefblick auf Admont und Umgebung. – 2^1/$_2$ Std. haben wir herauf benötigt. – Wir folgen nun in südlicher Richtung weiter der Markierung zur Scheiblegger Hochalm. – Nach wenig anstrengendem Abstieg zwischen Latscheninseln erreichen wir die romantisch gegen die Felsabstürze des Hahnsteins gelegenen Hütten der Alm (1660 m). Durch einen latschenbestandenen Grabeneinschnitt folgen wir der Markierung weiter abwärts; schließlich geht es steiler an bizarren Felstürmen vorbei, dann durch eine kleine Schlucht, und später gelangen wir auf einen Forstweg. Diesem folgen wir linker Hand und steigen sodann weiter auf die Scheiblegger Niederalm (1262 m) hinab. – Auf Alm-Forstwegen geht es nun hinüber zur Siegelalm und zum Schluß leider wieder an die 200 Höhenmeter hinauf zur Klinke-Hütte. – 5^1/$_2$ Std. an reiner Gehzeit müssen wir für diese großzügige Rundwanderung veranschlagen.

Obwohl auf Einladung des Stiftes Admont viele Mitglieder des Kaiserhauses, darunter Erzherzog Ferdinand und der Sieger von Aspern, Erzherzog Karl, die Erzherzöge Johann, Josef und Rainer sowie im Jahre 1814 sogar das Kaiserpaar selbst in der Kaiserau zur Jagd weilten und dort im Schloß übernachteten, hat der Name nichts „Kaiserliches" an sich. Mehr als acht Jahrhunderte lang hat das Stift hier nämlich eine ausgedehnte Almwirtschaft betrieben; bereits 1160 wird ein Gehöft namens „Chaserowe" (= Käser-Au) urkundlich genannt. Der ab Mitte des 16. Jhdts. vom Stift in Eigenregie geführte Meierhof wurde dann unter Abt Anselm Luerzer (1707–1718) zu einem Jagdschloß ausgebaut und um die Mitte dieses Jahrhunderts abermals vergrößert, wobei der Maler Jakob Jakob Oeffle beachtenswerte Jagdszenen und Bilder aus dem Landleben schuf. Am 3. September 1942 fiel ein Großteil des Schlosses einem Brand zum Opfer; erst 1950 wurde es in schlichterer Form wiedererrichtet und dient derzeit als Jugendheim und Wohnhaus. Interessant ist auch, wie man früher – zur Zeit der händischen Mahd – die Sennerinnen der höhergelegenen Almen zur Mithilfe bei der Heuernte herbeirief: Es geschah durch das Ausbreiten eines riesigen, weithin sichtbaren Linnentuches mitten im Hochtal der Kaiserau. Alle Sennerinnen, die auf dieses Zeichen hin herunterkamen und bei der Arbeit halfen, durften dafür so viel Heu mitnehmen, wie sie tragen konnten. Auch bei der Butterbereitung war man schon fortschrittlich und nutzte zum Antrieb der Fässer ein oberschlächtiges Wasserrad, wie man es heute u. a. noch auf der Hirner- oder Steinbachalm bei Pusterwald vorfindet.
Wanderkarten: siehe Tour 10; Gehzeiten: Kreuzkogel 2^1/$_2$ Std.; Rundweg über Scheiblegger Niederalm 5^1/$_2$ Std., über Gebirgsjägersteig 4 bis 4^1/$_2$ Std.; HU.: 620 m.

12 Auf den Lahngangkogel bei Trieben

Der Lahngangkogel ist ein prachtvoller Aussichtsberg – sowohl zu den Gesäusebergen als auch nach der Tauernseite. – Ausgangspunkt für unsere kurze Tour, die sich besonders für den Spätherbst eignet, ist die „Oberst-Klinke-Hütte" (1486 m) oberhalb der Kaiserau, die man wiederum über Dietmannsdorf bei Trieben oder von Admont her erreicht. Aus jagdlichen Grün-

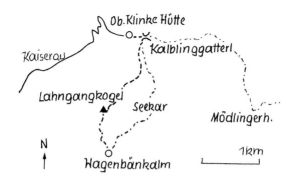

den sollte man die Wanderung aber nicht zwischen 15. 9. und 15. 10. unternehmen. – Von der „Klinke-Hütte" wandern wir vorerst das kurze Stück hinauf zum Kalblinggatterl (1540 m) und folgen hier dem einzigen vorhandenen Pfad, der genau in südlicher Richtung durch lockeren Almwald ansteigt. Mäßig steil führt uns das nette Steigerl nach oben, wobei der genau im Norden fast „elegant" aufsteilende Kalbling und sein Nachbar, der Admonter Reichenstein, immer wuchtiger heraustreten. Links unten liegen kleine Lacken, und ein Bachansatz zeigt sehr beeindruckende Mäander. Nach $^1/_2$ Std. erreichen wir schon den ersten Vorgipfel mit einer „Lacke" in der Nähe, dann geht es ein Stück eben dahin und sodann ganz mäßig steigend am Gipfelkamm mit einer Prachtaussicht nach beiden Seiten weiter. Zwei Gipfelerhebungen folgen aufeinander bis zum höchsten Punkt, der mit einem kleinen Steinmann markiert ist. Wir gehen aber noch ein paar Schritte weiter zum Gipfelkreuz, das etwas nach Süden versetzt ist, damit man es vom Paltental aus sieht. Eine Stunde sind wir gemütlich von der „Klinke-Hütte" heraufgegangen und genießen die wunderbare Aussicht: Der Tiefblick geht direkt hinunter nach Trieben und über das gesamte Paltental, aber auch nach Frauenberg ins Ennstal. Im Süden breiten sich die Rottenmanner und Triebener Tauern vor uns aus, daran schließen Dachstein, Grimming und Warscheneck, sodann Kalbling, Sparafeld, Reichenstein, Ödstein, Hochtor, Planspitze und Stadelfeldschneid sowie viele Gipfel der Eisenerzer Alpen im Osten an. – Wir können nun auf steilem Pfad zur „Wagenbänkalm" hinuntergehen und von dort fast eben zum Kalblinggatterl zurückkehren.
(Die Mautstraße zur „Klinke-Hütte" und diese selbst sind übrigens im November geschlossen. – In der Kompaßwanderkarte ist eine Markierung von der Mautstelle direkt zum Lahngangkogel eingetragen, die es aber in der Natur nicht gibt!)

Die jüngst gut ausgebaute Straße von Dietmannsdorf zur Kaiserau dürfte wohl noch Teilen des alten „Hallweges", der schon erwähnten Lichtmeßbergtrasse, entsprechen, auf der seit dem Mittelalter auch die Salzhändler von den stiftischen Pfannen bei Hall

in den Süden zogen. Schon 1131 wird hier übrigens eine „Calbingalb" genannt, und den namengebenden, 1000 m hoch darüber aufragenden Kalkriesen dürften wohl auch Hirten oder Jäger von der Alm aus erstbestiegen haben. Bald nach 1800 wagten sich dann auch Admonter Mönche mit Kutte, Nagelschuhen, Botanisiertrommel und diversen sperrigen physikalischen Meßgeräten auf den Kalblinggipfel. So beschreibt etwa Pater Albert Muchar seinen Vermessungsgang auf den „Großkalbling" am 2. 8. 1814 recht dramatisch: Wie ein Packesel (Lat. „mulo gravato") habe er Barometer, Thermometer und Tintenkästchen („Tintinabulum") auf den Gipfel geschleppt, natürlich auch eine Flasche besten Radkersburger Weines! „Wir kamen der Spitze immer näher – schauderten vor den Abgründen, welche uns anzugähnen anfingen", notierte er kurz vor dem trotz Schlechtwetters glücklich beendeten Gipfelsieg. 20 Jahre später erlitt ein Pater beim Botanisieren einen Beinbruch und wurde von Hirten gerettet; auch Pater Gabriel Strobl, der Begründer des Naturhistorischen Museums im Stift, überlebte einen Absturz bei einer Kalblingbesteigung nur mit knapper Not und Gottes Hilfe.
W a n d e r k a r t e n : F&B: Blatt 6; ÖK: Blatt 99 oder Gebietskarte Gesäuse; AV-Karte Nr. 16; G e h z e i t : gesamt ca. 2 Std.; HU.: 292 m.

13 Schitour auf den Leobner

Den Leobner kann man von mehreren Seiten her besteigen – die meistbegangene Route nimmt aber in Johnsbach ihren Anfang. Wir fahren im Johnsbachertal nach Osten bis zum letzten Bauern, vlg. Gscheidegger (auf 1016 m gelegen), und können hier unser Fahrzeug abstellen. Wir folgen zuerst einem markierten Forstweg bis zum „Punkt 1168 m". Dort verlassen wir dann die Markierung und ziehen unsere Spur bis zur Grössinger Alm hinauf. Die dortige Privathütte liegt sehr hübsch in die hochalpine Landschaft eingebettet. Nun folgt ein etwa 400 Höhenmeter langer Aufstieg durch eine steile

Karmulde bis hinauf zum Leobnertörl (1739 m). Die Mulde wurde schon vor Jahrzehnten von den Schibergsteigern liebevoll „Sautrog" genannt und bietet bei Pulverschnee herrliche Abfahrtsgenüsse. – Am Leobnertörl hat man die Wasserscheide zum Paltental erreicht und steht nun auf der anderen Talseite. Man fährt in Richtung Westen ein bißchen in das Kar unterhalb der „Leobner Mauer" ab und steigt dann in weitem Bogen, immer westlich haltend, zuletzt über den steilen Gipfelhang direkt zum Gipfelkreuz hinauf, das auf 2036 Meter Seehöhe steht. – An die drei Stunden haben wir herauf benötigt. – Die Rundschau, vor allem zu den Gesäusebergen und zur spitzen Pyramide des fast gegenüberliegenden Lugauer, ist großartig. – Für die Abfahrt gibt es nun drei Möglichkeiten: In der Regel wird man die Aufstiegsroute zurückfahren und dabei in den Mulden und Karen bei guten Schneeverhältnissen viel Freude haben. Möglich ist es aber auch, durch das sog. „Haberlkar" und die „Haberlalm" nach Süden abzufahren, wo man dann unterhalb des Schoberpasses herauskommt; diese südseitigen Hänge werden aber gegen das Frühjahr zu rasch aper. – Bei besten Schneeverhältnissen kann man aber vom Leobner auch direkt nach Norden über das sog. „Dach" auf sehr steiler Route zur Grössingeralm abfahren.

In den Archiven des Stiftes Admont finden sich ausführliche Berichte über die Geschichte des Tales, dessen Mittelpunkt – 1139 erstmals als „Jonspach" genannt – wegen des Eisen-, Blei-, Kupfer-, Quecksilber- und Silberabbaues vor allem im 16. Jhdt. als bedeutende Siedlung galt. Die Pfarre St. Ägyd in Johnsbach – 1310 durch Abt Engelbert erbaut – stand zunächst unter dem Dekanat des Stiftes, ehe sie 1673 selbständig wurde, nachdem Abt Raimund Rehling eine Barockisierung des gotischen Kirchleins vornehmen und das 1608 errichtete, freilich zunächst stiftischen Jagdgästen vorbehaltene Pfarrhaus renovieren hatte lassen. 1666 weihte er den neuen Hochaltar, dessen St.-Ägydius-Bild sowie ein Gemälde der Geburt Christi mit der Anbetung der Weisen (1634 von Daniel Miller) erhalten geblieben ist. Die Kirche – zuletzt 1977 innen und außen renoviert – besitzt im hölzernen Türmchen eine kleine gotische Glocke aus dem 14. Jhdt. Zu den früheren Meßgerätschaften der Kirche gehörte der „Johnsbacher Kelch", eines der hervorragendsten Beispiele mittelalterlichen Kunsthandwerkes von 1360, der 1935 an das Joanneum verkauft wurde, zu den Prunkstücken der Wiener Weltausstellung von 1873 zählte und jetzt in der Abteilung für Kunstgewerbe in Graz steht.
W a n d e r k a r t e n : F&B: Blatt 6; ÖK: Blatt 100 und 131; A u f s t i e g s z e i t : ca. 3 Std.; HU.: 1020 m.

14 Wandern um Admont:
Frauenberg – Dörfelstein – Röthelstein

Der besondere Reiz von Admont ist die Gemeinschaft und Harmonie, welche die sakralen und weltlichen Bauten des Marktes und seiner Umgebung mit der wilden Felslandschaft und dem Tal der Enns eingegangen sind. – 150 m über dem Talboden erhebt sich auf der steilen Kuppe des Kulmberges das barocke Juwel der zweitürmigen Wallfahrtskirche Frauenberg. Lohnend ist es, zu Fuß

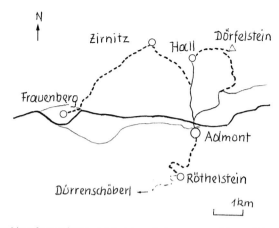

dort hinaufzuspazieren und Ardning als Ausgangspunkt zu wählen. Ein markierter Höhenweg führt vom Ort durch Wald und Wiesen, an Gehöften vorbei, in 1½ Std. direkt zur „schönsten Barockkirche" des Ennstales. Auch vom Nordosten her, durch den Zirnitzbachgraben, gibt es einen markierten Zugang nach Frauenberg (erst ab Mai schneefrei). – Der nächste kleine Wandervorschlag soll uns zum Schloß Röthelstein führen, von wo es den wohl schönsten Ausblick auf Admont, die Haller Mauern und den Gr. Buchstein gibt. Auch dieser, auf 832 m Seehöhe gelegene Bau kann als barockes Schmuckkästchen bezeichnet werden. Vom „Marienpark" im Markt führt uns ein markierter Fußweg über die Talstation des Schiliftes und dann in einer nach Westen ausholenden Schleife in einer ¾ Std. zum Schloß. – Schließlich sei als kurze Tour auch noch eine Besteigung des 1063 m hohen Dörfelsteins empfohlen, der als wahre „Aussichtsloge" über das Ennstal bezeichnet werden kann. Mehre Pfade führen hinauf; beliebt ist der Steig, der beim Kirchenwirt in Hall seinen Anfang nimmt. Auf einem Karrenweg geht es zuerst durch Wiesen aufwärts, und dann betritt man den markierten Steig. Dieser führt durch Hochwald, stets entlang des Westrückens, zum Gipfel. Es lohnt sich, den langen, fast ebenen Gratrücken bis zur Pyramide am Ostgipfel zu begehen, um die Aussicht auf Weng, Buchau und das Gesäuse voll genießen zu können.

Admont: Markt in 641 m Seehöhe; ca. 3000 Ew.; PLZ: A-8911; Auskünfte: FVV – Tel. 0 36 13/21 64.
Das Becken von Admont, bereits 859 als „Vallis Ademundi", 931 als „Adamunton" bezeichnet, ist uralter Kulturboden. Die Herleitung des Namens von einem fiktiven gotischen Grundherrn „Ademund" (Edmund) wird derzeit zugunsten einer vorslawischen Wurzel „otamonta" = der Wirbel (im Verlauf eines Flusses, der dessen Wasser trüb) vernachlässigt. Die Urpfarre im Admonter Tal hieß St. Amand (9. Jhdt.); 1043 übergab die hl. Hemma von Gurk dem Salzburger Erzbistum ihre obersteirischen Güter zwecks

Stiftung eines Klosters. 1074 wurden das von 12 Benediktinern aus Salzburg besiedelte Stift und die neue Kirche geweiht; das Stift hatte neben ausgedehntem Landbesitz im Enns-, Palten- und Liesingtal bedeutende Gebiete im Pongau und Lungau, Güter und Zehente von den Tauern bis zu den Windischen Büheln sowie Besitzungen in der Heimat der erst 1938 heiliggesprochenen Stifterin erhalten. Schon um die Mitte des 12. Jhdts. galt das Admonter Stift als die größte Grundherrschaft in der damaligen Steiermark. Die Beteiligung am Salzhandel (Hall, Aussee), Berg- und Weinbau ließen die Abtei zu Wohlstand und Ansehen kommen und setzten sie in den Stand, durch Jahrhunderte geistige, kulturelle, wirtschaftliche und seelsorgerische Impulse zu geben. 1938/39 aufgehoben, aber noch immer eines der größten und bestfundierten Klöster Österreichs. Heute fünftgrößter Grundbesitzer der Steiermark (ca. 25.000 Hektar), bis zu 330 Dienstnehmer; 1980 Sitz der Landesausstellung „Musik in der Steiermark". Zweitürmige barocke Wallfahrtskirche Frauenberg (hölzernes Gnadenbild nach der Legende um 1407 von der Enns angeschwemmt!), 1683–1687 wohl durch C. A. Carlone errichtet (got. Erstbau 1410–1423 durch Abt Hartnit) und durch Werke von Maderni, Stammel und Johann Lederwasch sowie den Kalvarienberg (Stammel-Statuen) berühmt.
W a n d e r k a r t e n : F&B: Blatt 6; ÖK: Blatt 99; G e h z e i t e n : Ardning–Frauenberg 1¹/₂ Std., Admont–Röthelstein 45 Min., Hall–Dörfelstein 1 bis 1¹/₄ Std.; HU.: 70 m; 190 m; 400 m.

15 Auf den Pleschberg bei Admont

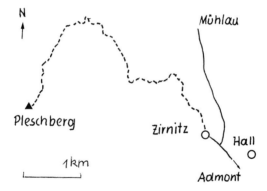

Ausgangspunkt ist der Parkplatz bei der Jausenstation Burkhart in Zirnitz. Hier finden wir bereits die Markierungsnummer 631, die uns auf den Pleschberg leitet. Vorerst gehen wir in nördlicher Richtung durch ein Augelände neben dem Schwarzenbach und einigen Fischteichen. (Später wendet sich unsere Route nach Westen und schließlich sogar nach Süden.) Bald darauf folgen wir einem alten Holzziehweg in mäßiger Steigung aufwärts. Wir überqueren mehrmals Forststraßen, und danach geht es steiler hinauf. Wir kommen an einer Windwurffläche vorüber und erreichen eine ebene Geländestufe, von wo wir einem Forstweg in mehreren Schleifen aufwärts folgen. Ein Richtungspfeil leitet uns nun nach links, steiler hinauf, und es geht durch einen lockeren Tannen-Bergwald mit alten Baumriesen weiter. Wir kommen an einem Marterl für einen im Jänner 1899 an dieser Stelle Erfrorenen vorbei; später folgt eines für einen im März 1987 durch ein Schneebrett Verunglückten. (Der „Plesch" ist auch ein beliebter Schiberg für die Einheimischen; große Umsicht und Vorsicht sind aber bei jeder Tour nötig!) – Nun wird der Wald schütter; wir sehen direkt vor uns den Gipfelaufbau und gehen an Latscheninseln vorüber. Das Steigerl führt im Gipfelbereich zuerst an der Ostseite aufwärts und schwenkt schließlich durch eine Latschengasse auf den Gipfel zu. Bald stehen wir auf der Gipfelkuppe mit ihrem ebenen Plateau vor dem hölzernen Gipfelkreuz (1720 m). – Der Pleschberg bietet eine wahrhaft einmalige Rundsicht: Admont, umgeben von der grünen Kulturlandschaft vor den Felsbarrieren des Gesäuseeinganges; Reichenstein, Sparafeld, Kalbling, Riffel, Kreuzkogel, Frauenberg, Röthelstein, Hochhaide, Bösenstein, unzählige Gipfel der Niederen Tauern (herausragend: Wildstelle u. Höchstein), Grimming, Dachstein, Bosruck, Ardningalm, Warscheneck, Pyhrgas, Scheiblingstein, Kreuzmauer, Natterriegel, Grabnerstein, Gr. Buchstein, Tieflimauer, Planspitze, Hochtor und Ödstein.

Die Besiedlung des Ennstales läßt sich bis auf die von manchen Forschern als Illyrer bezeichneten Stämme zurückverfolgen, die schon zu ihrer Zeit Kupfererze verhüttet hatten. Neben den Gräberfunden aus dieser Zeit in der Nähe von Wörschach bei Liezen zeigen Brachflächen unter dem Zinödl-Gipfel (in 2100 m Seehöhe!) und in der Nähe des Neuburgsattels am Übergang vom Radmertal nach Johnsbach, wo diese Stämme – um sich entsprechende Abgaben zu ersparen – bereits ihre Schmelzöfen betrieben haben sollen. Aus der Zeit der römischen Herrschaft gibt es trotz der Nähe der vom Triebener Tauern über Rottenmann und den Pyhrnpaß nach Wels (Ovilava) führenden wichtigen Römerstraße im Gesäuse keine Spuren, wohl aber dokumentiert sich die um etwa 500 n. Chr. einsetzende slawische Besiedlungswelle – wiewohl nicht im Gesäuse – in einer Reihe von Orts- und Bergnamen, wie beispielsweise Ardning, Selzthal oder Pleschberg und Zirnitz. Die Slawen, die, wie schon ihre vorrömischen Landnehmer, die Salzquellen an den Haller Mauern zu nutzen verstanden, holten dann zur Abwehr der um die Mitte des 8. Jhdts. eindringenden Awaren die Baiern zu Hilfe und anerkannten dafür deren Oberherrschaft, zugleich traten sie zur christlichen Religion über.

W a n d e r k a r t e n : F&B: Blatt 6 und 082; ÖK: Blatt 99 oder Gebietskarte Gesäuse; G e h z e i t : insgesamt 4 bis 5 Std.; HU.: ca. 1020 m.

16 Auf den Bosruck

Zwei Wege wollen wir als Aufstiegsmöglichkeit auf den schroffen Felsberg des 1992 m hohen Bosruck schildern, über den die steirisch-oberösterreichische Grenze verläuft. Der Name des Berges ist außerdem durch seine Tunnel-Trassen für Eisenbahn und Autobahn schon lange bekannt. – Der „Normalweg" nimmt etwa 750 Meter vor der Pyhrnpaß-Höhe seinen Anfang

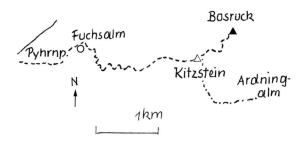

(940 m Seehöhe) und ist mit der Nr. 610 markiert. In mäßiger Steigung geht es vorerst durch Hochwald zu den Hütten der Fuchsalm (1051 m) hinauf und von dort dann in weiten Serpentinen über die breite Westflanke auf den Vorgipfel des Bosruck, den Kitzstein (2¹/₂ bis 3 Std.). Er ist nicht wesentlich niedriger als der Bosruck selbst, und bis hierher ist der Weg auch problemlos, obwohl man trittsicher sein muß. Die Aussicht vom Kitzstein ist praktisch gleich lohnend wie jene vom Bosruck-Hauptgipfel. Nur Geübte und Schwindelfreie sollten dann auch noch den allerdings gesicherten und gut markierten Steig zum Gipfelkreuz wählen. Dieser im Auf und Ab etwas mühsame Weg ist aber nur bei trockenem Wetter mit dem Schwierigkeitsgrad I zu klassifizieren. Das letzte Wegstück ist dolomitenähnlich und besonders lohnend. Vom Kitzstein benötigt man etwa eine ³/₄ Std. zum Gipfelkreuz auf 1992 m, mit einer prachtvollen Rundsicht vom Warscheneck über die Haller Mauern zu Gesäuse und Niederen Tauern; faszinierend ist der Tiefblick zur Tunneleinfahrt der Autobahn. Ein spärlich markierter, bei trockenen Verhältnissen aber durchaus lohnender Aufstieg führt von der Ardningalm über den Roß(feld)boden auf Trittspuren ziemlich in der Fallinie zum Kitzstein hinauf und kann geübten Wanderern empfohlen werden.

Als 788 Karl der Große die Bayern unterworfen und deren Besitzungen an sich gezogen hatte, ging die Christianisierung weiter, und schließlich übergab am 1. Oktober 860 der in Regensburg residierende Kaiser Ludwig der Deutsche (843–876), der Sohn Kaiser Lothars I., 12 Königshuben in „Vallis Ademundi" an den slawischen Grafen Witagowo (ca. 827–860), der ihm untertan war. 859/860 scheint also der Name A d m o n t s erstmals urkundlich auf, 931 wird es „Adamunton", 1006 als königliches Fiskalgut „Adamunta" genannt. Erst um 1106 – 32 Jahre nach der Gründung eines Benediktinerklosters durch Erzbischof Gebhard von Salzburg aus dem Erbe der hl. Hemma, der gräflichen Stifterin des Gurker Doms – tritt als größere Siedlungsbezeichnung der Name „Admont" auf. Das mit Ländereien, Reliquien, liturgischen Geräten und Büchern ausgestattete Kloster unter dem Patronat des Märtyrers Blasius wurde zunächst von Benediktinern aus St. Peter in Salzburg besiedelt und 1120 durch ein Frauenkloster erweitert.
W a n d e r k a r t e n : F&B: Blatt 6 und 082; ÖK: Blatt 98 und 99; G e h z e i t e n : vom Pyhrnpaß zum Kitzstein 2 bis 2¹/₂ Std., weiter zum Bosruck-Gipfel ca. 45 Min.; Ardningalm–Kitzstein ca. 2 Std., HU.: ca. 1070 m bzw. 950 m.

17 Von der Ardningalm zum Pyhrgasgatterl

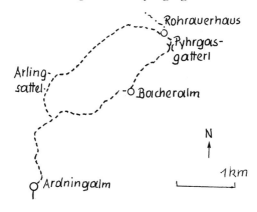

Einige Kilometer westlich von Admont liegt – abseits der Hauptverkehrslinie – das reizende Dorf Ardning. Unberührt vom Straßenlärm, ist der schmucke Ort auch eine ideale Sommerfrische. Viele Wanderungen kann man von hier aus unternehmen, und wir wollen neben dem 1½stündigen Spaziergang hinüber nach Frauenberg vor allem die Bergwanderung zum Rohrauerhaus am Pyhrgasgatterl empfehlen: Man kann sie sehr gut zu einer Rundwanderung machen, welche zwischen 3 und 3½ Stunden Zeit in Anspruch nimmt. Die Ausblicke zu den Haller Mauern und zum Gesäuse sind so eindrucksvoll, daß man von einem wahren „Panoramaweg" sprechen kann. Günstiger Ausgangspunkt ist die Ardningalm (1037 m; 4 km von Ardning), die man zu Fuß oder über das gute Almsträßchen einfach erreichen kann. Die Alm mit ihren weiten Flächen und den einzelnen alten Lärchen liegt sehr schön, direkt unter den schroffen Felswänden des Bosruck (1992 m). Wir folgen dem markierten Pfad Nr. 613 in weitem Bogen unterhalb der „Frauenmauer" über herrlich blühendes Almgelände, um schließlich über steile Almwiesen zum Arlingsattel (1466 m) aufzusteigen (Abzweigung zur Wildfrauenhöhle). Drüben steigen wir zu den Arlingalmen ab, umgehen das felsige Karleck und gelangen auf oberösterreichisches Gebiet zum Rohrauerhaus am Pyhrgasgatterl (1308 m). Vom Gatterl setzen wir unseren Rundweg nach Südwesten zur Bacheralm fort (Almhütte von 1887 mit kleinem Almmuseum) und gelangen fast eben unterhalb des Arlingsattels wieder zur Ardningalm zurück. Fast während des ganzen Weges werden wir durch prachtvolle Ausblicke auf Scheiblingstein, Hexenturm und Natterriegel belohnt.

Bronzezeitliche Funde weisen auf die frühe Funktion des Pyhrnpasses als willkommener, nur 945 m hoher Alpenübergang hin, der schon Bestandteil der hervorragend

ausgebauten „norischen Hauptstraße" zwischen Aquileia und Ovilava (Wels/Donau) in der Römerzeit war. Vieles bleibt freilich noch in der Forschung offen: die Periode, in welcher der gebirgshohe eiszeitliche Ennsgletscher eine seiner Zungen bis in die Buchau erstreckte und im mittleren Paltental endete, die Anfänge des Salzbergbaues bei Hall, die Zeit der ersten Kirchengründung im Tal von Admont und die zumindest schon urnenfelderzeitliche Ausnutzung der Spateisenstein-, Kupferkies- und Fahlerzlager im östlichen Teil der Grauwackenzone zwischen Liezen und Ternitz (NÖ). Durch Jahrhunderte bildeten Erz- und Salzabbau einen beträchtlichen Teil der Wirtschaftsbasis des um 1074 geweihten, zweitältesten Klosters der Steiermark, des Benediktinerstiftes von Admont, zu dessen Stiftungsgut bereits eine Salzpfanne in Hall, aber auch zwei solche in Reichenhall (Salzburg) gehörten. Freilich besaßen auch andere geistliche Herrschaften Salinen in Hall, wie z. B. Gurk, das Bamberger Hochstift und das Erzbistum Salzburg. Im Kirchdorf A r d n i n g (1185 „Arnich" – vom slaw. Personennamen „Jaro", wo das Stift seit seiner Gründung zwei Huben besessen hatte, dürfte als Vorläufer der späteren Reittaler „Kläuse" bereits ein Wehrbau bestanden haben, der im 14. Jhdt. aufgelassen wurde und als Stiftsministerialengut schon um 1139 („Chunrat" und „Starchand" de „Arnich") Erwähnung fand. Carl Schmütz führt in seinem „Historisch-topographischen Lexikon der Steiermark" bei Ardning u. a. an: 1 Mautmühle, 2 Sägen, im stiftischen Waldgebiet 3 Kuhalmen und 1 Ochsenalm (596 Rinder aufgetrieben!). – Schindelgedeckte Pfarrkirche St. Johannes Baptist: um 1411 erbaut, 1661 barockisiert, 1946 durch Funkenflug von der Pyhrnbahn (Spatenstich zum Bosruck-Eisenbahntunnel am 23. 7. 1901) abgebrannt, 1950 wiedererrichtet. 1983: Eröffnung des Autobahntunnels (Maut!).
W a n d e r k a r t e n : F&B: Blatt 6 und 082; ÖK: Blatt 98, 99; G e h z e i t : ca. 3 bis 3^1/₂ Std.; HU.: unbedeutend.

18 Auf den Großen Pyhrgas

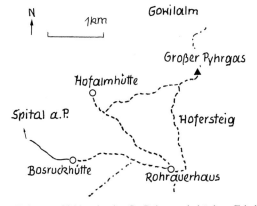

Mit seiner Höhe von 2244 m ist der Gr. Pyhrgas als höchste Erhebung der Haller Mauern eine der ganz großen Aussichtswarten der Obersteiermark. Ausgangspunkt für seine Besteigung ist das an der oberösterreichischen Landesgrenze gelegene Pyhrgasgatterl (1308 m) bzw. das wenige Minuten abseits liegende Rohrauerhaus (nur während des Sommers geöffnet). Man kann es von zwei Seiten her erreichen: einmal aus Mühlau über die Gstattmaieralm (2 Std.) oder per Auto über Spital a. Pyhrn: Auffahrt zur Bosruckhütte (1043 m) und von dort $^3/_4$ Std. zum Rohrauerhaus bzw. Pyhrgasgatterl. – Von hier für Geübte und bei trockenem Wetter sehr lohnend der Aufstieg über den „Hofersteig" mit prachtvoller Aussicht auf den benachbarten Scheiblingstein und die Gesäuseberge. Einige kurze Felsstellen sind gesichert und können problemlos bewältigt werden. Nach etwa 2 Std. betritt man überraschend die weite Gipfelkuppe und steht in $^1/_4$ Std. beim Gipfelkreuz. Panorama: im N Alpenvorland mit Sengsengebirge und Totem Gebirge; im W Dachstein und die vergletscherten Dreitausender der Hohen Tauern sowie Grimming und Bosruck und viele Gipfel der Niederen Tauern; im O Hochschwabmassiv, Kräuterin, Rax, Schneeberg, Mariazeller Berge. – Wer sich das alpine Gelände des „Hofersteiges" nicht zumuten will, der wählt den markierten Steig von der Hofalm her, die man in $^3/_4$stündiger Querung nach Westen vom Rohrauerhaus erreicht. Dieser Anstieg über den Westgrat ist nicht so steil, verläuft zuerst durch eine Latschenzone, um oben dann in vielen Serpentinen das Rasen-Schrofen-Gelände zu queren (Aufstiegszeit 2$^3/_4$ Std.). – Wer über den Hofersteig heraufgegangen ist, sollte diese Route zum Abstieg wählen. – Schließlich gibt es für „Zünftige" noch den teilweise gesicherten „Bad-Haller-Steig" von der Gowilalm aus.

A d m o n t : Der Abtei als kraftvoll ausstrahlender Pflegestätte der Bodenkultivierung, der Krankenbetreuung, der Wissenschaft, des Schulwesens, der Kunst und naturgemäß der Seelsorge und Missionsarbeit gehörte bald der gesamte, damals ca. 60.300 Joch zählende Talgrund. Im Zuge der von ihr ausgehenden Rodungsarbeiten gründete sie auch im Umkreis des Stiftes eine Reihe von Kolonien, darunter Hall, Weng, St. Gallen, Altenmarkt, Palfau, Landl, Wildalpen und Johnsbach. In der zweiten Hälfte des 13. Jhdts. schloß das Stift, dessen Abt auch eine eigene Gerichtsbarkeit ausübte, durch den Bau von „Klausen", also starken Befestigungen, die eigene Pfleger hatten und allnächtlich gesperrt wurden, das Tal von Admont gegen mögliche Angreifer ab. Diese Klausen standen bei Ardning („Ardninger" oder „obere" Klause), am östlichen Ennsufer gegen Selzthal („untere Klause") und am Fuße des Dietmannsberges. Am Übergang zur Buchau vermutet man die Existenz einer einfachen Talsperre, weil gegenüber die Burg Gallenstein als wehrhafte Sperre stand, die 1278 auf Erlaubnis König Rudolfs von Habsburg vom wehrhaften Abt Heinrich II. errichtet worden war.

S p i t a l a m P y h r n : 640 m Seehöhe; ca. 2200 Ew.; PLZ: A-4582. 100 km Wanderwege. Schmucker Ort um das ehemalige, 1190 schon weiter ausgebaute Hospiz. Barocke Stiftskirche (1714–1730) Mariae Himmelfahrt mit prächtigen Gemälden und Fresken des „Kremser Schmidt", Felsbildermuseum im Stiftsgebäude (1693–1732), spätgotische St.-Leonhard-Kirche auf einem Felsen südlich des Ortes (ab 1434); naturkundlich interessant: die „Dr.-Vogelgesang-Klamm" (Ausgangspunkt: Klammbachbrücke auf dem Weg zur Bosruckhütte!).

W a n d e r k a r t e n : F&B: Blatt 6 und 082; ÖK: Blatt 99 oder Gebietskarte Gesäuse; G e h z e i t : Bosruckhütte–Hofersteig–Gipfel: 2$^1/_4$ Std.; HU.: Bosruckhütte 1043 m, Rohrauerhaus 1308 m, Gr. Pyhrgas 2244 m.

Auf der Hinteregger-Alm gegen Hochtausing und Grimming

Unterwegs von St. Nikolai gegen Süßleiteck

Am Plannersee

Unterwegs von Ruperting zum Höchstein

19 Buchauersattel – Natterriegel – Bärenkarmauer

Vom Buchauersattel bei Admont führt die Markierung in 1¹/₂ Stunden durch Hochwald hinauf auf die Grabneralm, die in prachtvoller Lage unter den Südabstürzen der Haller Mauern liegt. Das Grabneralmhaus (1350 m) ist ein guter Stützpunkt für eine Wanderung (Hinweistafel und guter Steig) auf den Grabnerstein (1847 m) mit hervorragender Aussicht auf Admont und die Gesäuseberge. Der markierte Pfad führt vom Grabneralmhaus aber weiter auf die Obere Grabneralm mit altem Almstall (die Alm gehört zur Landwirtschaftsschule Grabnerhof und besitzt eine alte Tradition). Hier stehen die letzten Wetterfichten, umgeben von einer einzigartigen Alpinflora mit Kälberkropf, Storchschnabel, Katzenminze, Kreuz- und Kugelblume, Trollblume, Frauenmantel, Bach-Nelkenwurz, Hornschotenklee und wie sie alle heißen. In angenehmen Serpentinen geht es weiter aufs Grabnertörl (1723 m), wo das Admonterhaus des AV zwischen Natterriegel und Admonter Warte liegt. Von der Schutzhütte steigen wir im leichten Gelände (ein kurzes Stück ist drahtseilgesichert) hinauf zum Gipfelkreuz des Mittagskogels (2040 m) und von dort in wenigen Minuten zum Natterriegel (2060 m). 3¹/₂ Std. Gesamtgehzeit vom Buchauersattel. – Panorama: herrliche Tiefblicke ins Ennstal; im N Sengsengebirge und Alpenvorland, im S Niedere Tauern, im SO die Gesäuseberge und direkt im NW die wilden Südabstürze der Haller Mauern mit Kreuzmauer und Hochturm. Trittsichere und schwindelfreie Bergsteiger können auch noch den gesicherten Steig hinüber zur Bärenkarmauer (³/₄ Std.) begehen; für den Geübten eine sehr lohnende und reizvolle

Tour. Auf den Landkarten steht fälschlich „Hexenturm", obwohl die Einheimischen nur den Ausdruck Bärenkarmauer kennen. Beim Abstieg kann man oberhalb des Admonter Hauses die „höchstgelegenen" Narzissen der Steiermark bestaunen.

Drei Jahre später mußte der Abt, zugleich oberster Bergverwalter des Landes, nach der im Bündnis mit dem Salzburger Erzbischof Konrad IV. und dem steirischen Adel gegen Rudolfs Sohn Herzog Albrecht I. (das Bündnis war am Neujahrstag 1292 auf Burg Lonsperc = Deutschlandsberg geschlossen worden) erlittenen Niederlage mit seinen Mönchen, Urkunden und Schätzen auf Gallenstein Zuflucht suchen, das er erst im Herbst 1292 wieder verlassen konnte. Die stiftischen Untertanen wurden im Falle von Streitigkeiten mit Waffen aus den Zeughäusern von Gallenstein, Gstatt, Zeyring, Admontbüchel und Strechau ausgerüstet. Das Stift, zu dessen ergiebigsten weltlichen Einnahmequellen die großen Salzpfannen am Fuße der Haller Mauern, der Erzabbau in Johnsbach, im Pongau, im Enns- und Murtal, in Kärnten, im Liesingtal usw. gehörten, besaß bald Kirchen, Güter und Ländereien bis an die Donau, in Baiern, Kärnten und im Friaul, die seinen Reichtum ständig vermehrten. In vielen Städten hatte es eigene Höfe, und auch heute noch, nach der Beschlagnahme durch die Gestapo im Jahre 1938 und der „Neugründung" nach 1945, besitzt das Kloster etliche Landwirtschaftsbetriebe, Gärtnereien und Forstbetriebe, Werkstätten, Sägewerke, Holzverarbeitungsfabriken und Elektrizitätswerke.

W a n d e r k a r t e n : F&B: Blatt 6; ÖK: Blatt 99 oder Gebietskarte Gesäuse; AV-Karte Nr. 16; G e h z e i t : Natterriegel ca. 3½ Std.; Bärenkarmauer: weitere 45 Min.; HU: Buchauersattel: 861 m, Natterriegel 2065 m, Bärenkarmauer 2172 m.

20 Auf den Grabnerstein

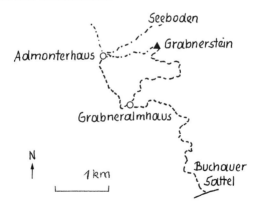

Der Grabnerstein ist ein „Vorberg" der Haller Mauern und ein wahres Blumenparadies. Der Berg ist vom Süden her, von der Grabneralm, angenehm und leicht zu ersteigen. – Wir fahren von Admont auf den Buchauer Sattel

(850 m) und stellen unser Fahrzeug dort ab. Die Markierung Nr. 636 leitet uns über einen alten Holzziehweg und später über eine Alm-Forststraße in gemächlicher Steigung hinauf zur Grabneralm, die der landwirtschaftlichen Fachschule Grabnerhof gehört. Schon vor der Alm tauchen vor uns die Felsriegel des Grabnersteins auf. Das „Grabneralmhaus" (1395 m) liegt in ein landschaftlich sehr schönes Almgelände eingebettet und ist bewirtschaftet; etwa 1¹/₂ Std. haben wir herauf benötigt. Nun folgen wir der Markierung Nr. 36 auf einem sehr guten, schon in alten Zeiten angelegten Almweg in mäßiger Steigung aufwärts und haben dabei immer wieder genug Zeit, die Prachtaussicht hinüber zu den Gesäusebergen von Sparafeld, Reichenstein, Ödstein, Hochtor, Planspitze und Buchstein zu bewundern. Zwischen Felsschrofen und Latschenflecken schlängelt sich der Pfad aufwärts; besonders zu Ende Juni/Anfang Juli blüht es auf den einzelnen Almflecken ganz bezaubernd: Sehr bemerkenswert sind die Narzissen, die in einer gedrungenen Wuchsform bis zum Gipfel hinauf zusammen mit Wundklee, Storchschnabel, Felsenbaldrian, Kugelblume etc. vorkommen. Nach weiteren 1¹/₂ Std. stehen wir oben beim Gipfelkreuz und haben nun aus 1843 m Seehöhe einen besonders interessanten Tiefblick auf das Admonter Becken und nach der anderen Seite zum Natterriegel, hinüber zum Admonterhaus und hinunter in das reizvolle „Pelztal" nach Oberlaussa. Knapp unterhalb des Gipfels sehen wir auch Reste alter Stallbauten und einen Flug-Beobachtungsstand vom Zweiten Weltkrieg. – Geübte und schwindelfreie Bergsteiger können den Grabnerstein auch vom Admonterhaus her überschreiten (umgekehrt ist es nicht anzuraten): Ein fast ebener Pfad führt vom Haus an die Felsriegel heran. Dann gilt es, einen kurzen, etwas ausgesetzten Abstieg zu tätigen (hier wurde absichtlich kein Sicherungsseil angebracht, um Unerfahrene nicht zur Besteigung zu verleiten). Gleich nachher ist aber der gesamte Weiterweg voll mit Drahtseilen gesichert. – Unterwegs, in der sog. „Jungfrauscharte", gibt es sogar ein „Wegbuch". In ¹/₂ Std. steht man beim Gipfelkreuz.

1785 war das K l o s t e r v o n A d m o n t dem Schicksal der Aufhebung durch Kaiser Josef II. nur knapp entgangen, auch die Sistierung von 1939 bis 1945 brachte wenig Schäden, so daß sich das Stift – nach einigen wirtschaftlich schwierigen, aber unter Abt Koloman Holzinger (gest. 1978) souverän gemeisterten Jahren – anläßlich der großen Landesausstellung „Musik in der Steiermark" vom 10. Mai bis 19. Oktober 1980 im vollen Glanze seiner historischen Bedeutung zeigen konnte.

Kulturhistorisch wertvollster und wichtigster Raum des Klosters ist die S t i f t s b i - b l i o t h e k im Osttrakt, deren 72 m langer, 14 m breiter und 11 m hoher Prunksaal – ein von 60 Fenstern erhelltes Meisterwerk Gottfried Haybergers – zu den schönsten Österreichs zählt und nach seiner Vollendung 1776 als „achtes Weltwunder" bezeichnet wurde. Die sieben Deckenfresken schuf der greise Stiftsmaler Bartolomeo Altomonte im Alter von 76 Jahren während der Jahre 1775 und 1776; unter den hierin dargestellten Allegorien der geistlichen und weltlichen Wissenschaften sowie der Kunst befinden sich die jeweils fachbezogenen Bücher. Großartig auch die Architekturmalerei von Johann Georg Dallinger, die Rokokoarabesken und Blumengewinde an den 170 Schränken und vor allem die 18 Schnitzwerke des 1765 verstorbenen Meisters Joseph Thaddäus Stammel, welche die „vier Letzten Dinge" (Tod, Gericht, Hölle, Himmel), darüber die vier Tugenden und in den Seitenräumen gegenüber den vier Evangelisten die Gestalten von Moses, Elias, Petrus und Paulus sowie an den Schmalseiten das Urteil Salomons und Jesus, im Tempel lehrend, darstellen.

Wanderkarten: siehe vorige Tour Nr. 19! Aufstiegszeit: ca. 3 Std.; HU.: 993 m.

21 Schitour auf den Grabnerstein

Eine sehr schöne „Firntour" ist die Besteigung des Grabnersteins bei Admont. Ausgangspunkt ist der Buchauer-Sattel (861 m), wo wir gleich in die Tourenbindung einsteigen. Vorerst folgen wir dem markierten, immer angenehm breit ausgefahrenen Almweg die rund 500 Höhenmeter hinauf zur Grabneralm. Schon beim Höhersteigen hat man faszinierende Ausblicke auf die Gesäuseberge. Nach größeren Neuschneefällen oder bei einem überraschenden Wärmeeinbruch dürfen wir den Grabnerstein jedoch nicht besteigen. Aber bis zum Grabneralmhaus und noch ein Stück darüber hinaus, auf die Obere Forchneralm, können wir auch unter solchen Umständen gehen. Nur wählen wir dann zum Aufstieg den westlich des Grabneralmbaches gelegenen Aufstiegsweg, der bloß unwesentlich länger ist. Auf diesem Weg vermeiden wir jegliche Lawinengefahr. – Nach etwa 1¼ Std. erreichen wir das Grabneralmhaus auf 1395 m (im Winter geschlossen) mit einem Prachtblick auf Admonter Reichenstein, Sparafeld, Riffel und Kreuzkogel. – Von hier steigen wir nun in nordöstlicher Richtung weiter an, wobei wir direkt auf die Schrofen des Grabnersteins zugehen. Die Schispuren biegen aber bald in östlicher Richtung, und wir gelangen an den unteren Rand der steilen Abfahrtsmulden, die wir dann bei guten Firnverhältnissen auch unbedenklich abfahren werden. Wir steigen aber nicht so steil an, sondern überqueren oberhalb des Zilmkogels einen steilen Hang (nur bei sicherer Schneelage!) und gelangen hinter einer Felskante in ein unerwartet sanftes Muldengelände, das sich bis zum Gipfel hinaufzieht. Bald haben wir dann über die Wellen und Buckel das Gipfelkreuz des Grabnersteins erreicht und befinden uns in 1847 m Seehöhe. 3 bis 3½ Std. Aufstieg.

Die Admonter Stiftsbibliothek umfaßt – durch Jahrhunderte bis zum heutigen Tag ausgebaut und gepflegt – mehr als 14.000 Handschriften, über 600 Inkunabeln und insgesamt etwa 150.000 Bücher mit Spezialabteilungen für semitische Sprachen und Orientalistik, Botanik, Medizin und Kirchengeschichte. Schränke des Bibliothekssaales fassen nur einen Bruchteil, nämlich ca. 95.000 Bände; 1956–58 wurde unter der Bibliothek ein Stiftsarchiv mit Urkunden, Dokumenten und Handschriften aus dem 16. und 17. Jhdt. sowie einer reichen Münzsammlung eingerichtet. In den Räumen des Stiftes sind auch drei Museen untergebracht: das Naturhistorische Museum (geöffnet von Anfang April bis Ende Oktober, täglich 8–12 Uhr und 14–17 Uhr) mit Dokumentationen und Ausstellungsstücken seit dem 12. Jhdt., darunter eine Sammlung von über 250.000 Insekten und 245 Obstsorten umfassende pomologische Sammlung; ein Kunsthistorisches Museum, das 1959 anläßlich des Erzherzog-Johann-Gedenkjahres eröffnet wurde und Gemälde, Bildhauerarbeiten und Kunstgewerbliches von der Romantik bis zur Gegenwart enthält, aber leider nicht ständig zugänglich ist; schließlich ein Heimatmuseum, das am 5. 7. 1968 in den ehemaligen Räumen der Admonter Volksschule im Schultrakt des Stiftes eröffnet wurde.

Wanderkarten: siehe vorhin! Aufstiegszeit: 3 bis 3½ Std., HU.: 993 m.

22 Schitour auf den Scheiblingstein

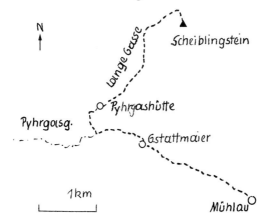

Es erscheint kaum glaubhaft, daß einer der „Mächtigen" der bizarren Haller Mauern, nämlich der 2197 m hohe Scheiblingstein, ein Schitourenberg ist. Und doch, wenn man sich vom Westen dem Felsklotz nähert, dann sieht man, daß sich hier riesige Karmulden aneinanderreihen und ein vorzügliches Tourengebiet abgeben. Bei richtiger Routenwahl kann die Tour im Frühjahr (außer nach großen Neuschneemengen) als lawinensicher bezeichnet werden. Der große Höhenunterschied von 1300 Metern und die Aufstiegszeit von 4 Std. reihen diese Unternehmung aber in die anspruchsvolleren ein. – Von Admont fahren wir bis nach Mühlau, wo wir unser Auto beim E-Werk des Stiftes Admont abstellen. Wir folgen vorerst der Markierung in Richtung Pyhrgasgatterl. Der Weg ist mit Nr. 1 bezeichnet und führt anfangs durch Wald, bis wir auf die freien Flächen der Gstattmaier-Alm hinauskommen. Im anschließenden Hochwald stoßen wir dann bald auf die deutlich beschilderte Abzweigung zum Scheiblingstein, welche die ursprüngliche Richtung im rechten Winkel verläßt. Wir steigen am „Pyhrgas-Jagdhütterl" vorbei und legen nun die Spur durch steilen, lockeren Hochwald hinauf, wobei wir alle Felsabstürze umgehen können. Dieses Felswandl- und Rinnensystem wird die „Lange Gasse" genannt und führt uns hinauf zu den großartigen Hochmulden unter dem Gipfel. Wir sollten die Spur beim Aufstieg keinesfalls zu weit nach rechts hinaus verlegen, also in die

Südabstürze, obwohl dies etwas kürzer wäre, weil hier Lawinengefahr bestehen kann. So folgen wir vielmehr der „Langen Gasse" bis unter die Nordabstürze des Kammverlaufs, der vom Gr. Pyhrgas herüberzieht, und steigen dann in weitem Bogen bis zum Grat unter dem Gipfelaufbau des Scheiblingsteins an. Je nach Schneeverhältnissen deponieren wir hier schon die Schier und stehen bald oben beim mächtigen Gipfelkreuz mit einem großartigen Ausblick.

Neben den stiftischen Bergbauten auf Erz, Gold, Kupfer, Gagatstein, Magnesit, Graphit und Gips spielte v. a. die Salzgewinnung eine wichtige Rolle. Sie begann schon 1074 in H a l l bei Admont – dort waren die ältesten Pfannen des Landes (1543 „verschlagen"); das Stift war lange Zeit Alleinbesitzer aller Salzbergwerke in der Obersteiermark, bis auf Befehl Kaiser Ferdinands I. die stiftischen Salzbergwerke nach 500jährigem Bestand „verschlagen" wurden. Als Ersatz dafür erhielt das Stift ein Salzdeputat von Aussee, das noch heute besteht. An den Salzbergbau von Hall mit seinen 11 Sudpfannen erinnern noch die Vulgonamen der Bauernhöfe „Oberpfanner", „Unterpfanner" (heute ein Gasthaus!) und „Pulvermacher", die aus den ehemaligen Sudstätten entstanden.

Noch etwas N a m e n s k u n d e :

P l e s c h - B e r g : der kahle (unbewaldete) Berg; vom slawischen „ples" = kahl, im Gegensatz zum „Harting-Berg" (mittelhochdeutsch „hart" = der Wald), also der (damals) bewaldete Berg.

P y h r g a s (G r o ß e r und K l e i n e r): Name vom „nachbarlichen" Pyhrn her beeinflußt, der urkundlich „mons (= Berg) pirdin", 1146 „Prdino", 1200 „mons pierdo" genannt wird und vom slawischen „brdo", „brdino" = die Anhöhe, die Gegend am Bergeck, der Bergkamm, herzuleiten ist und einen Paß, einen Übergang (siehe „Pyhrgas-Gatterl" als Übergang von Admont nach Spital am Pyhrn) bezeichnete; die zweite Silbe kommt vom slawischen (slowenischen) „gaz" = Schneepfad, schneebedeckte Bahn, Straße; slawisch „pregaz" = Übergang.

B o s r u c k : vor 1437 „Bochsruck", „Bocksruck", 1480 „am Bochsruck", jenem Berg, der dem „Rücken eines Bockes" ähnelt.

W a r s c h e n e c k : Dieser Bergname kommt (wie auch der Warschenberg) vermutlich vom slawischen „vrsina" = der markante Berg, Anhöhe; er könnte aber auch auf den mittelhochdeutschen Begriff „wahse" = schroff zurückgehen, wie etliche „Wachs(x)enegg"-Bezeichnungen andeuten.

W e n g : entspricht dem älteren deutschen „Wang", womit man eine Wiesenstelle im Wald oder einen Grashang im Wald (siehe Kalwang) bezeichnete.

W a n d e r k a r t e n : F&B: Blatt 6 und 082; ÖK: Blatt 99 oder Gebietskarte Gesäuse; AV-Karte Nr. 16; A u f s t i e g s z e i t : 4 Std.; HU.: 1457 m.

23 Liezen – Hintereggalm – Nazogl – Angernalm

Wir können unseren Ausgangspunkt, die Hintereggalm (1214 m), über eine etwa 10 km lange Bergstraße von Liezen her erreichen; es gibt aber auch einen Fußweg. Die Wanderung auf den Nazogl (2057 m), den Hausberg der Liezener, kann man von hier zu einer prachtvollen Rundtour über Angernalm und Aiplhütte ausdehnen. Gesamtgehzeit: 5 Std. Der „Angern", wie der gesamte Bergstock heißt, ist die Fortsetzung der „Weißenbacher Mauern", die sich mit den eigentümlichen gebankten Felsstufen wie eine riesige Arena nach

oben ziehen. Vereinzelt stehen Fichten wie stumme Wächter auf den Bändern, und mitten durch diese interessante Felslandschaft führt unser Pfad (Nr. 217) rasant – aber ungefährlich – nach oben. Rundsicht vom Gipfelkreuz: Grimming, die beiden spitzen Felsgestalten von Hochtausing und Hechelstein, die lange Kette der Schladminger Tauern, die Gesäuseberge und Haller Mauern, der Dachstein, Hochmölbing sowie Warscheneck und besonders interessant das Obere Ennstal mit Putterersee und Wörschacher Moos. Wir folgen dem markierten Steig weiter in Richtung Warscheneck, hinunter zu den verfallenen Stallungen der Angernalm, die inmitten lockerer Lärchenbestände prachtvoll daliegt. Nun nimmt uns beim Weiterweg zur Aipl-Jagdhütte eine urweltliche Landschaft mit phantastisch modellierten Kalkfelsen, glattgeschliffenen Steinplatten und umgestürzten Urwaldbäumen auf. Auf den Felsplatten finden wir an vielen Stellen das Leitfossil des gebankten Dachsteinkalks, die großen herzförmigen Muscheln (Conchodonten), die von den Einheimischen so treffend „Kuhtritt" genannt werden – allein dieser Fossilien wegen lohnt sich die Tour bereits! – Über die Aipl-Jagdhütte vorbei an Lärchkogel und Geißfeld erreichen wir wieder die Hintereggalm mit ihren 15 Almhütten. – Traditioneller Almabtrieb ist um den 20. September!

L i e z e n : Hauptstadt des größten Bezirkes der Steiermark; 659 m Seehöhe; ca. 6000 Ew.; PLZ: A-8940; Auskünfte: Stadtamt Tel. 0 36 12/28 81-0. Die 1080 urkundlich genannte, 1688 zum Markt und 1947 zur Stadt erhobene, also über 900 Jahre alte Siedlung am Übergang vom Ennstal nach Oberösterreich entwickelte sich vom gemütlichen „Stanglreiter-Dörfl" (Fuhrverkehr!) der Zeit bis ins 19. Jhdt. innerhalb der letzten drei Jahrzehnte zu einer Großgemeinde mit städtischem Charakter. Als „Luecen" – vom slawischen lužina = die sumpfige (Wald-)Gegend – in der Gründungsurkunde von Stift

Admont genannt, lag der Ort am Rande des dort stark versumpften Ennstales in der Nähe einer Poststation (Gabromagus – am Brunnfeld) an der Römerstraße von Virunum über den Pyhrnpaß nach Ovilava (Wels). Im Laufe der Jahrhunderte entwickelte sich die ursprüngliche Straßensiedlung als Vorspannstation an der Paßsüdseite zu einem kleinen Umschlags- und Handelsplatz, in dessen Umgebung ab dem 13. Jhdt. Erzgruben und Hammerwerke entstanden. So gewährte etwa Kaiser Friedrich III. (Residenz in Graz) im 15. Jhdt. dem Pfleger der gewaltigen Festung Wolkenstein (nächst Wörschach), „eysenerz an dem perg zu Lueczen" zu schürfen. Im 17. und 18. Jhdt. bestanden südlich des Pyhrnpasses bis zu 30 Stollen, Hammerwerke und „Plähhäuser", die aber mit der Einstellung des Bergbaues im 19. Jhdt. allmählich verschwanden.Nicht weit vom Hauptplatz, wo 1959 noch Rinder weideten, entwickelte sich die 1939 gegründete „Schmiedhütte Liezen" nach dem Zweiten Weltkrieg zum früheren Werk Liezen der VOEST-Alpine-AG und blieb bis zum skandalumwitterten Niedergang der dortigen Waffenindustrie einer der bedeutendsten Wirtschaftsfaktoren des Oberen Ennstales. Sehenswürdigkeiten: P f a r r k i r c h e hl. V e i t : urkundlich um 1130 erwähnt, jetzige Kirche Neubau von 1912, Westportal gotisch, statt Hochaltar großes Kruzifix, M. Fasching 1969. K a l v a r i e n b e r g k i r c h e mit schöner Kreuzgruppe von B. Prandstätter; Häuser Ausseerstraße 1 und 3 mit Resten des Tabors aus dem 15. Jhdt.

W a n d e r k a r t e n : F&B: Blatt 6 und 082; ÖK: Blatt 98; G e h z e i t : insgesamt 5 Std.; HU.: 900 m.

24 Hochmölbinghütte – Hochmölbing

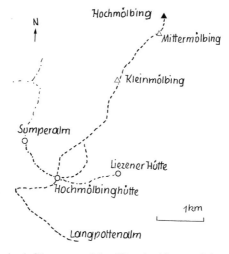

Von Wörschach fährt man auf den Wörschachberg und dann nach Schönmoos bis zum Schranken, der sich bereits auf 1160 m Seehöhe befindet; über

Forstwege und kleine Abkürzungen durch Hochwald geht es auf der Route Nr. 281 bis zur Langpoltenalm auf 1516 m. Vorher kommt man noch an Felsriegel des Hochtausing vorbei, an dessen Fuß die interessanten Almbuckelwiesen des „Gamering" liegen; von der Langpoltenalm sollte man dann den Weg Nr. 281a wählen, der einem Güterweg folgt und mehrere Sumpfstellen vermeidet. Auf der Alm kreuzen wir den Weitwanderweg Nr. 09, der von Hinterstoder über die Türkenkarscharte nach Wörschach führt. – Nun folgen wir dem sog. „Grazer Steig" zur Hochmölbinghütte; der gut angelegte Pfad führt durch schrofig-abschüssiges Gelände. Dann geht es hinauf zum Rand des Hochplateaus, wo das „Gottseidank-Bankerl" steht. Auf hübscher Almwiese mit lockerem Lärchenbestand geht es weiter bis zur Niederhüttenalm, wo noch einige Sennhütten des ehemaligen Almdorfs intakt sind. – Hier oben liegt aber auch unser erstes Ziel, die schmucke Hochmölbinghütte (1684 m) des Touristenklubs. Sie ist von Anfang Juni bis 20. Oktober geöffnet, und im Winter kann man sich einen Schlüssel besorgen. 20 Gehminuten entfernt liegt die Liezener Hütte, eine Selbstversorgerhütte des AV. – 2¹/₂ Std. haben wir herauf benötigt. – Die Hütte ist ein idealer Ausgangspunkt mit prachtvoller Aussicht. – Wenn wir nur in der Umgebung der Hütte wandern wollen, erreichen wir in ca. 20 Min. die Sumperalm auf 1755 m. Auch auf den benachbarten Raidling und auf das Kirchfeld führen kurze, aber sehr schöne Touren mit Blick direkt zur Tauplitz mit dem Sturzhahn. – In leichtem Gelände führen uns markierte Wege auf den Kleinmölbing (2160 m) und auf den Hochmölbing (2318 m) in 1¹/₂ bzw. 2¹/₂ Std.

Wörschach-Schwefelbad: Sommer- und Winterurlaubsgebiet in 643–1702 m Seehöhe im mittleren Ennstal, ca. 7 km westlich von Liezen; ca. 1100 Ew.; PLZ A-8942: Auskünfte: FVV; Tel. 0 36 82/23 01.

Im Kurhaus mit den seit 1837 der Öffentlichkeit zugänglich gemachten Wörschacher Quellen (erdalkalisch-sulfatische Schwefelquellen mit besonders wirksamem Schwefelschlamm) wurden bis 1977 Gelenkserkrankungen, Spondylosis, Rheuma, Nerven- und Muskelschmerzen, Hautkrankheiten und Frauenleiden behandelt. Die zunächst „Mineralbad Wörschach" genannte Heilanstalt wurde 1837 vom damaligen Besitzer der Burg Wolkenstein, Josef Roßmann, errichtet; die heilsame Wirkung der Quellen, deren Wasser in 1,2 km langen Rohren zugeleitet wurde und eine natürliche Temperatur von 15 bis 18° C aufweist, war allerdings schon wesentlich früher bekannt und genützt worden. Die Heilquellen entspringen aus der Tiefe der Kalkstöcke nördlich von Wörschach, in einem erdharzigen Schieferton-Flöz am Südhang des Gameringsteines und an beiden Ufern des Wörschachbaches. Die Geschichte des Ortes hängt aber auch unmittelbar mit der einst sehr imposant über dem Schwefelbad gelegenen Burg Wolkenstein zusammen, von der jetzt nur noch Reste der Außenmauern sichtbar sind. Der Sitz der Herrschaft, deren Untertanen einst in 40 Gemeinden zerstreut waren (sogar bis in die Ramsau bei Schladming), wurde 1689 in ein „Rustikalhaus" in Irdning verlegt.

Wanderkarten: F&B: Blatt 8 und 082; ÖK: Blatt 98; Kompaß-WK 68; Gehzeit: Hochmölbinghütte ca. 2¹/₂ Std.; Hochmölbinggipfel: weitere 2¹/₂ Std.; HU.: 524 m bzw. 1158 m.

25 Wörschach – Hochtausing

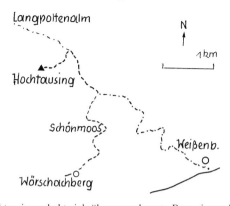

Der Hochtausing erhebt sich über vorgelagerte Bergwiesenplateaus direkt über dem Ennstal und liegt ziemlich genau nördlich von Wörschach. – Der Ausgangspunkt unserer Wanderung liegt am Wörschachberg, wohin wir (vorbei am Gh. Perner) hinauffahren können. Wir fahren bis zum Wegschranken (Abstellplätze) und finden dort den Wegweiser „Hochmölbinghütte = 2½ Std." und die Markierung Nr. 281 (1150 m Seehöhe). Mehrmals kürzen wir, dieser Markierung folgend, die Alm-Forststraße in Richtung Langpoltenalm ab. In mäßiger Steigung geht es aufwärts, und vor uns bauen sich der felsige Hochtausing und der schrofige Raidling auf. Nach etwa 1 Std. erreichen wir die Abzweigung auf unseren Gipfel mit dem Hinweisschild „Hochtausing; versicherter Klettersteig; 1½ Std.". Der Weg darf nur von Geübten und Schwindelfreien bei trockenem Wetter begangen werden! Die erste größere Felsbarriere wird gut angelegten Steigerl umgangen, und es gibt bald schöne Ausblicke auf das Ennstal. Sodann gelangen wir zur ersten Wandstufe, die durch Versicherungen gut begehbar gemacht ist. Mittels dieser können dann immer wieder Steilaufschwünge problemlos überwunden werden. Bald haben wir den Gratrücken erreicht und schauen nun direkt nach der anderen Seite auf die Langpoltenalm hinunter, zu welcher der Hochtausing in einer fast lotrechten Wand abbricht. Nochmals gelangen wir zu einer gesicherten Steilstelle; es geht etwas auf und ab, und dann stehen wir beim rot-weiß-rot gestrichenen Gipfelkreuz in 1823 Meter Seehöhe. Der Rundblick ist umfassend und reicht von den Tauplitzalm-Gipfeln zum Grimming und vom Dachstein bis zur Kette der Niederen Tauern.

Einige Daten zu W ö r s c h a c h w a l d , das mit dem Hechlstein (1814 m), dem Spechtensee (Hochmoorsee mit spezifischer Flora, darunter beide fleischfressenden Sonnentau-Arten) und der Talwanderung durch die Wörschachklamm (138 Pilzarten!) drei Wander-Leckerbissen zu bieten hat.

Wörschachwald: PLZ: A-8982; Auskünfte: Tel. 0 36 88/280. – Das Wörschachwalder Hochtal gehört wie Lessern, Niederstuttern, Unterburg und Untergrimming zur Gemeinde Pürgg-Trautenfels, die sich von 600 m bis 1100 m Seehöhe erstreckt und dank ihres günstigen, nebelfreien, auch im Sommer angenehmen Klimas sowie ihrer kunsthistorisch bedeutenden Bauten zu den beliebtesten Urlaubsregionen der Steiermark zählt. Dieses günstige Klima führte schon zu frühzeitlicher Besiedlung, wie die Funde im „Lieglloch" am Fuß des Krahsteins bei Tauplitz und jene auf der Bärenfeuchtenalm zeigen, wo 1952 der Almbesitzer Johann Kerschbaumer vlg. Steinbauer an der Nordseite eines mächtigen Felsblockes vermutlich hallstattzeitliche Felszeichnungen entdeckte. Daß dieser geheimnisumwitterte Platz auch in späteren Jahrhunderten von Bedeutung war, bestätigen Ritzzeichnungen, die mit der Jahreszahl 1723 datiert sind. – Auch in der Nähe der Lungengrabenbrücke und am Südabhang der Ruine Wolkenstein hat Prof. Walter Modrijan hallstattzeitliche Urnengräber bzw. Gebrauchsgegenstände und Waffenteile gefunden (mittelalterliche Burganlage auf steiler Felsbastion; nach der Schlacht bei Radstadt zwischen dem Salzburger Erzbischof Philipp und Bischof Ulrich von Seckau wurde der Seckauer 1248 über ein Jahr auf Burg Wolkenstein eingekerkert; 1830 gingen Burg und Herrschaft an Franz Rossmann, den späteren Gründer des Wörschacher Schwefelbades). – Schon um 890 sowie 931 ist eine Erzgrube am „Gamare mons" (wohl dem Gameringstein nordöstlich von Wörschach) urkundlich nachweisbar; um 1195 begegnet uns der Name Wörschach als „Werses", 1186 ein „Richerus de Werses" („wira" v. althochdeutsch „weri" = Befestigung und „sess" = der „Ansitz"; also ein „befestigter Ansitz"!).

Wanderkarten: F&B: Blatt 8 oder 082; ÖK Blatt 98; Kompaß-WK 68; Aufstiegszeit: ca. 2½ Std.; HU.: ca. 670 m.

26 Auf das Dürrenschöberl

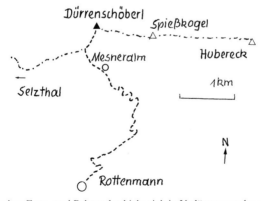

Zwischen Enns- und Paltental schiebt sich in Verlängerung der rechtsuferigen Gesäuseberge das 1737 m hohe Dürrenschöberl vor – einer der großartigsten Aussichtspunkte in der oberen Steiermark. – Der kürzeste, wenn auch steilste Aufstieg ist jener von Rottenmann: Direkt oberhalb des Bahnhofs beginnt schon die Markierung, die uns in gelber Farbe (manchmal auch mit Richtungspfeilen) nach oben leitet. Zuerst über eine Wiese, dann auf einem Forstweg und schließlich steil im Hochwald hinauf, wobei manchmal alte Hohlwege benützt werden. Das bewaldete, steile Mesnerkar läßt man rechts liegen, und eine gute halbe Gehstunde unter dem Gipfel legt sich der Berg zurück. Der Wald wird locker, die private Mesneralm-Hütte bleibt rechts liegen, und nun taucht nördlich bereits die abgerundete Almkuppe des Dürrenschöberls auf. Einige hundert Meter unterhalb des Gipfelplateaus treffen wir auf die rot-weiß und blau markierte Abzweigung nach Selzthal, in welche Richtung man den Berg auch sehr gut überschreiten kann. (Knapp unterhalb des Gipfels Hinweis auf 200 m entfernte Quelle). – Das 5 m hohe metallene Gipfelkreuz ist etwas nach Norden versetzt, so daß man es vom Ennstal aus gut sehen kann. Prachtvoll sind Aussicht und Rundblick: Im O sämtliche Gesäuseberge, dazwischen (im Gesäuseeinschnitt) Ebenstein und Brandstein; im SO Leobner, Zeiritzkampel, Eisenerzer Reichenstein, Schober und Triebener Tauern; im S Hochreichart, Geierhaupt, Bösenstein und Hochheide; im SW die Oppenberger Gipfel; im W Hohe Tauern, Sölker und Schladminger Tauern; dann Dachstein und Grimming, die Stadt Liezen; im N Hochmölbing, Haller Mauern und Admont. – Über Schloß Röthelstein kommt von dort ein rot-weiß markierter, nicht sehr steiler, aber langer Weg, der über Aberlkogel, Hubereck und Spießkogel vom Osten her auf das Dürrenschöberl führt.

Landeskundliches: Die „Bergstadt" Rottenmann (PLZ: A-8786; Auskunft: Tel. 0 36 14/24 22 12 oder 24 11 16; 674 m Seehöhe; ca. 5400 Ew.) wird am 27. 5. 927 in einer Urkunde des Erzbistums Salzburg erstgenannt als „Rotenmannum". Als Kaiser Heinrich II. im Jahre 1007 dem Bistum Bamberg u. a. ein Landgut bei Rottenmann („Piscofersdorf" = Bischofs- bzw. Büschendorf am rechten Paltenufer) schenkte, mußten sich noch viele slawische Siedler dort befunden haben, denn in einer späteren Bestätigungsurkunde wird das Gut 1048 als „Rotenmannum", auf slawisch auch „Cirminah" genannt, erwähnt. Versuche, den Namen „Rotenmann", wie er jahrhundertelang geschrieben wurde, zu erklären, weisen auf den indogermanischen Stamm „ered" = fließen, Feuchtigkeit, und seine Ableitungsform „rod" = fließen, Gewässer, sowie auf indogermanisch „mano, mani" = feucht, naß, Moos, Sumpf, zurück, so daß hier die Bedeutung „Sumpfgewässer" oder „Moor- bzw. Mooswasser" zugrunde liegen dürfte. Die laut Urkunde von 1048 damals von den hier ansässigen Alpenslawen verwendete Bezeichnung „Cirminah" (siehe auch „Werchzirm-Alm" bei Turrach, von vrh – Berg, crven = rot – „rote Hochalm"!) ist nach Ansicht der Ortsnamenforscher als eine Übersetzung ins Slawische aufgrund einer irrigen Auffassung der Bedeutung des Namens „Rotenmann" zu verstehen. Die Stadt wurde im ersten Drittel des 13. Jhdts. vom Landesfürsten Leopold VI. auf grünem Wasen als ummauerter Straßenmarkt angelegt und erhielt das Recht der Salzniederlage (Stadtmauerreste und südliches „Burgtor" erhalten!). 1320 erhielt der Markt das Stadtrecht, 1453 ein Augustiner-Chorherrenstift; 1480 zerstörten die Türken die Georgskirche (1042), 1525 Einnahme durch die aufständischen Bauern, 1579 evangelische Kirche, die aber 1599 niedergerissen wurde. Sehenswürdigkeiten: Salzamtshaus (Hauptplatz 11); Stadtpfarrkirche zum hl. Nikolaus (1266), Spitalskirche (1341); alte Bürgerhäuser, Stadtbrunnen, Rathaus.

27 Rottenmanner Hütte – Hochheide

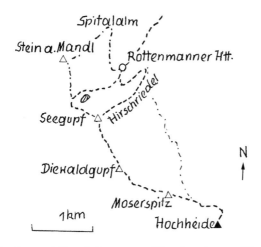

Von der Burgtorsiedlung in Rottenmann führt ein recht guter Güterweg steil hinauf auf 1300 m zur Scheibelalm (Parkplatz, Endpunkt der Materialseilbahn). Der markierte Pfad (944) leitet uns in einer ¾ Std. über das „Butterbründl" hinauf zur 1575 m hoch gelegenen Rottenmanner Hütte (nach Lawinenunglück 1982 wieder neu erbaut). – In südwestlicher Richtung folgen wir der Markierung weiter und gelangen zum Globuckensee, der tief eingebettet im obersten Kar liegt; schöne Zirbenbestände. Nun geht es hinauf auf die abgeflachte Karumrahmung (Drahtseile an zwei schrofigen Stellen) und zuerst flach, dann steiler am flachen Almrücken zum 2011 m hohen Seegupf (von hier über den Hirschriedel als Wegvariante zur Rottenmanner Hütte). Kurzer Abstieg am aussichtsreichen Gratrücken und dann Aufstieg zum 2125 m hohen Diewaldgupf im Kammverlauf zur Hochheide. Nun wieder kurzer Abstieg in ein Scharterl und über Blockwerk Weiterweg zum 2230 m hohen Moserspitz. Von hier noch eine ¾ Stunde interessanter Weg auf gutem Steig durch aufgetürmtes Blockwerk zum Gipfelaufbau der Hochheide (2363 m). – Wir steigen, zuerst rechts haltend, in die Scharte zwischen beiden Spitzen. Der Ostgipfel ist leicht, der Westgipfel mit dem Gipfelkreuz ist über eine Felsplatte erreichbar, die durch ein Drahtseil bestens gesichert ist. Der 4stündige Aufstieg wird mit Prachtaussicht, besonders zu den Gesäusebergen und zum nahen mächtigen Bösenstein sowie auf das 1700 m tiefer liegende Paltental, belohnt.

Von der Rottenmanner Hütte lohnende Extratour (Markierung 943) in 1¹/₂ Std. über die Spitalalm auf das 2043 m hohe „Steinerne Mandl" mit Aussicht auf Gesäuse, Haller Mauern, Dachstein, Totes Gebirge und Niedere Tauern.

Auf dem Bergsporn im Westen der Stadt R o t t e n m a n n, deren „redendes", also namenweisendes Wappen noch heute ein Siegelbild aus dem Jahre 1365 zeigt (im schwarzen Feld ein rotgekleideter, bärtiger Mann mit rotem Hut, der rechte Arm schultert ein Schwert, dazu goldfarbener Halbmond und Stern), liegt einer der schönsten Wehrbauten der Steiermark, die B u r g S t r e c h a u. Wie jener von Altrottenmann dürfte ihr Name auf slawische Wurzeln zurückgehen, nämlich auf altslawisch „strecha" = „Unterkunft, Obdach", womit wohl ein Adelswohnsitz gemeint war. Strechau dürfte – wie die Erstnennung von 1080 andeutet – schon ursprünglich salzburgischer Besitz gewesen sein, aber die „Herren von Strechau" könnten auch zuvor bereits auf diesem strategisch wichtigen Punkt als edelfreies Geschlecht einen Ansitz besessen haben. Im späten 13. Jhdt. bestand sogar eine Doppelburg, auf der die Ehrenfelser und die Trensteiner saßen; 1282 kamen beide Teile im Tausch gegen das spätere Trautenfels (damals noch „Neuhaus") als salzburgische Lehen an die Habsburger. 1528 gelangte der bereits einheitliche Baukörper dann an den Freiherrn Hans Hofmann von Grünbichl, dessen Familie zu den bedeutendsten Vertretern des protestantischen Adels in der Obersteiermark zählte. Die Burg erhielt in dieser Zeit fast zur Gänze ihr heutiges, seit 1979 von der Wiener Besitzerfamilie Boesch so eindrucksvoll wiederhergestelltes Gesicht und wurde bis zum Einsetzen der Gegenreformation zum wichtigen Zentrum der evangelischen Bewegung. Die letzte Erbin mußte aus Glaubensgründen das Exil, worauf die Burg von 1629 bis 1892 in Stift Admontischen Besitz stand. – Im Zuge der vorhin genannten Restaurierung wurden – nicht zuletzt für die Ausstellung „Glaube und Macht" im Sommer 1992 – hochbedeutsame Relikte der Hochzeit des evangelischen Glaubens wiederhergestellt, vor allem die Decke des Betraumes, deren großartige Bildpredigt vermutlich um 1579 vom Rostocker Theologieprofessor David Chyträus geschaffen wurde.

W a n d e r k a r t e n : F&B: Blatt 6; ÖK: Blatt 129 u. 130; G e h z e i t e n : PP (Parkplatz) Rottenmanner Hütte 30 bis 45 Min.; Rottenmanner Hütte–Hochheide 3 Std.; HU.: PP ca. 1350 m; Rottenmanner Hütte 1575 m; Hochheide 2363 m.

28 Gaishorn – Flitzenschlucht – Kalblinggatterl

Mehr oder weniger parallel zur Mautstraße von Gaishorn auf die Mödlinger Hütte (1523 m) führt der Steig durch die Flitzenschlucht, der vom Alpenverein markiert und instandgehalten wird. Der landschaftlich reizvolle Weg ist als Naturlehrpfad ausgebaut, und seit 1986 erhält man hiezu den „Naturführer Gaishorn", in dem die einzeln numerierten Wegstationen erläutert werden. – Der Pfad beginnt neben der Mautstelle (812 m) der Zufahrtsstraße zur Mödlinger Hütte; dort kann man auch den „Naturführer" erwerben. – Mit der Markierungsnummer 670 ist der im Hochsommer angenehm kühle Schluchtweg bezeichnet. Er führt uns trotz der Wildbachverbauung durch

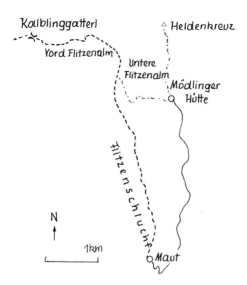

Kalblinggatterl

Heldenkreuz

Vord Flitzenalm

Untere
Flitzenalm

Mödlinger
Hütte

Flitzenschlucht

N

1km

Maut

eine Urlandschaft; umgestürzte Baumriesen hängen in die Schlucht herunter, die Hochwässer reißen die Steilhänge immer wieder an, und so braucht es jedes Jahr einigen Aufwand, die Steige begehbar zu erhalten. – Mehrmals wechselt der Pfad über den wild tosenden Flitzenbach auf Holzbrücken und Stegen; manchmal wird man auch von der hochstäubenden Gischt besprüht. Bald tauchen die wilden Felsabstürze des Reichensteins in der Schluchtmitte auf, und dann (in der Nähe der Unteren Flitzenalm), nach etwa 1½ Gehstunden, teilen sich die Pfade; einer führt in einer halben Stunde zur Mödlinger Hütte, der andere in einer Stunde zum Kalblinggatterl (1542 m). – Schon von der Unteren Flitzenalm gibt es einen Prachtblick auf Reichenstein, Sparafeld und Kalbling; dieser Ausblick wird (nun den Wandabstürzen noch näher) auf der Vorderen Flitzenalm noch verstärkt. – Der Bach wird auf Steinen übersprungen, und dann geht es durch lockeren Almwald hinauf zum „Gatterl", mit dem Einblick in die direkt aufsteigende Südwand des Kalbling. – In 15 Minuten ist man von hier unten bei der ganzjährig bewirtschafteten „Oberst-Klinke-Hütte".

L a n d e s k u n d l i c h e s : Das untere Paltental („Palten" vom frühslawischen „balta" – slawisch „blato" ist der Sumpf, das Moor; also „die Sumpfgegend am Moorbach") war nach dem Abschmelzen des Ennsgletschers vor rund 500.000 Jahren zwischen Rottenmann (8. Jhdt.: „Cirminah" vom slawischen „crminah" = die rote Gegend; erst 927 „ad Rotenmannum"!) und Treglwang (trogähnlich geformtes, liebliches Gefilde, fast ein „Paradies" = „wang") von einem ca. 15 km langen See bedeckt; dessen kleiner,

1769 durch eine Überschwemmungskatastrophe erweiterter und 1924 abgelassener Überrest – der „Gaishornsee" – war um die Jahrhundertwende noch 66 Hektar groß und stellenweise bis zu 8 m tief und bot vielen Sumpf- und Wasservögeln Lebensraum. – Besonders bekannt war das Sammeln der sog. „Alten" aus dem See, einer Wasserschneckenart, die als kulinarischer Leckerbissen in weite Teile der Monarchie versandt wurde.

Mit T r e g l w a n g gehört unser Ausgangspunkt G a i s h o r n (PLZ: A-8783; 723 m Seehöhe; Ausk.: Tel. 0 36 17/22 08) zu den ältesten Ansiedlungen entlang des niedrigsten Alpenüberganges. Pfarrkirche zur Hl. Dreifaltigkeit: 1180 genannt; Bau von 1520 mit gotischen Schall- und Maßwerkfenstern; spätgotische Filialkirche hl. Virgil: 1448 erbaut, 1480 zerstört, 1524 wiedererrichtet; Hochaltar von 1619.

W a n d e r k a r t e n : F&B: Blatt 6; ÖK: Blatt 99 und 130 Naturführer mit Karte! G e h z e i t e n : Maut–Sattel: 2¹⁄₂ bis 3 Std., Maut–Mödlinger Hütte: 2 Std.; HU.: 730 bzw. 710 m.

29 Auf den Blosen bei Oppenberg

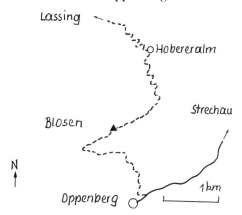

Der Blosen ist einer der besten Aussichtsberge im weiteren Bereich des Ennstales und kann sowohl von Oppenberg als auch von Lassing her erstiegen werden. – Von Lassing her leitet eine blau-weiße Markierung über die Hobereralm in vielen Serpentinen auf angenehmem Pfad nach oben, wobei man meist im Hochwald ansteigt und nur an wenigen Stellen Ausblicke hat. Ziemlich oben, erreicht man dann den Gipfelkamm und wandert auf ihm im Almgelände nur noch mäßig ansteigend mit bester Aussicht nach beiden Seiten in südwestlicher Richtung bis zum Gipfelkreuz, das auf 1724 Metern steht. – Zum Aufstieg benötigt man etwa 2¹⁄₂ Std., wobei man von Lassing bis auf den Schattenberg noch ein Stück zufahren kann.– Von Oppenberg aus, das um gute 200 m höher als Lassing liegt, braucht man nur 2 Std. und geht hier vom Gasthaus „Grobbauer" (AV-Vertragshaus) los. Die Markierung führt

Bärfallspitze nahe Hauser Kaibling

Unterhalb des Höchsteingipfels

Kapuzinersee unterhalb des Waldhorns

über einige Wiesen in den Wald hinauf, wo man seit dem Frühsommer 1994 eine ordentliche Markierung vorfindet. Nur im unteren Anstiegsteil geht es steiler, sonst in weiten Serpentinen im Hochwald aufwärts. Der Pfad wird höher oben breiter und verläuft unterhalb des Gipfels, eine Zeitlang nur ganz mäßig ansteigend, parallel zum Gipfelrücken; schon ziemlich oben biegt er dann im rechten Winkel zum metallenen Gipfelkreuz hinauf. – Das Panorama ist wahrhaft prachtvoll und kann eventuell mit jenem vom Dürrenschöberl bei Rottenmann verglichen werden: Wir schauen nach Norden direkt hinunter auf die Kirche von Lassing und über den Mitterberg hinweg auf Liezen und dahinter auf Nazogl/Hochangern und die Warscheneckgruppe. Die Autobahn kann man bis zum Bosrucktunnel verfolgen; daran schließen die Haller Mauern und vom Gesäuse Buchstein und Reichenstein an. Der Bösenstein dominiert im Südosten; dann folgt die lange Kette der Oppenberger Schi-Zweitausender, vom Schüttkogel über den Hochschwung bis zum Kreuzkogel, und natürlich gibt es einen hervorragenden Tiefblick auf das Oppenberger Gullingtal. Weiter geht der Rundblick zu Gstemmer und Mölbeck, zu Hochwildstelle, Höchstein, Dachstein, Grimming, Ausseer Zinken, den Tauplitzbergen und hinunter zum Wörschacher Moos.

Oppenberg: PLZ: A-8786; 1010 m Seehöhe; seit 30 Jahren 305 Einwohner, 64 Haushalte; flächenmäßig drittgrößte steirische Gemeinde.

Altes Bergwerksdorf am Fuß des Steinkars über dem tief eingeschnittenen Tal des Gullingbaches; Hochtal mit zahlreichen Weidegebieten (Ende des 19. Jhdts. noch 33 Almen mit 88 Hütten und 1345 Stück Vieh!), heute großes Waldreservoir, großer Wildbestand; beliebtes Tourengebiet mit 30 Schigipfeln! Kaum mehr Spuren des früheren Bergbaues auf Chromeisenstein, Kupfer und Asbest am Hochgrößen durch das Stift Admont und zuvor durch die Rottenmanner Freiherrenfamilie Hoffmann zu Grünbühel; unter deren Schutz (Hanns Friedrich Hoffmann) kam es zur Bildung einer starken protestantischen Gemeinde in Oppenberg, die trotz Gegenreformation und Auswanderung der Familie Hoffmann und vieler Bürger (1602) erhalten blieb. Im Winter ist die Gemeinde oft wochenlang abgeschnitten. Dafür großer familiärer Zusammenhalt und gediegene Pflege jahrhundertealten Brauchtums. Sehenswürdigkeit: Pfarrkirche Mariae Geburt: wie der Ort (Oppenberg) schon im 13. Jhdt. genannt; bis 1785 (Aufhebung des Augustinerchorherrenstiftes von Rottenmann) diesem Stift inkorporiert; besitzt spätgotisches Kunstjuwel, die sog. „Oppenberger Krippe" von 1480/90, einen 1966/67 restaurierten, der Münchner Schnitzerwerkstatt Erasmus Grasser zugeschriebenen Altarschrein; Darstellung der Anbetung Christi durch die Hl. Drei Könige mit Landschaftshintergrund und Begleitfiguren (1602); kein Ruhetag!). Der Schrein war ursprünglich Teil eines gotischen Altares, dessen Predella, Gesprenge und Seitenflügel bei der Einpassung in einen barocken Seitenaltar verlorengingen. Zum Gnadenbild, einer gekrönten Madonna mit bekleidetem Kind, wallfahren noch am 2. Juli (Mariae Heimsuchung) Gläubige aus Rottenmann und Lassing.

Wanderkarten: F&B: Blatt 6; WK 082; ÖK: Blatt 129 und 98; Gehzeiten: Lassing/Schattenberg–Blosen ca. 2½ Std.; Gh. Grobbauer–Blosen ca. 2 Std.; HU.: ca. 940 m bzw. ca. 660 m.

30 Oppenberg – Riednersee – Seekoppe

Von der Kirche in Oppenberg folgen wir der Straße noch 4 km taleinwärts bis zu den Hinweisschildern: „Riedneralm – Hochgrößen" bzw. „Seekoppe – Hochrettelstein" (Markierung Nr. 940; gleichzeitig St. LRWW). Zuerst über Wiesen und dann durch Hochwald führt der Pfad nach oben, und nach ¹/₂ Std. gelangen wir bereits auf den ersten Almboden, „Unterrieden" genannt; direkt ober uns der Hochgrößen-Gipfelkamm. In weitem Bogen gehen wir nun über die ausgedehnte Almfläche in Richtung auf die verfallende Almhütte von „Mitterrieden" zu (daneben das Jagdhaus). In mäßiger Steigung (immer dem alten Almweg folgend) geht es noch einmal durch Wald bergauf, um neben dem Riednerbach schließlich die Viehunterstandshütte der Oberrieden-Alm zu erreichen. Nun trennt uns nur noch eine kleine Steilstufe vom Riednersee. Ausgedehnte Flächen werden hier vom gelbblühenden „Punktierten Enzian" bedeckt, und Granate sowie Strahlsteine (Aktinolithe) finden sich im Glimmerschiefer eingeschlossen. Dann haben wir auch schon das blaugrüne Gewässer des 1864 m hoch gelegenen Riednersees erreicht (2 Std. von der Straßenabzweigung). Gleich oberhalb befindet sich nochmals ein kleiner, schmaler See; wir steigen weiter über problemlose, manchmal etwas steilere Rasenrücken bis zum Gipfel-Steinmann der Seekoppe (2150 m). Recht nah erscheint von hier der Grimming; direkt vor ihm das Mölbegg. Hohenwart und Bösenstein sowie die vielen Schigipfel der Rottenmanner Tauern sind ebenso bestens einzusehen. – Von der Seekoppe können wir über das Riednertörl zum Hochgrößen oder auf markiertem Steig zum nahen Hochrettelstein und weiter auf die Planneralm gehen.

Die Spuren der früheren Bergbautätigkeit – Chromeisenstein- und Asbestabbau am Hochgrößen, aus dessen Flanken auch Kupfererze geschürft wurden – sind freilich kaum mehr zu entdecken, erinnern aber an die Geschichte der durch Erzgruben reich und mächtig gewordenen Rottenmanner Familie der Freiherren von Hoffmann zu Grünbühel (ab 1533) und Strechau (ab 1528), die auch mit dem Ausbau des kulturellen Juwels von Oppenberg, der Pfarrkirche Mariae Geburt, in Verbindung stand. – Unter dem Schutz des mächtigen Freiherrn Hanns Friedrich Hoffmann bildete sich eine starke protestantische Gemeinde in Oppenberg, die bald von einem eigenen Pastor betreut wurde. Auch nach der Zerstörung der 1578/79 von derselben Familie vor den Mauern Rottenmanns neben Schloß Talhof errichteten Kirche im Jahre 1599 wurde sie von der dafür verantwortlichen Glaubenskommission relativ wenig behelligt, wogegen die Familie Hoffmann und viele Bürger 1602 auswanderten.

W a n d e r k a r t e n : F&B: Blatt 6; ÖK: Blatt 129; G e h z e i t : Schwaigbergerhube–Riednersee 2 Std.; Riednersee–Seekoppe 45 Min.; HU.: Schwaigbergerhube 1025 m, Riednersee 1864 m, Seekoppe 2150 m.

31 Schitour auf den Hochschwung

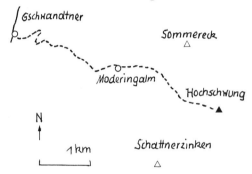

Der Hochschwung ist ein leichter Schiberg, und bei richtiger Spurenwahl ist die Route wohl auch lawinensicher, wenn die Schneeverhältnisse nicht gerade extrem sind. Der Berg weist von der Anstiegsseite aus dem Gullingtal keine extremen Steilhänge auf, und der untere Teil, der durch Wald führt, kann durch das Befahren eines Forstweges so entschärft werden, daß auch mittelgute Schifahrer keine Schwierigkeiten haben. – Man fährt von Oppenberg auf ständig gut geräumter Straße bis zum großen Parkplatz (1118 m) vor dem Jagdhaus hinein, geht dann ein paar Meter wieder zurück und findet hier den Wegweiser „Hochschwung". Am linken Ufer des Möderingbaches geht es aufwärts, wir begehen eine Forststraße bis nach der ersten großen Rechtskehre und nehmen dann die Abkürzung durch einen alten Hohlweg, den wir aber für die Abfahrt nicht benützen müssen. Sobald wir die Waldzone verlassen haben, befinden wir uns im großen Kar, das von Sommereck, Hochschwung und Schattnerzinken begrenzt wird. Wir kommen an verfallenen Almhütten vorbei und gehen in einem Bogen nach Südosten in Richtung Vorgipfel des Hochschwung, den wir von unten wohl schon für den Hauptgipfel gehalten haben; bei schlechten Schneeverhältnissen läßt man die Schier am Vorgipfel zurück, meist kann man aber problemlos bis zum Hauptgipfel und seinem eisernen Gipfelkreuz hinaufsteigen. Die Aufstiegszeit nimmt je nach Verhältnissen zweieinhalb bis drei Stunden in Anspruch, und wir genießen dabei einen interessanten Rundblick – vor allem hinüber zum Bösenstein und in die Triebener Tauern; aber auch die Umrahmungsberge der Planneralm schauen herüber. Wenn der Schnee paßt, haben wir für die Abfahrt traumhafte Schihänge bis zur Waldgrenze vor uns. – Als rassige Firn-Frühjahrstour für Schibergsteiger sei der Hochschwung aber vom Bretsteingraben aus empfohlen, wo man von Bretstein-Gassen noch ein Stück den Authalgraben hineinfahren und den Gipfel vom Südosten her steil ersteigen kann.

Wie abgeschieden und einschichtig das Gullingbachtal jahrhundertelang trotz seiner erschließenswerten landschaftlichen Reize geblieben war, zeigen die Tatsachen, daß es in Oppenberg bis 1964 kaum elektrischen Strom gegeben hat und das Dorf im Winter – wo die Zufahrtsstraßen kaum geräumt wurden – oft wochenlang von der Welt abgeschnitten war. Noch im vorigen Jahrhundert mußten in der schneereichen Winterzeit viele der in hintersten Gräben beheimateten Schüler der einklassigen Volksschule vom Schulbesuch Abstand nehmen, weil auf dem oft mehr als 2stündigen Anmarschweg die Gefahr, von Wölfen angefallen zu werden, zu groß war. Heutzutage aber zählt das schöne Tal zu den Geheimtips unter Bergsteigern, Wanderern und erholungssuchenden Urlaubern.
W a n d e r k a r t e n : F&B: Blatt 6; ÖK: Blatt 129 und 130; A u f s t i e g s z e i t : 2½ bis 3 Std.; HU.: 1080 m.

32 Schitour auf den Brennkogel

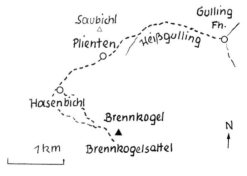

Eine der schönsten Schitouren bei Pulverschnee im Oppenberger Gebiet ist eine Besteigung des Brennkogels aus dem Weißgullingtal. Die Nordhänge bieten bei Pulver optimales Schivergnügen, und obwohl der Gipfel nur 1848 m hoch ist, hat man gleich viele Abfahrtshöhenmeter wie von Nachbargipfeln, weil der Gipfelkamm nie abgeblasen ist. – Wir fahren bis zum großen Parkplatz vor dem Jagdhaus der Flickschen Forstverwaltung in das Gullingtal hinein (1168 m) und folgen von hier per Schi dem Alm-Waldweg in die Weißgulling. Zuerst geht es in westlicher, dann in südwestlicher Richtung, und wir steigen in mäßiger Neigung im Taleinschnitt zwischen Brennkogel und Hochrettelstein aufwärts. In der reizvollen Almlandschaft der „Plienten", wie die Gegend auch heißt, wandern wir an tiefverschneiten Almhütten vorbei und haben vor uns die Planneralmrandberge. – Wir gehen so weit, bis der Weg über die Weißgulling über ein gutes Brückerl führt und wir ein paar Meter oberhalb eine Jagdhütte sehen. – Hier beginnt der eigentliche Aufstieg auf den Brennkogel. Wir befinden uns in 1459 m Seehöhe und steigen nun über eine steile Schneise im Hochwald – ein bißchen rasant, aber hier geht es nicht anders – in kurzen Kehren an und sind nach 15 Min. bereits in angenehmerem, lockerem Almwaldgelände, das für die Abfahrt großes Vergnügen bereitet, weil die nun folgenden Hänge genau nordseitig liegen. Über immer freier werdende Flächen geht es sodann in angenehmen Kehren aufwärts. Der Almwald löst sich bald in einzelne Bäume auf, und zum Schluß geht es durch Mulden und abgerundete Buckel hinauf auf das wellige, ausgedehnte Gipfelplateau des Brennkogels. Überraschenderweise ist er eigentlich eine kleine Alpinwelt für sich, mit mehreren kleinen Gipfeln, einem ausgeprägten Kammverlauf, Geländestufen und Rampen. Die Landkarte zeigt, daß es hier auch drei winzige Seen gibt, die man wohl im Sommer einmal aufsuchen sollte. – Etwa drei Stunden sind wir heraufgestiegen und wählen als direktes Ziel am besten den südwestseitigen 1848 m hohen Hauptgipfel, von dem wir eine prachtvolle Aussicht auf alle umliegenden Schigipfel, von der Planneralm bis zur „Oppenberger Runde", haben.

O p p e n b e r g : 1230 „Noppenberg"; auch in einer Urkunde des Steiermärkischen Landesarchivs aus dem 13. Jhdt. heißt es: „in dem Noppenberge . . .". In der berühmten Reimchronik des Otakar (von der Gaal) wird ebenfalls schon „Noppin- oder Noppenberg" genannt. Vermutlich vom slawischen „novina" = Rodungsland, oder aus dem mittelhochdeutschen Wort „noppen" = stoßen, Stöße bekommen, schaukeln (wegen der schwierigen Bergwärts-Zufahrt) hergeleitet.

Das nicht mehr ganz im Original erhaltene Gemälde der Muttergottes mit Kind in der Pfarrkirche „Mariae Geburt" weist in die Renaissance. Das Gnadenbild ist aus dem Stift Rottenmann hierher übertragen worden. Von hohem Wert sind die beiden mittelalterlichen Glocken dieses Gotteshauses, eine kleinere aus dem 13. Jhdt. mit Zierleisten und Inschrift in romanischen Majuskeln und eine große von 1504 mit Zopfmuster auf der Krone sowie Bildern der Gottesmutter, des hl. Petrus und des hl. Paulus, weiterer Heiliger und einer Figur, die als Judas Ischariot gedeutet wird, sowie einer Inschrift in gotischen Minuskeln zwischen Zierleisten.

Der Schlüssel zur Pfarrkirche ist im Gasthof Schattner/Pernhofer hinterlegt; Tel. 0 36 19/212; kein Ruhetag; gute Kenntnisse über Schneeverhältnisse etc.!

W a n d e r k a r t e n : F&B: Blatt 6; ÖK: Blatt 129; A u f s t i e g s z e i t : ca. 3 Std.; HU.: 680 m.

33 Schitour: Oppenberg – Hintergullingspitz

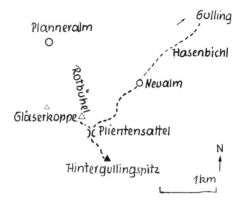

Auf den Hintergullingspitz kann man recht einfach von der Planneralm gelangen, was aber dem ausgepichten Tourenfahrer zuwenig bringt. – Eine landschaftlich sehr reizvolle Route, die allerdings mit 4 Std. Aufstiegszeit ziemlich lang ist, kann von Oppenberg aus empfohlen werden: Man fährt zuerst das Gullingtal bis zum Parkplatz vor dem Jagdhaus auf 1169 m hinein, wo sich Weiß- und Schwarzgulling vereinen, und folgt dann rechter Hand dem Verlauf der Weißgulling (Plienten)taleinwärts. – Es ist dies ein längeres Stück derselbe Weg wie zum Brennkogel. 1¹/₂ km geht es auf meist breit ausgeschobenem Forstweg, später dann auf schmalem Pfad taleinwärts. Beim sog. „Saubichl" ist nach Neuschneefällen auf einen kurzen Lawinenstrich besonders zu achten! Bei der Jagdhütte am „Hasenbichl" vorüber steigen wir zum Bach etwas ab und überqueren ihn auf einer Ersatzbrücke. Am orographisch linken Bachufer geht es nun auf den Talschluß zu, der von Rotbühel und Hintergullingspitz gebildet wird. „Neualm" heißt es hier drinnen; leider sind die Almhütten alle schon dem Verfall preisgegeben. – Wir überqueren die Gulling und legen nun unsere Spur im mittelsteilen Gelände im lockeren Almwald genau in südlicher Richtung über die Hangstufen so aufwärts, daß wir den Steilstücken ausweichen. – Weiter oben wird es flacher, und hier erkennen wir auch den „Durchschlupf", der uns in das wellige Gelände zwischen Plientensattel und Hintergullingspitz hinaufleitet. Wir können zum 1902 m hohen Plientensattel hinüberqueren und die Abfahrtsmulde hinaufsteigen oder gleich auf den Hintergullingspitz zu die Spur in einigen steilen Kehren hinauf legen. Knapp unter dem Gipfel kommen wir auf den flachen Kammrücken, machen dort das Schidepot und steigen in weniger als 5 Minuten zum Vermessungszeichen auf den 2054 m hohen Gipfel hinauf. – Zur genußvollen Abfahrt wählen wir die prachtvolle Mulde zum Plientensattel und fahren dann im Sinne unserer Aufstiegsspur zur Neualm ab.

Brauchtum und Sagen: Vom jahreszeitlichen Brauchtum, das vor allem bei Hochzeiten (zumeist im Gasthof Schattner) noch erfreulich lebendig geblieben ist, sticht vor allem die jährliche Wallfahrt der Bewohner von Irdning/Ennstal durch das Gullingbachtal zur Marienkirche von Oppenberg heraus.

Die Funktion des „Brautführers" ist hier noch erhalten; vom Brautaufwecken mit Musik bis zum „Vermachen" („Maut-Einheben") und dem Wechsel des „Jungfernkranzes" mit der „Frauenhaube" (das Mädchen ist unter die Haube gekommen) bis zum späteren „Weisat-Gehen" und dem „Godn" – Gehen der Kinder am Ostermontag ist uns – teilweise sogar mit Bildern belegt – berichtet worden. Auch das Binden und Schmücken von Palmbuschen und das Ausstecken von Weidenzweigen in Kreuzform an den Raingrenzen, Haus- und Wirtschaftsgebäuden wird hier noch gepflogen; vom bergmännischen Brauchtum ist jedoch keine Spur mehr vorhanden.

Die reichhaltige Sagenwelt aus der Umgebung Rottenmanns ist vor allem im Heft 9 der „Steirischen Heimathefte" von Franz Brauner, Leykam Verlag, Graz 1952, ausführlich dargestellt; darunter jene vom „Lindwurm im Riednersee", vom „Stein am Mandl", vom „Boshaften Meineid", vom „Seltsamen Baum bei Strechhof", vom „Drachentöter von Rottenmann", von der „Goldhöhle am Sonnenberg", vom „Engel des Paltentales" und vom „Heiligen Bründl im Hauswald".

Wanderkarten: F&B: Blatt 6; ÖK: Blatt 129; Aufstiegszeit: ca. 4 Std.; HU.: 886 m.

34 Schitour: Oppenberg – Hochgrößen

Der Hochgrößen (2115 m) ist der nördlichste Gipfel im Bergzug, der von der Planneralm herüber verläuft. Er ist ein leichter Schiberg; im Gipfelbereich ist aber – wie fast überall – die richtige Einschätzung allfälliger Lawinengefahr unerläßlich.

Wir fahren von Oppenberg noch 1 km Richtung Aigen und parken bei vlg. „Mattelschwaiger". Kurze Schi-Abfahrt in das Tal der Gulling, Überquerung auf Brücke und über Waldwiese und Hochwald auf breiten Almsattel. Von dort geht es durch lockeren Almwald nach Süden zu den Hütten der Steinkarlalm weiter in den nächsten Karboden hinauf, bis der unterste Steilabfall des Gipfelstocks umgangen werden kann. Schließlich gelangen wir durch eine immer breiter werdende Rinne auf das Gipfelplateau. – Abfahrt im Sinne des Aufstieges.

Nach den beiden in Rottenmann beheimateten Dichtern Johann Wöhr und Rudolf Tyrolt ist ein weiterer Rottenmanner, der hier am 27. 8. 1949 geborene B e r n h a r d H ü t t e n e g g e r, zu europaweitem Ruf gelangt. Hüttenegger begann 1962 in Graz mit der Ausbildung zum Volksschullehrer und studierte dann an der Karl-Franzens-Universität Germanistik und Geschichte. Seine präzise, in österreichischem Hochdeutsch gefaßte Prosa zeigt trotz durchsichtig klarer Ausdrucksweise und vordergründig wirkender kindlicher Nüchternheit eine deutliche Neigung zu Sarkasmus und Ironie, die seiner scharfen Beobachtungsgabe des öfteren eine sozial- und gesellschaftskritische Brille aufsetzen. Diese Neigung zeigt sich deutlich in seiner 1975 vom Europa Verlag herausgebrachten Prosasammlung „Beobachtungen eines Blindläufers", aber auch in seinen Anthologien und den diversen Veröffentlichungen in der Zeitschrift „Manuskripte" des Forum Stadtpark Graz, zu dessen talentiertesten und farbigsten Mitgliedern Hüttenegger zu zählen ist.
Weitere Werke des als freier Schriftsteller lebenden gebürtigen Rottenmanners: „Die sibirische Freundlichkeit" (1977), „Reise über das Eis" (1980), „Ein Tag ohne Geschichte" (1981), „Die sanften Wölfe" (1982).
W a n d e r k a r t e n: F&B: Blatt 6; ÖK: Blatt 129; A u f s t i e g s z e i t: 3 bis 4 Std.; HU.: 1180 m.

35 Auf Mölbegg und Hochstein

Ausgangspunkt für unsere Wanderung ist der Bergbauernhof vlg. Hochbär in Donnersbach in 1256 m Seehöhe. Über ein asphaltiertes Straßerl (zuerst Richtung Planneralm, dann den Schildern und Markierungsnummern „930 – Mölbegg" und „931 – Hochbär" folgend) erreichen wir den „Hochbär" und lassen uns von dort durch die Markierung zuerst über eine Bergwiese, dann durch Hochwald nach oben leiten. Nach einer ³/₄ Gehstunde wird der Wald locker, und wir haben erste interessante Blicke auf das Ennstal, besonders aber auf den Grimming, der immer mächtiger das Blickfeld beherrscht. Bald darauf erreichen wir die ersten Almen und sehen nun auch schon recht nah die Gipfelkuppe des Mölbeggs mit dem Kreuz. Ein Stück geht es eben über den schmäler werdenden Kamm und dann mäßig steigend in die Einsattelung am Fuße des Gipfelaufschwunges. Über den breiten Kammrücken steigen wir zum höchsten Punkt und erleben hier im Hochsommer eine wahre Blütenpracht, aber auch eine sehr lohnende Aussicht auf Grimming, Totes Gebirge, Schladminger Tauern mit der herausragenden Hohen Wildstelle und die Gipfel der Planneralm

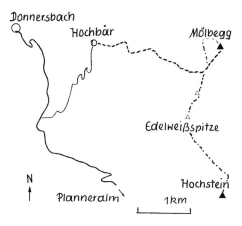

sowie Wölzer Tauern. Gute 2 Std. haben wir bis zum Gipfelkreuz des Mölbeggs (2080 m) benötigt und sehen von hier auch schon sehr gut das Gipfelkreuz unseres nächsten Zieles, des Hochsteins (2183 m), den wir von der Einsattelung aus in ³/₄ Std. unschwierig erreichen: Wir lassen uns von der Markierung Nr. 931 in südlicher Richtung über den Kamm leiten, erreichen den Punkt 2009 m, kommen zur 1990 m hohen Edelweißspitze (Blick zum Hochtalersee an der Ostseite), erreichen den Gipfelansatz und schließlich (zum Schluß steiler) das Gipfelkreuz. Geübte können bis zur Gstemmerspitze weitergehen und auf die Planneralm absteigen. – Für beide Gipfelbesteigungen benötigen wir an Gesamtgehzeit 5¹/₂ bis 6 Std.

D o n n e r s b a c h : Sommerfrische- und Wintersportort im Donnersbachtal; 690 m Seehöhe, ca. 1200 Ew.; PLZ: A-8953.

Nur 8 km südlich der Abzweigung bei Trautenfels, 5,5 km nach Irdning, findet man – vorüberfahrend am ehemaligen Jagdschloß Praunfalk (1615 erbaut), das 1711 in ein Kapuzinerkloster umgewandelt wurde, und am stattlichen Schloß Gumpenstein (1616 von den Stainach erbaut und im 19. Jhdt. in englischer Gotik ausgestaltet) – das alte deutsch-bayrische Siedlungsgebiet um die Herrschaft Donnersbach. Im Tal des Donnersbachs, das, wie das Gullingtal und Oppenberg, zu Irdning gehörte, siedelten sich im Verlaufe der zweiten bayrischen Landnahme ausschließlich deutsche Siedler an, zumal die fast durchwegs im sumpfigen Ennstal ansässigen Slowenen die geeigneten Siedlungsplätze im Tal bereits besetzt hatten. Je größer der Zustrom an bayrischen Siedlern wurde, umso weiter mußten diese in die Seitentäler vordringen, obwohl sie sich mit den Slawen friedlich vermischten. Zentrum der rein deutschen Kolonisten von Donnersbach waren der Herrenhof, die Burg, das Schloß und das geistliche Stift des Klosters Admont.

W a n d e r k a r t e n : F&B: Blatt 20; ÖK: Blatt 129; AV-WK Nr. 45/3; Kompaß-WK 68; WK Heimat am Grimming; G e h z e i t : Mölbegg ca. 2 Std.; Hochstein weitere 45 Min., gesamt: 5¹/₂ bis 6 Std.; HU.: 927 m bzw. 824 m.

36 Auf den Hochrettelstein

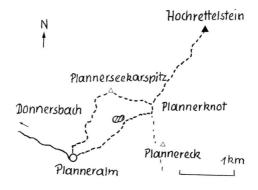

Der höchste Berg im Bereich der Planneralm ist der 2220 m hohe Hochret-telstein. Er liegt im Bergkamm, der sich von der „Planner" nach Nordosten zwischen Gulling- und Mitteregggraben hineinschiebt und weiter draußen nochmals im Hochgrößen gipfelt. – Unser markierter Pfad beginnt direkt beim Autoparkplatz in 1600 m Seehöhe und folgt zuerst ein Stück einer Lift-trasse. Bald zweigen wir aber in unberührtes Almgelände hinein und gelan-gen nach einer guten halben Stunde schon zum etwa 1800 m hoch gelege-nen Plannersee, der in eine hübsche Bergumrahmung eingebettet daliegt. Ein bißchen abseits vom Pfad liegt das „Plannerkreuz"; es steht auf einer klei-nen Erhöhung im Almkar zwischen Plannereck und Plannerknot. – Unser Pfad windet sich aber nun in steilen Serpentinen hinauf zum markanten Felsköpfl des 1996 m hohen Plannerknot. – Oben auf dem Plannerknot ge-hen nun drei markierte Pfade auseinander; nach Süden führt der Pfad zum Plannereck weiter, nach Westen zur Plannerseekarspitze – wir folgen aber vorerst der Wegnummer 940 zum Hochrettelstein in Richtung Nordosten. Kaum mehr als eine halbe Stunde haben wir noch vor uns, und das einfach zu begehende Steiglein führt uns sicher in Richtung Gipfelkreuz. Sehr viel „Punktierter Enzian" gedeiht hier. – Zweimal gibt es Abzweigungen hinun-ter zur Ranzenkaralm, und dann sind wir schon oben auf dem höchsten Punkt und genießen nach zwei- bis zweieinhalbstündigem Aufstieg die verdiente Rast. – Bei Schönwetter haben wir nun noch genügend Zeit, um einen Rund-weg über die Plannerseekarspitze oder über das Plannereck und den Rot-bühel anzuschließen. Zur Seekarspitze führt der Weg über einen gut zu be-gehenden Grat. Man überschreitet den Gipfel und gelangt an der nächsten Scharte zum Steig mit der Bezeichnung 17, der über begraste Hänge steil zur Planneralm hinableitet, die man beim „Tauernhaus" wieder erreicht. – Vom Plannerknot kann man aber auch in die andere Richtung, zum 2003 m ho-hen Plannereck, wandern und über die Kleine Rotbühelscharte absteigen oder über die Gläserkoppe und Jochspitze bis zur Goldbachscharte weitergehen – bei schönem Wetter eine prachtvolle, kaum beschwerliche Wanderung.

Wie kühn die bayrischen Kolonisten ihre Höfe schon damals anlegten, auf welch steilen Hängen sie rodeten und sich ansiedelten, zeigt sich beispielsweise am Erlsberg, auf dem bis zu sechs Gehöftreihen übereinander liegen, wobei der höchste Hof (vulgo Ruhdorfer) 610 m über dem Talboden in 1300 m Seehöhe liegt. Wie heimatverbunden und widerstandsfähig die Bewohner dieser „Einödhöfe" (Grundbesitz direkt um den Hof gelegen) seit Generationen waren, zeigt sich darin, daß auch heute noch alle diese Bauerngüter bewirtschaftet werden, obwohl sie zu den extremsten der ganzen Steiermark gehören und jahrhundertelang nur von Rinder- und Schafzucht leben mußten. Die Bauern im Tal haben für diese Steilhanglagen ein geflügeltes Wort: „Hier müssen die Hühner auf den Feldern Steigeisen anlegen", sagen sie. Im Jahre 1302 zählte Donnersbach nicht weniger als 24 Schwaighöfe, also reine Viehhöfe, zu denen auch Weidegemeinschaftsalmen gehörten, auf die sogar von Gaishorn – 56 km weiter – her aufgetrieben wurde. Wichtigster Nebenverdienst für die Donnersbacher Bauern war seit eh und je der Salztransport auf Saumtieren von Aussee über das Glattjoch (1987 m) in die alte Bergwerksstadt Oberwölz und auf dem Rückweg die Beförderung von Getreide.
Wanderkarten: F&B: Blatt 20 und 6; ÖK: Blatt 129; AV-WK. Nr. 45/3; Kompaß-WK. 68; WK. Heimat am Grimming; Gehzeit: Hochrettelstein 2 bis 2¹/₂ Std.; Rückwegvariante: jeweils ca. 2 Std.; HU.; ca. 620 m.

37 Donnersbach – Moseralm – Karlspitz – Totenkarspitz

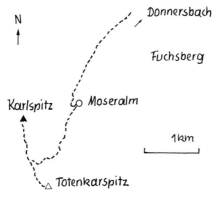

Es ist sicher für die „Ennstalfans" einmal interessant, auch das wenig begangene Gebiet zwischen dem Donnersbachtal und der Walchen zu bewandern. – Wir fahren direkt hinter der Kirche von Donnersbach, der Markierungsnummer 6 folgend, den Berg hinauf bis zum hübsch renovierten Haus des Bauern Bocksbichler, dem auch die Moseralm, unser erstes Ziel, gehört: Hier beginnt der fast 5 km lange Alm-Forstweg auf die Moseralm, der mit der Nr. 6 markiert ist. Eine „Forstwegetafel" untersagt ab hier das Befahren, so daß wir beim „Bocksbichler" unser Fahrzeug abstellen (ausnahmsweise wird die Zufahrt zur Moseralm gestattet). Am gegenüberliegenden „Ritzenberg" liegen auch noch einige sehr extreme Bergbauerngehöfte. – In mäßiger Steigung geht es dem Moseralmbach entlang bis zur Alm mit ihren beiden Hütten hinauf. Wir kommen an einem Wasserfall vorüber, und dann erreichen wir nach 1½ Std. die auf 1371 Meter gelegene Alm mit ihren beiden Hütten. Sie liegt sehr hübsch vor dem Talschluß, der von Karlspitz und Totenkarspitz gebildet wird. Die kleine Sensation hier herinnen sind die während der Sommerzeit aufgetriebenen „Schottischen Hochlandrinder" mit ihren langen Hörnern und den lustigen Stirnfransen. – Die Almwanderer sollten schon hier ihr Tagesziel finden, die geübten „Berggeher" können sich aber noch einen der beiden Gipfel im Talschluß vornehmen: Gleich hinter der oberen Hütte folgen wir einem Steigerl, das auf der orographisch rechten Bachseite leidlich gut erkennbar nach oben führt. Schließlich überquert es dann den Bachlauf nach rechts und verliert sich im Almgelände. Ab hier suchen wir uns unseren Weg selbst zwischen Almrausch und Heidekraut auf den Kamm hinauf; im oberen Stück erweist er sich etwas steil, aber nie gefährlich. Wenig später stoßen wir auf dem Kammrücken auf ein gutes Steigerl, das uns nun in nördlicher Richtung in 20 Minuten zum kleinen Gipfelkreuz auf den Karlspitz (1848 m) oder nach der anderen Seite auf den Totenkarspitz (1834 m) bringt. 1½ Std. von der Moseralm. – Die Aussicht ist prachtvoll: Knallstein, Hangofen, Gumpeneck, Englitztalalm, Walchen, Dachstein, Kammspitze, Grimming, Warscheneck, Mölbegg und Planneralmgipfel.

Vom 11. bis zum 14. Jhdt. scheinen im D o n n e r s b a c h t a l, das wegen seiner Lage am Salzsaumpfad hochgeschätzt wurde, viele adelige und geistliche Grundherren auf, so etwa das Kloster Admont (1074 bei Winklern, 1140 in Irdning). Um 1190 scheint mit einem Dietmar von Donrspach erstmals der Name Donnersbach urkundlich auf, 1272 wird die Gegend von Erlsberg als „Mons Orels" genannt, 1280 bezeugt das älteste steirische Stift, Göß, den Besitz von zwei Lehen in „Donrspach", weiters scheinen die Pfarre Irdning, die Ministerialen von Winklern, die Trensteiner, die Ehrenfelser, die Eppensteiner, die Kranichberger sowie die Stuchs und von Meißau und das Erzbistum Salzburg, die Dominikanerinnen von Graz und das Hospital Pyhrn als Grundherren im Tale auf. Zwischen 1344 und 1367 kauften dann Herzog Albrecht I. von Habsburg und Herzog Albrecht II., der „Weise" oder „Lahme", einen großen Teil der Donnersbacher Güter auf und schenkten ihn dem niederösterreichischen Kartäuserkloster Gaming, das zwar im Tal kein Zweigkloster, wohl aber die Herrschaft Donnersbach errichtete. Der damals an der Stelle des heutigen Schlosses stehende mittelalterliche Wehrbau wurde demnach Mittelpunkt von Verwaltung und Gericht, in dessen Grundbuch aus dem Jahre 1400 nicht weniger als 162 (!) Güter verzeichnet waren, davon auch 55 in Donnersbachwald, dem 11 km taleinwärts und 270 Seehöhenmeter höherliegenden Schizentrum zu Füßen der Riesneralm.

W a n d e r k a r t e n : F&B: Blatt 20; Blatt 128 und 129; AV-WK. Nr. 45/3; Kompaß-WK. 68; WK Heimat am Grimming; G e h z e i t : je ca. 3 Std.; HU.: ca. 1050 m bzw. 1030 m.

38 Schitour von Treglwang auf das Vöttleck

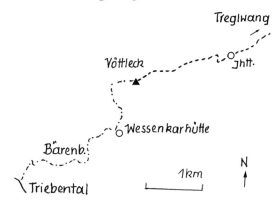

Das Vöttleck (Gehöft: Vöttl!) kann man sowohl im Winter mit Schiern als auch im Sommer und Herbst besteigen. Wenn man vom Schoberpaß in Richtung Trieben fährt, fällt einem links die schöne freie Bergkuppe über den steilen Waldrücken auf. Die Besteigung mit Schiern von Treglwang aus dauert zwar gute 3½ Std., aber das Vöttleck ist ein leichter Schiberg, und die ausgedehnten Forstwege kann man auch bei Schlechtwetter begehen, wenn man sich „auslaufen" will. Die Schibesteigung beginnt im Ortsteil Tobeitsch beim dortigen Forstweg, dem man gute 1½ Std. so lange hinauf folgt, bis man auf dem Bergrücken südwestlich ins Eggeralmbachtal sieht. Über Waldschneisen und einen alten Hohlweg gelangt man schließlich zur Eggeralm-Jagdhütte (1440 m). Von hier steigt man nordwestlich eines bewaldeten Gratrückens durch Mulden, die mit lockerem Almwald bestanden sind, bis über die Waldgrenze auf die freien Flächen hinauf. Ein scharfer Wächtensaum des Vorgipfels wird im untersten Teil gefahrlos überschritten und dann bald der Vorgipfel erreicht. In weniger als einer halben Stunde erreichen wir dann oben das Gipfelkreuz (1888 m). Der Ausblick geht über das Palten- und Teile des Ennstales bis zum Toten Gebirge. Besonders eindrucksvoll sind der Admonter Reichenstein und die „großen Häupter des Gesäuses". Zur Abfahrt wählen wir die Aufstiegsstrecke und werden dabei auf den Nordhängen viel Freude haben. Achtung: forstliche Jungkulturen (unter 3 m hoch) sind streng zu meiden! Im Sommer besteigen wir das Vöttleck aus dem Triebental auf einem markierten Pfad über Bärenbühel und Wessenkar-Jagdhütte. Für die 800 Höhenmeter benötigen wir etwa 2½ Std.

Das untere Paltental („Palten" vom frühslaw. „balta" – slaw. „blato" ist der Sumpf, das Moor; also „die Sumpfgegend am Moorbach") war nach dem Abschmelzen des Ennsgletschers vor rund 500.000 Jahren zwischen Rottenmann (8. Jhdt.: „Cirminah" vom slaw. „crminah“ = die rote Gegend; erst 927: „ad Rotenmannum“!) und Treglwang (trogähnlich geformtes, liebliches Gefilde, fast ein „Paradies“ = „wang“) von einem ca. 15 km langen See bedeckt. Dessen kleiner Überrest – der „Gaishornsee“ – war um die Jahrhundertwende noch 66 Hektar groß und stellenweise bis zu 8 m tief und bot nicht nur vielen Sumpf- und Wasservögeln Lebensraum, sondern lieferte der Gemeinde G a i s h o r n auch jährlich eine 30 bis 40 Zentner betragende Ausbeute an Hechten sowie „Alten“, wie der Volksmund die „Sumpfdeckelschnecken“ (Viviparus viviparus), eine getrenntgeschlechtliche, lebendgebärende, auf dem Grunde von schlammigen Gewässern lebende Familie der „Altschnecken“ (Mesogastropoda) nannte. Mit Gaishorn gehört unser Ausgangspunkt T r e g l w a n g (PLZ: A-8782, 745 m Seehöhe, Ausk.: Tel. 0 36 17/210) zu den ältesten Ansiedlungen entlang des niedrigsten Alpenüberganges, der zunächst „Gaizzerwald“, dann „Walder Sattel“ und schließlich – nach der markanten Berggestalt des Großen Schober (1895 m) – „Schoberpaß“ genannt wurde. Der Fund eines 105 cm langen, 158 cm breiten Römersteins (aus dem Gestein über dem südlichen Paltenufer) in Treglwang weist darauf hin, daß neben der römischen Befestigung auf Strechau auch weitere Stationen den wichtigen „Salzstraßen“-Verlauf bewachten. Daß die Ufer des großen Sees in früherer Zeit bis zur Ortschaft Treglwang herangereicht haben, läßt sich aus mehreren Details vermuten: ein höhergelegenes Bauernhaus heißt heute noch „Schiffhaus“, ein Gemälde an einem Haus stellte ein Ruderschiff dar; bei einem bereits lange verschütteten Hausteil sollen eiserne Ringe zum Anhängen von Schiffen gewesen sein usw. Eine 10-km-Loipe nach Gaishorn und Ausflugsmöglichkeiten zum Schloß Paltenstein (bei Fürth) sowie zu den Schrabach-Wasserfällen und ein Besuch der 1954 geweihten St.-Leonhard-Kapelle vervollständigen das Treglwanger Angebot.

W a n d e r k a r t e n : F&B: Blatt 6 (= Naturfreundekarte Gesäuse); ÖK: Blatt 130, 131; G e h z e i t : 3^1/$_2$ bis 4 Std., HU.: ca. 1150 m.

39 Wandern im Gebiet der Mörsbachhütte

Die Gipfel in der Umgebung der 1303 m hoch gelegenen Mörsbachhütte stehen zu Unrecht etwas im „Schatten“ der nahegelegenen, berühmteren Berge des Ennstales; das hat aber den großen Vorteil, daß sie nur wenig besucht und auch an Wochenenden nicht überlaufen sind. – Von Donnersbachwald fahren wir den wilden Mörsbach entlang bis zu einem Parkplatz mit Fahrverbotstafel und sind von dort in gut einer halben Stunde bei der Hütte, die der Sektion Graz des AV gehört. Besonders empfehlenswert ist eine etwa 5 Stunden in Anspruch nehmende Rundwanderung über Lämmertörl – Mössnascharte – Gstemmerscharte: Der gut markierte Steig führt uns rasch hinauf in die herrliche Almlandschaft des „Schusterbodens“ mit kleinen Latschenflächen und vereinzelten Zirben; unzählige Bächlein kommen von den Hangrücken herunter. Nun geht es steiler hinauf zum Lämmertörl (1920 m), wo man auf der anderen Seite auf das Ramertal hinuntersieht, von wo man aus der Walchen bei Öblarn heraufsteigen kann. Unschwierig geht es weiter auf den Lämmertörlkopf (2046 m) mit seinen interessanten Schichtköpfen der schräg einfallenden Gesteinslagen. Wer kein Kletterer ist, der geht nun wieder zum Lämmertörl zurück und quert von dort – am reizenden kleinen See vorbei – zur Mössnascharte. Weiter führt der Pfad Richtung Sonntagskarspitze (1999 m)

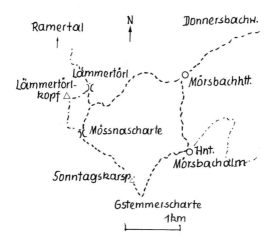

mit dem eigenartigen, direkt aus der Karmulde aufstrebenden Grat. Von der Gstemmerscharte biegt dann der Steig scharf nach Norden und leitet uns zurück zur Hütte. Von hier könnte man auch noch sehr lohnend zum Großen Bärneck weitergehen. Zusammen mit dem Wasserreichtum und der abwechslungsreichen Berglandschaft liegt über dem gesamten Mörsbachgebiet eine stille und besonders erholsame Stimmung.

Von unserem Abstecher ins Paltental zurück zur Geschichte D o n n e r s b a c h s : Unter dem großen Bauernaufstand im Ennstal, im Jahre 1525, hatte Donnersbach nur wirtschaftlich zu leiden. Die Türkennot, unter deren Druck König Ferdinand 1529 die „Quart" verkündete (von allen geistlichen Gütern wurde der 4. Teil eingezogen), zwang die Kartäuser 1530, Kirche, Schloß und Herrschaft zu Donnersbach samt Zubehör um 7000 Gulden an Achatz Schrott, Edler und Ritter zu Kindberg sowie ehemaliger Hauptmann zu Pettau, zu verkaufen, unter dem letztere aufblühte. – Mit der Errichtung des wällischen Hammerwerkes 1597 wurde die Bedeutung Donnersbachs schließlich begründet. Durch Verehelichung der Tochter des Hans Adam Schrott, Susanne, mit Wilhelm Freiherr von Saurau fiel die Herrschaft 1618 an dieses alte steirische Adelsgeschlecht, in dessen Besitz sie mit einer kurzen Unterbrechung bis 1783 verblieb, ehe sie Karl Graf von Stainach käuflich erwarb. Das Hammerwerk befand sich mittlerweile im Besitz eines Franz Egger von Eggenwald. 1799 gelangte die Herrschaft schließlich auf dem Kaufweg an die Innerberger Hauptgewerkschaft, die sich seit 1801 zu 50 Prozent im Besitz des Kaisers befand. 1881 übernahm die Alpine Montangesellschaft, die Nachfolgerin der Innerberger Hauptgewerkschaft, die Herrschaft, 1888 Josef Werndl, dessen Erbin Anna eine verehelichte Gräfin Lamberg zu Trautenfels war. 1936 gelangte der stark verschuldete Besitz Josef Graf Lambergs schließlich an die österreichischen Realitäten AG, die 1940 die Bezeichnung Universale Hoch- und Tiefbau AG, Forstbetrieb Donnersbach, erhielt. W a n d e r k a r t e n : F&B: Blatt 20; ÖK: Blatt 128 und 129; AV-Karte Nr. 45/3; Kompaß-WK. 68; WK. Heimat am Grimming; G e h z e i t : ca. 5 Std.; HU.: ca. 670 m.

40 Von der Mörsbachhütte auf das Große Bärneck

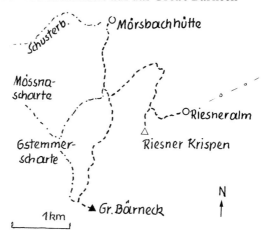

Von Donnersbachwald aus erreicht man auf einem für den allgemeinen Verkehr gesperrten Zufahrtsweg – vorbei an den interessanten Wildbachsperren – in einer ³/₄ Stunde die Mörsbachhütte (1303 m) ab Parkplatz (die AV-Hütte ist ganzjährig bewirtschaftet). – Eine einfache und kurze Wanderung führt von hier zur Hinteren Mörsbachalm und in etwa 1¹/₂ Std. (markiert) zum Riesner Krispen (1922 m). – Unsere Rundwanderung soll aber auf das Gr. Bärneck gehen, wozu 4¹/₂ Std. reine Gehzeit aufzuwenden sind. Wir folgen dabei von der Hütte weg der Nr. 913 zur Mössnascharte. Das Steigerl führt uns in ³/₄ Std. hinauf auf den „Schusterboden" mit seinem Jagdhütterl und den interessanten Moorstellen. Neben einem kleinen Wasserfall geht es ins obere Kar hinauf, und nach 1³/₄ Std. stehen wir in der breiten (ca. 1900 m hohen) Mössnascharte. Nun lassen wir uns von der Markierung 911 in südwestliche Richtung über den schrofenbesetzten, aber gut begehbaren Kamm weiterleiten und überschreiten dabei die kleinen Erhebungen der Schwarzkar- und Sonntagskarspitze (1999 m). Nach ¹/₂ Std. erreichen wir die Gstemmerscharte (02-Zentralalpenweg Mössna – Donnersbachwald) und sehen von hier schon das Gipfelkreuz des Bärnecks. Über den breiten Kammrücken und zwei Vorgipfel (der zweite mit kleinem Gipfelkreuz) erreichen wir nach insgesamt 3stündiger Aufstiegszeit den Gipfel des 2071 m hohen Gr. Bärnecks mit sehr guter Rundsicht auf Schladminger und Wölzer Tauern sowie Grimming und Kemetgebirge. Zum Abstieg gehen wir ein paar Meter zurück und steigen – der Markierung 919 folgend – durch das Kar zu den Hütten der Hinteren Mörsbachalm ab und begehen dann den Forstweg in angenehmen Kehren hinunter zur Mörsbachhütte.

Abstieg vom Predigtstuhl zu den Hüttkarseen

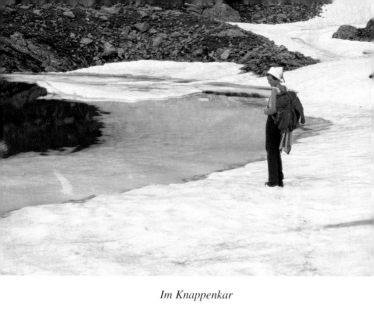

Im Knappenkar

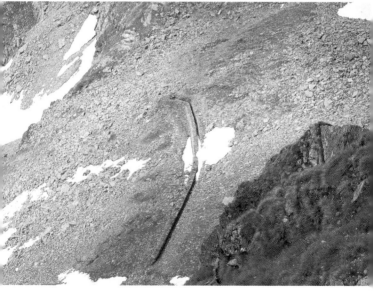

Die „Steinernen Rinnen" im Knappenkar

Nach 1945 gelangte die Creditanstalt Bankverein Wien (CA) in den Besitz der Herrschaft, aus welchem zuvor zwei Gemeinden, Donnersbachwald und Donnersbach, entstanden waren, wobei Donnersbach bis zum 30. 4. 1912 Donnersbach-Au geheißen hatte. Durch das zu Ende des 19. Jhdts. beginnende Aufblühen des Vereinslebens und landwirtschaftlicher Gesellschaften erreichten die Gemeinden einen steten Aufschwung, dem zunächst auch die Auflassung des Hammerwerkes, an dessen Stelle 1900 eine Weißpappenfabrik (von der Herrschaft Trautenfels an F. Schultes & Co. verpachtet) errichtet worden war (1916–1926 stillgelegt, danach bis 1944 wieder in Betrieb), nicht Einhalt gebieten konnte, obwohl die fortschrittliche Entwicklung durch eine Reihe von Hochwässern immer wieder unterbrochen wurde. Großes Verdienst gebührt hier dem tüchtigen Bürgermeister Karl Zettler, der in der 1. Republik kurzzeitig Landtagsabgeordneter war und dem 1951 der ebenfalls später in den Landtag gewählte Karl Lackner vulgo Ewis folgte. Unter seiner von Landeshauptmann Josef Krainer sen. tatkräftig unterstützten Führung wurden 1947–49 die Straße nach Donnersbachwald ausgebaut, 1953 das neue Schulhaus eröffnet, 1959/60 die Straße von Irdning herein ausgebaut und diverse Bachverbauungen zum Schutz vor Hochwässern abgeschlossen. Gemäß dem heutigen Status als ruhiger Fremdenverkehrsbereich sind die Gemeinden vom noch im Jahre 1956 angestrebten Bau einer Straße über das Glattjoch nach Oberwölz abgekommen. Seit dem 1. 11. 1979 darf die Gemeinde Donnersbach ein Gemeindewappen führen, am 8. 12. 1963 wurde die für den Fremdenverkehr so wichtige Mautstraße auf die Planneralm eröffnet, deren Trassenführung bis zur endgültigen Fertigstellung im Jahre 1979 wegen steter Lawinengefahr mehrfach geändert werden mußte.

W a n d e r k a r t e n : F&B: Blatt 20; ÖK: Blatt 128 und 129; AV-Karte Nr. 45/3; Kompaß-WK. 68; WK. Heimat am Grimming; G e h z e i t : gesamt ca. 4½ Std.; HU.: 768 m.

41 Donnersbachwald – Finsterkarsee – Finsterkarspitz

Unser Wandergebiet ist der Bergzug zwischen dem hinteren Donnersbachtal und der „Seifrieding". – Wir können uns den „Anmarsch" bequem machen, wenn wir den Sessellift hinauf zur Riesneralm (1576 m) benützen, der zwischen 1. 7. und 12. 9. von Freitag bis Montag ab 9 Uhr verkehrt und gute 500 Höhenmeter ersparen hilft. Allerdings geht man von der Riesneralm dann fast $^1/_2$ Std. eben bzw. leicht bergab zur Finsterkaralm (1566 m) hinüber, so daß man sich zeitlich fast nichts vergibt, wenn man gleich beim vlg. Christerbauer in Donnersbachwald der Markierung direkt hinauf zur Finsterkaralm folgt. – Von der Finsterkaralm steigen wir durch lockeren Almwald zur nächsten Karstufe neben alten Wetterfichten hinauf und kommen oben in freies Hochalmgelände mit kleinen wollgrasbestandenen Moorflächen, großen Almrauschbeständen und sehr viel „Punktiertem" (gelbblühend) und Pannonischem Enzian (tiefpurpurrot) sowie Goldpippau. Mäßig ansteigend verläuft der Pfad weiter und wendet sich in großem Bogen auf die nächste Karstufe, in der nun der fast kreisrunde, tiefgrüne Finsterkarsee (1793 m) eingebettet liegt – 1$^1/_2$ Std. von der Riesneralm. „Finster" ist es hier oben überhaupt nicht, sondern die Wanderer werden durch eine helle, freundliche Alpinlandschaft erfreut. Gleich oberhalb des Sees baut sich der Finsterkarspitz auf, und von ihm zieht sich einerseits der Kammrücken zum Gr. Bärneck und andererseits zu Wolfnalmspitze und Hochwart. Zum Bärneck ist es von hier auf gutem Pfad noch 1 Std.; wir wollen aber oben auf dem Kamm nach Südosten in die andere Richtung wandern, um einmal auch diesen einsamen Teil der „Donnersbacher Tauern" kennenzulernen; allerdings muß man dazu trittsicher sein: Wir steigen also noch auf gemeinsamem Pfad die paar Meter zum Kammrücken hinauf und folgen nun dem schmalen Steigerl über die Gratschrofen nach Südosten. Es umgeht einige kleine Felsaufschwünge, ist manchmal nur schuhbreit, aber für den Geübten völlig unbedenklich. Sehr reizvoll ist der Tiefblick hinunter zur Breitlahnalm in die „Seifrieding". – Das „schmale" Wegstück ist bald vorbei, und wir steigen kurz hinauf zum Punkt 2033 m und sodann wieder etwas abwärts auf einen breiten Almrücken, der sich bis zur Wolfnalmspitze (2049 m) hinaufzieht.

Schloß (Donnersbach): Baubeginn schon vor 1574 auf den Resten eines mittelalterlichen Wehrbaues, 1589 fertiggestellt durch den Hammergewerken Adam Schrott. Im Nord-Süd-Flügel wurde bei Errichtung der Pfarre durch Josef II. (als Filialkirche urkundlich 1652 genannt) 1786 die schlichte, saalartige Pfarrkirche zum hl. Ägydius eingebaut, nachdem die frühere Filialkirche zum hl. Ägydius (schon 1357 genannt) am Abhang des Ilgenberges, links von der Planneralmstraße beim jetzigen Bauern Wallner vulgo Mesner, aufgelassen worden war. Der hl. Ägydius galt als Schutzpatron der Kaufleute (Übergang über das Glattjoch!); von dem alten Kirchlein am St.-Gilgen-Berg, wie er früher nach der Mundartform für Ägyd hieß, sah man direkt zum Kirchlein von Pürgg, so daß die auf dem Saumpfad durchziehenden Kaufleute leicht von einem Standort zum anderen fanden. Die Reste der romanischen, 150 m² großen Kirche sind als Hauptmauern heute noch zu sehen. Die Ausstattung der Kirche stammt großteils vom Mitterndorfer Bildhauer Josef Fortschegger, der auch in Öblarn und Pürgg wirkte.

Wanderkarten: F&B: Blatt 20; ÖK: Blatt 128 und 129; AV-Karte Nr. 45/3; Kompaß-WK. 68; WK. Heimat am Grimming; Gehzeit: Riesneralm – Finsterkarspitz 2 Std.; HU.: Christerbauer 982 m; Riesneralm 1576 m; Finsterkarspitz 2022 m.

42 Donnersbachwald – Michelirlingalm – Schoberspitze – Schreinl

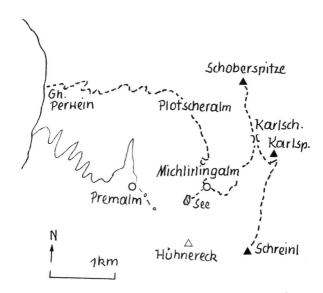

Gut 2 km vor dem Ortszentrum von Donnersbachwald führt uns ein Wegweiser zum Gh. Perwein, wo der Alm-Forstweg zur Michelirlingalm seinen
Anfang nimmt. (Hier können wir allenfalls eine Erlaubnis zum Befahren der
Straße erhalten.). Es ist aber landschaftlich auch sehr lohnend, das Straßerl
zu begehen, weil es stets beste Aussicht bietet. An der Kalchgruber- und Plot-
scheralm vorüber erreichen wir schließlich das weite Kar der reizvoll gelegenen Michelirlingalm (1718 m) mit den beiden Hütten. – Wir folgen nun
den Markierungen Nr. 902 und Nr. 909 weiter in mäßiger Steigung zur Karlscharte hinauf. Oben liegen dann die beiden einsamen Karlseen zu unseren
Füßen. – Nun wenden wir uns vorerst nach Norden (Markierung Nr. 925)
zum Gipfelkreuz der Schoberspitze (2126 m), das wir nach 1¹/₂ bis 2 Std. von
der Michelirlingalm aus erreichen: Blick auf Planneralmstraße, Aigen/Enns-
tal, Grimming, Warscheneck und Oppenberger Gipfel. – Nun gehen wir wieder zur Karlscharte hinunter und steigen drüben einfach zum kleinen Gipfel
der Karlspitze auf (45 Min. von der Schoberspitze). Auf dem breiten Kammrücken gehen wir weiter (Markierung Nr. 11) in Richtung Schreinl, dessen
besonders aussichtsreiche Kammschneide wir nach einer weiteren Dreivier-
telstunde erreichen. Beeindruckend ist der Tiefblick vom 2154 m hohen Gip-

fel in das Hochlärchkar. – Nun gehen wir entweder über die Karlscharte zurück zur Michelirlingalm oder steigen unschwierig über die Flanke in westlicher Richtung zur kleinen Einsattelung hinunter, die das Schreinl vom Hühnereck trennt. Dort können wir fast eben zum sehr romantisch gelegenen Michelirlingsee hinüberqueren und auf bezeichnetem Steig zur Michelirlingalm zurückkehren.

O r t s n a m e n k u n d e :

I r d n i n g : slawische Namenform mit „-ing-Endung“ seit 1426! Mundartlich: „Irling“ wird der Unterlauf des Donnersbaches vom Austritt in die Ebene bis hin zur Enns genannt. Stammwort ist das slowenische „jad“ = Zorn, Erregung, das von der vielen germanischen Sprachen gemeinsamen Wurzel „ait“ kommt, die „Zorn“ im Sinne von Ausfluß, Schwellung, bedeutete. „Irling“ würde demnach einen Fluß bezeichnen, der sich zu bestimmten (Hochwasser-)Zeiten aufstaut, schwillt; also einen „Schwellbach“. – Diese Namengeschichte deutet darauf hin, daß sich im Irdninger Becken noch vor der Slawen-Invasion ein kleiner, aus der Völkerwanderungszeit stammender germanischer Stamm gehalten hat, dessen Flußnamen dann ins Slawische bzw. Frühslawische und von diesem wiederum ins Bayrische „weiterübersetzt“ wurden (siehe auch „Michl-Irlinger-Alm“, wobei „michl“ = groß bedeutet!).

G a t s c h b e r g : vermutlich vom slawischen „kot“ = Winkel (abgelegene Gegend); ursprünglich „Gatschach“ = bei den Leuten im Winkel! (s. a. Winkelmühle.)

G o l d b a c h (s c h a r t e) : vom dort heftig umstrittenen Goldwaschwerk; 1559 von Schrott bewilligt, aber schon 1344 der Kartause Gaming zugesprochen.

I l g e n b e r g : vom hl. Ägydius (Kirche), der im Volksmund „Irg“, „Ilg“, „Gilg“ usf. genannt wurde (etwa St. Ilgen bei Thörl).

L a n t s c h e r n : 1160 „Lonsarn“, 1284 „Luntscharn“; vom slawischen: „lonka“ = der Sumpf, das Moor.

M ö l b e g g : Bergname, der wie Hoch- und Niedermölbing bei Wörschach vermutlich zu althochdeutsch „mëlo“, „-wes“ = „Mehl“ gehört und eine s c h u t t r e i c h e Gebirgsformation (altmundartlich „mölwlin[g]“) kennzeichnete.

P l a n n e r a l m : von mittelhochdeutsch „plan, plane, plan“ = freier Platz, Ebene; also wohl „die flache (au-artige) Alm(fläche)“.

W a n d e r k a r t e n : F&B: Blatt 20; ÖK: Blatt 129; AV-Karte Nr. 45/3; Kompaß-WK. 68; WK. Heimat am Grimming; G e h z e i t : Michelirlingalm – Schoberspitze 1½ bis 2 Std.; bis Schreinl weitere 45 Min.; gesamt: ca. 4 bis 4½ Std.; HU.: Michelirlingalm 1718 m, Schoberspitze, 2116 m; Schreinl 2154 m.

43 Donnersbachwald – Lärchkaralm – Jochspitze

Bei der Bäckerei Danklmayr in Donnersbach (Besitzer der Lärchkaralmhütte) erhält man den Schrankenschlüssel zur Auffahrt von Donnersbachwald zur Lärchkaralm, womit man sich an die 4 km Straßenmarsch erspart. Dort, wo Siebenhüttenbach und Goldbach zusammenfließen, stehen die Hütten der Lärchkaralm (1292 m, Bewirtschaftung während der „Almzeit“). – Von hier folgen wir der Markierung Nr. 932 den Goldbach aufwärts bis zur Stalla-Alm. Hier zeigt ein Hinweisschild zum „Plientensattel“, unserem nächsten Ziel. Über anregendes Almgelände im Talschluß wandern wir, zum Schluß

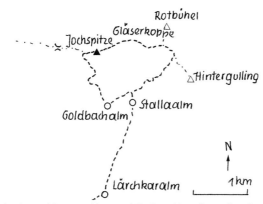

durch geschlossene Almrauschflächen, hinauf zum Sattel auf 1902 m Seehöhe (2 Std. von der Lärchkaralm). In einigen Kehren geht es nun hinauf
zum Gr. Rotbühel bzw. zum breiten Gläserboden hinüber (Kopfstation eines
Schiliftes der Planneralm). Das markierte Steigerl leitet uns im Kammverlauf weiter über die Gläserkoppe hinauf zur 2037 m hohen Jochspitze (Blick
auf die umrahmenden Berge des Plannerkessels sowie auf Kothütten- und
Goldbachsee; direkt gegenüber Schoberspitze und Schreinl). – Von der Jochspitze steigen wir in wenigen Minuten zur Goldbachscharte ab und folgen
nun dem Steigerl Nr. 18 durch interessantes Schrofengelände zum oberen
Rand des Karbodens (der Goldbachsee bleibt rechter Hand liegen), wo wir
den Goldbach queren. Über Gletscherschliffe der letzten Eiszeit gelangen
wir beim Weiterweg in die oberste Waldzone und steigen nun zügig abwärts.
Schließlich, nach Durchquerung der Erlenzone, kommen wir wieder in freies Almgelände und zur Goldbachalm-Hütte (1579 m). – Hier beginnt ein
Alm-Karrenweg, auf dem wir wenig später die Stalla-Alm erreichen, wo sich
unser Rundweg schließt. – Das letzte Stück gehen wir den schon bekannten Weg zur Lärchkaralm zurück und haben 4½ Std. für den gesamten Rundweg benötigt.

Brauchtum und Sagen:
Am bekanntesten von dem aus dem früheren jahreszeitlichen Brauchtum erhaltenen
Volksgut ist wohl das „Nikolo-Spiel" (nach mittelalterlichem Vorbild), das vor allem
die Bauern von Erlsberg in verdienstvoller Weise weiterpflegen. Neben dem in den
„Raach-" (=Rauch-)Nächten meist von Kindern geübten Perchtenlauf gibt es auch noch
das „Palmbuschtragen" am Palmsonntag und das Ausstecken der geweihten Zweige
an Raingrenzen, Stall- und Wirtschaftsgebäuden etc.
Wie stark früher die Brauchtumspflege in diesem Bereich des Ennstales war, soll ein kurzer
Abriß zeigen:
Mit der Geburt und den ersten Lebensjahren eines Kindes hingen etwa folgende Brauch-
tumsbegriffe zusammen:

„G'vatterbitter": ein Mädchen oder Schulbub aus dem Hause der Kindesmutter, das mit einem Sprüchlein zum ausersehenen Paten kommt und dort mit einem „Oarl (Ei) in Schmalz" bewirtet wird. „Göd oder Godl" schicken dann nach 3 bis 4 Tagen die „Weisattragerin": ein Mädchen mit dem „Weisatkorb" (Lebensmittel u. „Wuzlg'wand") zur Kindesmutter. Später erhält das Kind von ihnen bis zum „Ausgwandn" das sog. „Godng'wand".

Hochzeitsbräuche: „Bidelmann" (Brautwerber); Polterabende endeten mancherorts in der Frühe mit dem „Brautaufwecken" (Böllerschießen). Zwischen Trauung und Hochzeitsmahl bestand die Möglichkeit zum „Brautstehlen": die Brautführer („Junger") mußten dann die Zeche bezahlen. Zum abendlichen Tanze, der häufig in der Früh mit dem Polstertanz endete, kamen oft auch ungeladene Gäste, die sog. „Buckelkraller".

W a n d e r k a r t e n : F&B: Blatt 20; ÖK: Blatt 129; AV-Karte Nr. 45/3; Kompaß-WK. 68; WK. Heimat am Grimming; G e h z e i t : 4¹/₂ Std.; HU.: 745 m.

44 Donnersbachwald – Glattjoch – Eiskarspitz – Hohenwart

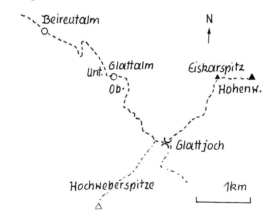

Bei der Abzweigung zur Lärchkaralm, einige Kilometer nach Donnersbachwald, finden wir die Markierungen „936 – Glattjoch" sowie „935 – Blaufeldscharte". Wir folgen der vorerst gemeinsamen Markierung bis zur Riedleralm (alter Salzkasten!) und lassen hier die Abzweigung zur Blaufeldscharte rechter Hand liegen. Nach etwa 1¹/₂ km gelangen wir zur 1302 m hoch gelegenen Beireutalm (im Sommer bewirtschaftete). Wir wandern weiter in Richtung Glattalm. Nach knapp 1 km verläßt die Markierung den Forstweg und geht links durch lockeren Wald aufwärts. – Bald erreichen wir die Hütten der Unteren und Oberen Glattalm (1501 m; im Sommer bewirtschaftet) und gehen nun auf den markanten Einschnitt des Glattjochs zu (viele Granaten im Glimmerschiefer und auch Aktinolithe). Das Bacherl wird mehrmals überquert, und schließlich erreichen wir die oberste Waldzone und gehen in einem grün bewachsenen Kar in angenehmen Serpentinen, dem alten Saumweg folgend, aufwärts. Über hübsche kleine Almböden geht es hinauf zum Glattjoch (1988 m) mit seinem steingeschlichteten Unterstand. – Rechter Hand führt der Grat in leichter Kletterei zur Hochweberspitze; wir folgen aber linker Hand der Markierung Nr. 10 zu „Eiskarspitz und Hohenwart". – Auf gutem Steiglein geht es zügig aufwärts. Der Gratrücken wird bald schärfer, aber der Steig ist sehr gut angelegt und bei trockenem Wetter gefahrlos zu begehen. Vor dem Gipfel weicht der Pfad nach links hinaus, und dann geht es flach hinüber zum Gipfel des Eiskarspitzes (2350 m) mit lediglich einem Markierungsstein als Gipfelzeichen. In knapp 15 Minuten sind wir aber drüben beim mächtigen Gipfelkreuz des um 13 m höheren Hohenwarts und haben 4$\frac{1}{2}$ Std. für den Aufstieg benötigt, wozu 3$\frac{1}{2}$ Std. für den Abstieg kommen. – Prachtvoller Rundblick von Tauern und Dachstein bis zu den Julischen Alpen.

W e i h n a c h t : Vorgang des Christbaumaufstellens erst spät übernommen, davor gab es von Aich-Assach bis ins untere Ennstal und ins Paltental noch den Brauch des „Weihnachtsgrössing"-Aufstellens (nackte oder bändergeschmückte Fichte). – W e i h nachtliche Fastenbräuche : In der „Rauchnacht" vor dem abendlichen Füttern der Tiere werden die Ställe und Bergeräume mit der „Räucherpfanne" (Weihrauch) „ausg'racht". Dann wird die „Heilignacht-Kerze" entzündet und im Herrgottswinkel, bei der Krippe oder am Tisch (über drei Tischtüchern) aufgestellt. – P a l m s o n n t a g : Ein Palmbuschen trägt so viele Äpfel, wie das Haus Bewohner zählt. Nach der Prozession wird dreimal um den Hof gegangen, zum Schutz gegen Fuchs und Habicht. Das Ausstecken der Palmzweige auf Äckern, Haus- und Stalltüren entspricht einem alten Fruchtbarkeits- und Unwetterschutzglauben. – „A n t l a ß e i e r" : werden aufbewahrt und sollten, je nachdem, ob sie am „Antlaß-Pfingsta" (Gründonnerstag), Karfreitag oder Karsamstag gelegt wurden, gegen Wasser, Feuer oder Hagel schützen. – O s t e r e i e r : wurden „Rote Oa" genannt, ohne Rücksicht auf die Färbung; Bräuche dazu waren: das „Eierpicken", „Eiertutschen", das „Buttnwerfen" und das „Eierscheiben". G r ö b m i n g : In der Gröbminger Pfarrkirche hielt sich (wie auch andere geistliche Volksschauspiele gepflegt werden) bis um die Jahrhundertwende der Brauch, am „Auffahrtstag" (Auferstehung) eine Heilandsstatue in der Kirche hochzuziehen. Aus der Richtung, in welche sie vor dem Verschwinden in der „Himmellukn" blickte, wurde dann das erste Sommerunwetter erwartet. – Pfingsten: „Heiligen-Geist-Krapfen" wurden gegessen; „Pfingstlukn" wurde, wer am Pfingstsonntag als letzter aufstand. W a n d e r k a r t e n : F&B: Blatt 20; ÖK: Blatt 129; AV-Karte Nr. 45/3; Kompaß-WK. 68; WK. Heimat am Grimming: G e h z e i t : Aufstieg 4$\frac{1}{2}$ Std.; Abstieg 3$\frac{1}{2}$ Std.; HU.: Ausgangspunkt: 1066 m; Glattjoch 1988 m, Eiskarspitz 2350 m, Hohenwart 2363 m; HU.: 1297 m.

45 Schitour: Von der Planneralm auf das Schreinl

Die Planneralm ist nicht nur als Liftgebiet für ihre schneesicheren Pisten bekannt, sondern hat auch einen guten Namen für kürzere Schitouren. Die beliebteste Tour im Gebiet ist eine Besteigung des 2154 m hohen Schreinls.

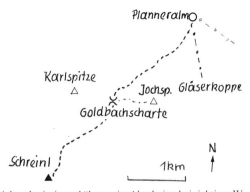

Sie ist nicht schwierig und über weite Abschnitte bei richtiger Wegwahl auch lawinensicher. – Wir ersteigen vorerst einmal die prachtvolle „Schimulde" der Goldbachscharte. Hier grüßt schon der meist kühn überwächtete Gipfel des Schreinls aus Südwesten herüber, und wenn wir uns umdrehen, stehen draußen über dem Ennstal der mächtige Klotz des Grimmings und direkt nördlich die Begrenzungsberge der Planneralm – vom Gstemmer bis zum Hochrettelstein. – Wir umgehen die meist hohe Wächte am Rand der Goldbachscharte und fahren dann das kurze Stück bis zum vollkommen verschneiten und verwehten Goldbachsee ab. Meist lohnt es sich gar nicht, hiebei die Steigfelle abzunehmen. Wir ziehen dann unsere Spur durch das breite, latschenbewachsene Hochkar bis unter das Schreinl hinein und legen unsere Kehren vom Nordosten her bis auf das Vorplateau des Gipfels und dann schließlich – gänzlich risikolos – auf die Gipfelschneide, die leider von keinem Kreuz geziert wird. Die gesamten Wölzer und Rottenmanner Tauern liegen vor uns, und über Donnersbachwald hinweg, dessen Häuser wir nicht sehen, glänzen vom Westen die Firne des Dachsteins herüber. – 3 Stunden Aufstiegszeit müssen wir einplanen und fahren üblicherweise wieder die Aufstiegsroute zurück. Bei sicheren Schneeverhältnissen sei allen guten Schifahrern aber empfohlen, von der Goldbachscharte aus noch die Spur weiter auf die Jochspitze (2037 m) zu ziehen, um dort dann den Genuß einer Steilabfahrt durch die Nordrinne hinunter zu haben – dies aber nur bei absolut sicheren Bedingungen!

Maibaum: muß wegen eines alten „Stehlrechtes" in der ersten und letzten Nacht des Monats bewacht werden (manchmal auch drei Nächte). – Almabtrieb: nur mehr selten durchgeführt; früher prachtvolle „Kuhkränze", besonders die „Glockkuh" mit der großen Glocke, der „Pumpel", war schön geschmückt. Die Sennin teilt unterwegs an die Zuschauer festliches Gebäck (Mehlspeisen) aus, der „geschwärzte" Stiertreiber schmiert Frauen und Kinder mit Ruß an. Am selben Tag zieht der „Almranzl" mit seinen „Geisterkühen" in die Hütten und Ställe ein, kommt aber am 10. November, dem „Meschntabend" (vor Martini), auch ins Tal (Ställe gut abschließen an diesem Abend!),

an dem dort das von üppigem Essen begleitete „Martiniloben" anfängt. – N i k o l o -
s p i e l : Umzüge und größere Formen auch von Mitterndorf und Tauplitz her bekannt.
– S p i e l u n d T a n z : „Maipfeifen", „Kastelhupfen", „Eisschießen"; Goaßlfahren":
im Ennstal noch immer beliebtes Pferdeschlittenfahren; nach der Form des „Goaßl",
des Schlittens, benannt (nicht: Gasselfahren!). Rangeln: jetzt wie in Bayern zur Frem-
denverkehrsattraktion verflacht. – Volksschauspiele: „Paradeisspiel"; „Die vier Landstände" (Faschingdienstag), Nikolospiel, usf.
W a n d e r k a r t e n : F&B: Blatt 20; ÖK: Blatt 129; AV-Karte Nr. 45/3; Kompaß-WK.
68; WK. Heimat am Grimming; A u f s t i e g s z e i t : 3 Std.; HU.: ca. 570 m.

46 Öblarn – Englitztalalm – Bergkreuzkapelle

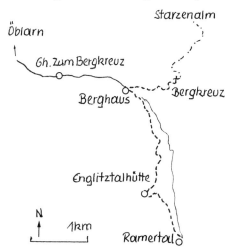

Wenn man eines der stillsten Wald- und Almgebiete der Niederen Tauern
kennenlernen will, dann empfiehlt es sich, von Öblarn durch den Walchengraben bis zum Ende der gut befahrbaren Schotterstraße auf etwa 990 m Seehöhe bis zum sogenannten „Berghaus" zu fahren. Der Walchengraben ist eines der bedeutenden alten Bergbaugebiete der Niederen Tauern – hier wurde noch zu Ende des vorigen Jahrhunderts Kupfer abgebaut. Das verlassene
„Berghaus" ist einer der sichtbaren Überreste aus diesen alten Tagen, und
man sollte die knappe Stunde nicht scheuen, um den mit Schildern bezeichneten Weg von hier zur „Bergkreuzkapelle" zu gehen, in deren Nähe sich
verlassene Stolleneingänge befinden. Die Bergkreuzkapelle liegt inmitten
eines Hochwaldes und ist ein reizendes, kleines, holzschindelgedecktes Bauwerk. Ein paar grob gezimmerte Tische und Bänke laden zum Verweilen und
– in der stillen Einsamkeit dieses Platzes – wohl auch zum Meditieren ein.

Wochentags wird man hier kaum einen Ausflügler antreffen. Auf einem nicht markierten, aber gut erkennbaren Pfad lohnt es sich, von hier aus auf die Starzenalm zu gehen oder gar noch zum nahen, 1848 m hohen Karlspitz weiter aufzusteigen. Vom Auto-Abstellplatz führt auch ein Weg taleinwärts, am Marmorsteinbruch der „Weißen Wand" vorbei, zur Englitztalalm. Zwei Selbstversorgerhütten der ÖAV-Sektion Öblarn, einige Almhütten und eine Jagdhütte stehen hier, umrahmt von den Schitourengipfeln des Gumpenecks, des Kühofenspitzes, des Hangofens usw. Eine ruhige Almlandschaft ohne spektakuläre Felsen lädt ein, so richtig unbeschwert, ohne feste und große Ziele, zu wandern. Recht lohnend ist es, von der Englitztalalm den markierten Steig zur Ramertalalm (1394 m) weiterzuverfolgen und, am großen Alm-Jagdhaus vorbei, aufs Lämmertörl (1920 m) zu gehen.

Der kleine Markt Ö b l a r n (668 m Seehöhe; ca. 1500 Ew.) liegt auf einem Schwemmkegel am Ausgang des Walchenbachtales, dessen Bodenschätze seine Geschichte stark mitbestimmt haben. Der Name Öblarn scheint 1135 erstmals in einer Urkunde des Stiftes Admont auf, aber Funde (Figurengruppe Amor und Psyche, Grabstein im Flur des Herrschaftsamtes) weisen bereits auf eine römerzeitliche, vielleicht schon auf damalige Bergbautätigkeit zurückzuführende Besiedlung hin. Seine vor allem mittelalterliche wirtschaftliche Bedeutung verdankt Öblarn dem schon im 13. Jhdt. anzusetzenden Bergbau auf Edelmetalle und Kupfer, den das Stift Admont betrieb. Eine Zinszahlung in Silber von 1230 und die Überschreibung eines Teiles des Ortes im Jahre 1263 lassen deutlich darauf schließen. Kupfer, Gold und Silber bzw. Vitriol und Schwefel wurden hier im bedeutendsten Ausmaß im heutigen Bezirk Liezen gewonnen. Nach dem ersten Höhepunkt unter den deutschen Geldgebern Sitzinger (Nürnberg) und Prantmair (Augsburg) im 16. Jhdt. begann 1666 mit der Übernahme des Bergbaues durch den Vordernberger Radmeister Hans Adam Stampfer die Zeit des stärksten Bergsegens, der fast 50 Jahre anhielt. Neue Stollen waren so ergiebig, daß die Familie nicht nur einen weiteren Kupferbergbau in Großfragant (Kärnten) erwerben konnte, sondern auch in den Adelsstand erhoben wurde (ab 1700 sogar „Freiherren von Walchenberg"). Erst 1802 scheint mit Theodor Graf Batthyány ein anderer Besitzer auf, 1858 mußte der letzte Eigentümer Franz Ritter von Friedau den in einer Gedenkschrift im Besitz der Berghauptmannschaft Leoben genau geschilderten Bergbau aufgeben. Spätere Wiederaufnahmsversuche (1870 Franz Mages aus Wien, 1891 bis 1922 ein Schwefelkonzentrat durch Brigl & Bergmeister aus Niklasdorf für die dortige Zellulose- und Papierfabrik sowie während des Zweiten Weltkrieges) hatten ohne größeren Erfolg. W a n d e r k a r t e n : F&B: Blatt 20; ÖK: Blatt 128; AV-Karte Nr. 45/3; Kompaß-Wanderkarten 68 sowie Dachstein-Tauern-Gebiet; WK. Dachstein-Tauern-Region; G e h -z e i t e n : Bergkreuzkapelle ca. 40 Min.; Karlspitz über Starzenalm ca. 1³/₄ bis 2 Std.; Lämmertörl ca. 2¹/₂ bis 3 Std.; HU.: Berghaus 985 m; Karlspitz 1848 m; Lämmertörl 1920 m.

47 Öblarn – Englitztalalm – Hangofen

Von Öblarn fährt man an die 7 km in die „Walchen" bis zum Gh. „Zum Bergkreuz" (ganzjährig bewirtschaftet) hinein und kann dann noch ca. 1 km – vorbei an der alten Knappenunterkunft „Berghaus" und an der Abzwei-

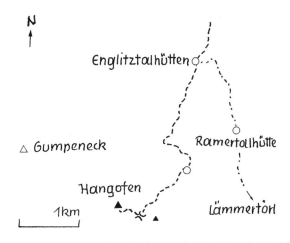

N

Englitztalhütten

△ Gumpeneck

Ramertalhütte

Hangofen

Lämmertörl

1km

gung zur „Bergkreuzkapelle" (hier lag der alte Kupferbergbau) – bis zu einem Parkplatz weiterfahren. – Wir folgen dem Hinweisschild „Englitztalalm 45 Min." über ein Brückerl und weiter einem Karrenweg und zwischendurch Abzweigungen hinauf zum Marmorsteinbruch, der seit einigen Jahren nicht mehr betrieben wird. Mühelos haben wir die sehr hübsch gelegene Englitztalalm (1328 m laut Karte; 1400 m laut Tafel auf der Selbstversorgerhütte der AV-Sektion Öblarn) erreicht, die sich vor dem Talschluß des Hangofens, unseres Bergzieles, ausbreitet. Wir folgen nun der Markierung in den Talhintergrund, überqueren das Englitztalbacherl mehrmals, steigen auf gutem Pfad aufwärts und erreichen eine verfallene Almhütte. In engen Serpentinen gelangen wir auf die nächste Geländestufe, der Wald wird schütter, und die ersten Zirben mischen sich mit Lärche und Fichte. Wenig später kommen wir zur reizend gelegenen Hangofenalm mit der 1993 voll renovierten Hütte, über der sich der hier wuchtig wirkende Hangofen mit seinen begrünten Felsschrofen aufbaut. Zwischen Almrauschfeldern und durch Latschen schlängelt sich unser Steigerl vorbei an Felsblöcken in mäßiger Steigung weiter hinauf. Unser Ziel rückt immer näher. Über Mulden und kleine Stufen geht es nach oben und schließlich in mehreren Serpentinen auf den Kamm, der vom Hangofen zum Lämmertörlkopf streicht und über den die Markierung von dort herüberkommt. Aus einer kleinen Scharte gibt es einen Prachtblick zum Gr. Knallstein und dem über dem Ennstal breit hingelagerten Grimming. Über Rasen – Schrofen – Flanken steigen wir nun in kurzer Zeit unschwierig auf gutem Steigerl hinauf zum Gipfelkreuz (2056 m) und haben 2½ bis 3 Std. vom Parkplatz weg benötigt. Im Gipfelbuch lesen wir den Spruch: „Es ist egal, welchen Berg man besteigt, oben wird man immer weiter sehen!" (Reinhard Karl).

Auch in Niederöblarn wurde Schwefelkies abgebaut; der in den zwanziger Jahren meist gefristete Bergbau konnte aber im Gegensatz zu jenem in der Walchen keine Bedeutung erlangen. Damals gehörte er der Schwefelkiesbergbau Naintsch G. m. b. H. mit Firmensitz in Graz; nach dem Zweiten Weltkrieg einem Moritz Bernstein in Berlin.
Ö b l a r n ist der Heimatort der berühmten, hier 1892 geborenen Dichterin Paula Grogger. Die Kaufmannstochter wurde bei den Ursulinen in Salzburg ausgebildet und war bis zu ihrem gesundheitsbedingten Ausscheiden im Jahre 1929 Lehrerin in Wörschach, Schladming und Öblarn. Mit einem Ehrensold in den Ruhestand versetzt, mit Rosegger- und Handel-Mazzetti-Preis, dem Verdienstkreuz für Kunst und Wissenschaft, dem Ehrenring der Steiermark sowie dem Professorentitel ausgezeichnet, lebte sie bis zur Silvesternacht 1993/94 in ihrem geliebten Heimatort zu Füßen des Grimmings, dem ihr literarisches Hauptwerk galt. „Das Grimmingtor", die von ihr erfundene Bauernfamilienchronik in der Zeit des Franzoseneinfalles unter Napoleon, verbindet Christliches und Heidnisches, Irdisches und Himmlisches, Erzählung, Sage, Legende, Chronik und Geschichte zu einem großartigen, von der altertümlichen steirischen Sprache noch verstärkten Ganzen. Das 1926 veröffentlichte Werk wurde in neun Sprachen übersetzt, erst zu ihrem 85. Geburtstag im Jahre 1977 brach Paula Grogger ihr jahrzehntelanges Schweigen und legte mit „Die Räuberlegende" einen zweiten, über 700 Seiten starken Heimatroman in einer Sprache von ungebrochener Dynamik und Vitalität vor. Er spielt in der Steiermark, und zwar in der Zeit der Auseinandersetzung zwischen Katholiken und Protestanten im 17. Jahrhundert. – Paula Groggers Wohnhaus wurde 1993 von der Marktgemeinde Öblarn mit finanzieller Unterstützung durch das Land Steiermark angekauft und ab 1994 von der Festspielgemeinde Öblarn, die sich die Weiterpflege von Groggers Stück „Die Hochzeit" und die Pflege ihres literarischen Erbes zum Ziel gesetzt hat, gemietet. Im Mittelpunkt der Handlung des meist im Juli und August auf dem Öblarner Kirchplatz, dem historischen Ort des Geschehens, unter Mitwirkung von 300 Personen in historischen Trachten ausgeführten Stückes steht der „Steirische Prinz" Erzherzog Johann. Er kam am 29. Juli 1821 nach Öblarn, um dort an der Hochzeit des Pflegers der admontischen Herrschaft Gstatt teilzunehmen. Dabei traf der Erzherzog die damals 17jährige Ausseer Postmeisterstochter Anna Plochl, und es ergab sich die Gelegenheit zu einer Aussprache mit seiner späteren Frau, die entscheidende Wendepunkte im Leben der beiden Liebenden bringen sollte. – Auskunft: Festspielgemeinde Öblarn, Postfach 20, A-8960 Öblarn; Tel.: 0 36 84/29 80.
W a n d e r k a r t e n : F&B: Blatt 20; ÖK: Blatt 128; AV-Karte Nr. 45/3; Kompaß-Wanderkarten 68 sowie Dachstein-Tauern-Gebiet; WK. Dachstein-Tauern-Region; G e h z e i t : 2¹⁄₂ bis 3 Std.; HU.: ca. 1050 m.

48 Von Fleiß im Großsölktal auf das Gumpeneck

Schon vom Ennstal aus fällt uns immer wieder die mächtige Gipfelpyramide des Gumpenecks auf, das sozusagen den Taleingang des Großsölktales beherrscht. – Wir möchten diesmal eine Überschreitung von Fleiß aus empfehlen. Von dieser Seite zieht eine markierte Route fast in gerader Linie über den Südkammrücken zum Gipfel: Für trainierte Geher ist er der kürzeste Zustieg, auf dem man rasant an Höhe gewinnt – rechter Hand begleitet vom interessanten Bergzug, der über Kühofenspitz und Hangofen zum Lämmertörlkopf zieht. – Wir finden an der Landesstraße in Fleiß schon das Hinweisschild „Gumpeneck" und können noch bis zum Bauern vlg. Rainer (bzw.

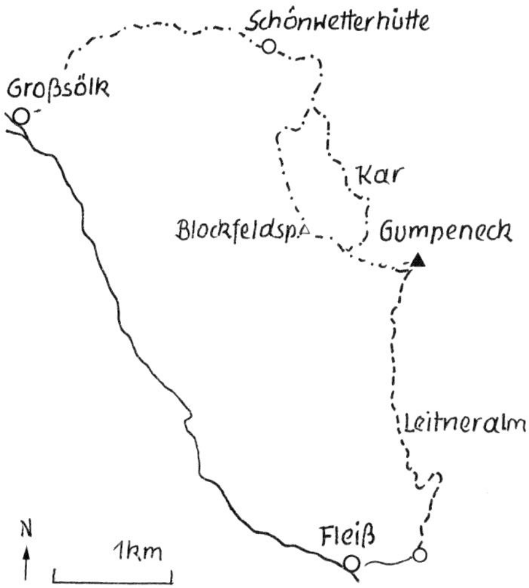
Schönwetterhütte
Großsölk
Kar
Blockfeldsp.
Gumpeneck
Leitneralm
N
1km
Fleiß

ein kurzes Stück vorher) hinauffahren. Direkt beim „Rainer“ leitet uns die Markierung Nr. 910 auf gutem Steigerl in engen Serpentinen im Hochwald zügig aufwärts. (Die Markierung ist weiß-rot-weiß.) Ein neuer Forstweg wird überquert, und weiter geht es, ständig dem bewaldeten Rücken folgend, über weichen Waldboden hinauf. Wir gehen an den Resten einer Holzknechthütte vorüber; nach einer guten Stunde wird das Gelände flacher, und wir kommen zur verfallenen Hütte der Leitneralm, die auch schon stark zugewachsen ist. Dann wird es aber nochmals steiler, und es führt uns der gut markierte, steile Pfad im lockerer werdenden Wald weiter über den Kammrücken hinauf. Es folgt ein richtiger Preiselbeerschlag, und die letzten Wetterfichten und Lärchen bleiben zurück; nun ist auch die Gipfelpyramide mit dem etwas nach hinten versetzten Kreuz schon recht nahe. Weiter leitet die Markierung auf dem breiten Kammrücken, der nun auch einige Felsschrofen zeigt, nach oben, und etwa 20 Min. unterhalb des Gipfels wendet sich unser schmales Steigerl über rasige Flächen kurz nach Westen auf den breiten markierten Pfad, über den wir dann im Sinne unserer Rundtour absteigen werden. Nach 3½ Std. stehen wir beim Gipfelkreuz und genießen eine Prachtrundsicht – von Wildstelle, Grimming und Dachstein bis zu den Gesäusebergen. – Zum Abstieg wählen wir die Markierung Nr. 911 über die Schönwetterhütte und haben entweder beim vlg. Koller ein zweites Auto abgestellt oder müssen mit dem Bus die 6 km nach Fleiß zurückfahren.

Die wichtigsten Ortschaften des Großsölktales, Stein an der Enns, Großsölk und St. Nikolai, liegen an einem uralten Salz-Saumpfad von Katsch im Murtal über Althofen,

St. Peter am Kammersberg und Feistritz über den Sölkpaß ins Ennstal. Die Römerstation „Ad Pontem", in der Nähe von Lind bei Scheifling, war dort Ausgangspunkt für mehrere ins Ennstal oder ins Salzburgische führende Straßen oder Saumpfade, an denen sich später Adel und Kirche wichtige Herrschaftssitze schufen. Die landschaftlich so beeindruckenden, erst in den letzten Jahrzehnten vom Tourismus stärker berührten Sölktäler sind nicht nur ein Geheimtip für ruhesuchende Menschen, sie zählten auch zu den Lieblingsgebieten unseres „Steirischen Prinzen", Erzherzog Johann, dem besonders das so überaus seen- und lackenreiche Gumpeneck (2226 m) mit seiner herrlichen Aussicht auf Dachstein und Grimming, Totes Gebirge und Ennstaler Alpen, den Hochkönig, die Seetaler Alpen und natürlich die Niederen und Hohen Tauern am Herzen lag. Seit einigen Jahren nimmt durch den Ausbau der aufgrund ihrer witterungsmäßig ausgesetzten Lage freilich recht häufig gesperrten „Erzherzog-Johann-Straße", die allerdings durch eine fast unberührte, großartige Bergkulisse führt, das Interesse der Bergsteiger und Urlauber immer mehr zu und bringt eine intensive Erschließung dieser lange Zeit nur für Einheimischen und Liebhabern vertrauten Bergwelt mit sich. Gegen Ende des 15. Jhdts. zählte man in der Großsölk nicht weniger als 24 Alpenweiden mit über 80 Hütten, zu denen insgesamt etwa 900 Kühe und 120 Ochsen aufgetrieben wurden, doch sind die meisten davon jetzt verfallen oder werden nicht mehr bestoßen. W a n d e r k a r t e n : F&B: Blatt 20; ÖK: Blatt 128; AV-Karte Nr. 45/3; Kompaß-Wanderkarten 68 sowie Dachstein-Tauern-Gebiet; WK Dachstein-Tauern-Region; WK. Heimat am Grimming; G e h z e i t : 3½ Std.; HU.: ca. 1200 m.

49 Vom Großsölktal auf das Gaßeneck

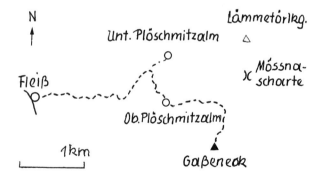

Unser unmarkierter Weg führt in einsames Almgelände, sein Verlauf ist aber auf den Naturpark-Schautafeln überall festgehalten. – Vom Ortsteil Fleiß im Großsölktal fahren wir 1 km bis zum Gh. Mayer (Parkplätze), wo wir unsere Wanderung beim Stallgebäude beginnen. Wir folgen hier vorerst dem „Panoramaweg Fleiß" ein kurzes Stück und überqueren den Plöschmitzbach. Der „Panoramaweg" zweigt dann bald rechter Hand ab (durch einen roten Pfeil markiert), und wir folgen dem Alm-Forstweg (unmarkiert) ziemlich steil aufwärts. Im Hochwald geht es zügig hinauf; links unten begleitet uns der Plöschnitzbach. Wir gehen auf dem Almweg, der weiter oben flacher wird, so lange weiter, bis wir zum ersten Weidetörl gelangen. Von hier gehen wir nun noch knapp 1 km in Richtung Untere Plöschnitzalm, bis wir kurz vor dem ersten Seitenbach, der unseren Weg quert, den alten Almsteig hinauf zur Oberen Plöschnitzalm finden. Die ersten paar Meter ist das Steigerl nicht gut zu erkennen, dann wird es aber zu einem schönen Pfad, der im Wald in Serpentinen angenehm zur Oberen Plöschnitzalm (1637 m) leitet. Wir überqueren am Beginn der Alm ein Bacherl und gehen hinüber zur Jagdhütte, wo ein gut angelegtes Wegerl weiter aufwärts führt. Bei Abzweigungen halten wir uns immer links und gelangen so bis unterhalb des breiten Kammrückens, der sich zum Gaßeneck hinaufzieht. Der Steig verliert sich nach etwa $^1/_2$ Std. im Almgelände, und von hier steigen wir im Almgestrüpp auf den Kammrücken und über ihn dann auf Pfadspuren (vorbei an einem Vorgipfel) zum höchsten Punkt des Gaßenecks auf 2111 m (Aufstiegszeit knapp 3 Std.).

Stein an der Enns: 694 m Seehöhe; PLZ: A-8961.

Der am Eingang in die Sölktäler liegende, 4 km von Gröbming entfernte Ort verfügt über ein hübsches, auf einer Anhöhe über der dort ansteigenden Ortsausfahrt ins Große Sölktal liegendes Kirchlein. Es wird Rosenkranzkirchlein genannt und wurde 1952 im Auftrag des wohlhabenden Öblarner Landwirtes Ökonomierat Ferdinand Neuper aus dem Material des Kleinsölker Weißmarmor-Steinbruches von Stephan Pilz errichtet, wobei ein weiterer gestaltender Künstler, der bekannte steirische Kirchenmaler Toni Hafner, das Bildnis des wohltätigen Stifters in einem Altarfresko festhielt. Die kleine, je zur Hälfte den Gemeinden Großsölk und Kleinsölk zugehörende Ortschaft galt als einer der ältesten Siedlungsplätze dieser Region. Schon der in seiner schlichten Form auf hohes Alter hindeutende Name beweist diese Tatsache, verstand man doch schon in der Zeit der ersten bayrischen Siedlungswelle des 8. Jhdts. unter „Stein" eine befestigte, wehrhafte kleine Anlage. Stein dürfte demnach ein befestigter Wehrsitz, vielleicht eine kleine Burg der Salzburger Erzdiözese am Eingang der Sölktäler, dieses uralten – schon von den Römern benützten – Tauernüberganges gewesen sein; es diente mit seinen ausgedehnten, flachen Ennsufern jahrhundertelang als Endpunkt, als Floßlände der Holztrift aus den Sölktälern, deren erste urkundliche Nennung in einer Schenkungsurkunde des Salzburger Erzbischofs Gebhard I. an das Stift Admont anläßlich dessen Gründung im Jahre 1074 erfolgte.

Wanderkarten: F&B: Blatt 20; ÖK: Blatt 128; AV-Karte Nr. 45/3; Kompaß-Wanderkarten 68 sowie Dachstein-Tauern-Gebiet; WK Dachstein-Tauern-Region; WK. Heimat am Grimming; Gehzeit: ca. 3 Std. Aufstieg; HU.: ca. 1160 m.

50 In die „Seifrieding" bei Mössna im Großsölktal

Die „Seifrieding", wie das Tal des Seifriedbaches heißt, zieht sich vom Großsölktal in südöstlicher Richtung bis zum Hauptkamm der Wölzer Tauern. – Wir möchten diese Wanderung besonders im September empfehlen, weil man sie vielleicht mit dem Almabtrieb (in der Regel am 2. September-Samstag) von der Breitlahnalm (nicht zu verwechseln mit dem „Breitlahner"

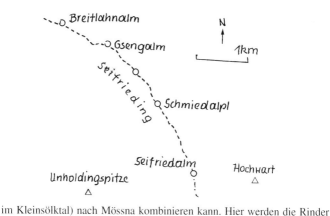

im Kleinsölktal) nach Mössna kombinieren kann. Hier werden die Rinder noch nach altem Brauch „aufgekränzt", was in der Steiermark leider immer seltener zu sehen ist. – Von Mössna aus können wir noch ein kurzes Stück in das Seifriedtal bis zur Tafel „Forststraße" hineinfahren und begehen nun zuerst den ständig mäßig ansteigenden Weg längs dem Seifriedbach, der an mehreren Stellen durch Verbauungsmaßnahmen „eingebremst" ist. An der markierten Abzweigung zur Gstemmerscharte und zur Mörsbachhütte sind wir vorübergekommen, bis sich das Tal weitet und nach einer ³/₄ Std. die Almflächen und Hütten der Breitlahnalm (1269 m) erreicht werden. Der Landwirt vlg. „Bauer" aus Mössna betreibt hier mit einem Dutzend Kühen noch volle Alm-Milchwirtschaft. Nach einem Aufenthalt bei den netten Brentler-Leuten wandern wir auf markiertem Almweg weiter talaufwärts. Von allen Seiten kommen Quellen herab, und von oben grüßen über einem Waldgürtel die Hochalmen herunter. – Bald kommen wir zur 1302 m hoch gelegenen Gsengalm mit ihren verfallenen Hütten; obwohl Jungvieh aufgetrieben wird, wachsen viele dieser Almen doch langsam zu. Ein Stückchen weiter steht das große Forsthaus mit „Wintergatter" für das Hochwild; die Markierung führt um das Gatter herum. – Auf gutem Alm-Forstweg wandern wir nun in der breiten „Seifrieding" weiter; es ist ein Vergnügen, in diesem heiteren Tauerntal unterwegs zu sein. Nach weiteren 2 ¹/₂ km können wir Rast bei der neu erbauten Hütte der Seifriedalm (1468 m) machen und (dann an einem neuen Jagdhütterl vorbei) noch bis zum wunderschönen Talschluß mit dem ausgedehnten vorgelagerten Almboden hineinwandern. Knapp 3 Std. haben wir bis hierher benötigt; talaus geht es dann etwas schneller. – Vor dem Talschluß zweigt linker Hand die Markierung hinauf in die „Seifriedsenke" ab (2150 m), dem Sattelübergang zur Neunkirchnerhütte, den man in weiteren 3 Std. erreichen kann. – Wir werden aber wieder nach Mössna zurückgehen und beim Talauswandern den Blick auf den rechter Hand liegenden Hochwart und die Unholdingspitze auf der linken Talseite genießen.

Oberer Gasslsee

Am Rippeteck mit Blick zum Dachstein

Am Höhenweg zwischen Giglachsee und Hochwurzen

Das als Stiftung der hl. Hemma von Gurk errichtete Benediktinerkloster Admont erhielt ein Gut zu „Selicha" (Sölk), das früher ein gewisser Hoholt, vermutlich ein freier Adeliger, als Salzburger Lehen besessen hatte. Als Erinnerung an das einstmals rege Fuhrwesen über den Sölkpaß auf dem alten Saumpfad, der zugleich vielen Wirten und Beherbergungsbetrieben als Lebensgrundlage gedient hatte, findet man am Gasthof Ladreiter in Stein eine Darstellung der früher an der Stelle des Hauses gestandenen Mautstelle am Sölkpaßweg, die mit 1614 datiert ist. Auch das alte Mauthaus des 16 km taleinwärts liegenden St. Nikolai im Sölktal (PLZ: A-8961, 1127 m Seehöhe, ca. 800 Ew.), der auf das stattliche Alter von fast 700 Jahren zurückblickende Gasthof Gamsjäger-Moser, an dessen Außenmauern noch die Haken zu sehen sind, an die einst die auszuwechselnden Zugtiere gebunden worden waren, zeugt von der einstigen, seit 1959 allmählich wiedergewonnenen Bedeutung des alten Saumwegstützpunktes.

Wanderkarten: F&B: Blatt 20; ÖK: Blatt 128; AV-Karte Nr. 45/3; Kompaß-Wanderkarten 68 sowie Dachstein-Tauern-Gebiet; WK Dachstein-Tauern-Region; WK Heimat am Grimming; Gehzeit: Talschluß Seifriedalm ca. 3 Std.; gesamt ca. 5½ Std.; HU.: gut 400 m.

51 Mössna – Gstemmerscharte – Mörsbachhütte – Donnersbachwald

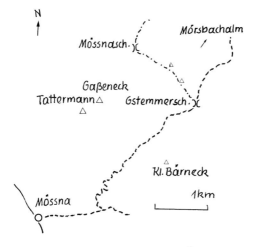

Diese nicht besonders anstrengende Tour ist ein Übergang aus dem Sölkin das Donnersbachtal und gleichzeitig ein Teilstück des Weitwanderweges 09. – Ausgangspunkt ist Mössna im Großsölktal, von wo wir noch 1 km in den Seifriedgraben hineingehen. Wo der Mössnabach in den Seifriedbach mündet, überqueren wir ein Holzbrückerl, und dort beginnt auch die Markierung. Über steile Bergwiesen und dann über einen Forstweg geht es gemächlich, später steiler, durch Hochwald aufwärts, um dann in mäßiger Steigung dem Bachverlauf in das weite Almkar hinauf zu folgen. – Auf der gegenüberliegenden Talseite liegen die weiten grünen Flächen von Tattermann und Gaßeneck. – Der hier schon schmale Mössnabach wird auf Trittsteinen überquert, und durch die Erlenzone (hier gedeiht der seltene Sumpf-Tarant) geht es hinaus auf die Almflächen. In mehreren Kehren geht es hinauf zur flachen Gstemmerscharte (1960 m) mit Blick auf Knallstein, Predigtstuhl und Preber auf der einen und die etwas „ruhigeren" Berge der Planneralm und der Wölzer Tauern auf der anderen Seite (2 bis 2¹/₂ Std. von Mössna). – Von der Scharte kann man direkt zur Mörsbachhütte absteigen oder (bei Schönwetter lohnend) den markierten Pfad über Sonntagskar- und Schwarzkarspitze (1999 m) bis zur Mössnascharte wählen und dort über den latschenbestandenen „Hundsboden" zur Mörsbachhütte hinuntergehen. – Geübte und Trittsichere können mit einem kleinen Umweg auf markiertem Pfad von der Mössnascharte den 2046 m hohen Lämmertörlkopf besteigen. – Von der ganzjährig bewirtschafteten Mörsbachhütte (1303 m) erreicht man in einer knappen Stunde Donnersbachwald.

Orts- und Bergnamendeutung:

Sölk: ein vorslawischer Name; im 11. Jhdt., genau um 1080, als „selicha" urkundlich genannt; kommt wahrscheinlich von einem vorslawischen Wort für „fließendes Gewässer" und stammt von der indogermanischen Wurzel „sal" = Wasser (siehe Saale etc.).

Tunzendorf: urkundlich erst 1289 genannt; nach der Tochter eines Grafen Widagowo, ca. 827–850, namens Tunza benannt; von ihr gegründet oder ihr übereignet; ein Dorf, das schon im 9. Jhdt. (!) bestanden hat.

Stein/Enns: früher Wehranlage oder kleine Burg an der Enns, als Stützpunkt des Grundherrn, des Erzbistums Salzburg; Stein später auch mit vielen Burgen in Verbindung gebracht.

Faista: aus der slawischen Sprachgeschichte, 1480 urkundlich: „an der Feistritz", vom slawischen „bistrica" = hell, klar – also der helle, klare Bach; wie so viele Feistritz-Bäche in der Steiermark und in Kärnten; „Faista" ist davon eine verkürzte Form.

Fleiß: 1480 „an der Fleiß"; nach Kranzmayer auf das slawische Wort „bliža" = die Nähe, die Nachbarschaft – hier in der Nähe von Faista gemeint – zurückzuführen (auch in Kärnten bei Heiligenblut).

Unter- u. Ober-Plöschmitz: früher -Plesnitz oder -Pleschmitz genannt; kommt vom slawischen Wort „plesnica" = die kahle Stelle. Der Name findet sich ziemlich häufig in Bergnamen; in der Nähe etwa der Pleschnitzzinken (2112 m) östlich des Bodensees und im oft aufscheinenden Namen „Plesch".

Wanderkarten: F&B: Blatt 20; ÖK: Blatt 128 u. 129; AV-Karte Nr. 45/3; Kompaß-Wanderkarten 68 sowie Dachstein-Tauern-Gebiet; WK Dachstein-Tauern-Region; WK Heimat am Grimming; Gehzeiten: Gstemmerscharte 2 bis 2¹/₂ Std.; bis Donnersbachwald je nach Variante 6 bis 8 Std.; HU.: Mössna 1023 m; Gstemmerscharte 1960 m, Sonntagskarspitze 1999 m, Lämmertörlkopf 2046 m, Mörsbachhütte 1303 m, Donnersbachwald 976 m.

52 St. Nikolai – Hohensee – Schwarzensee – Mittereck

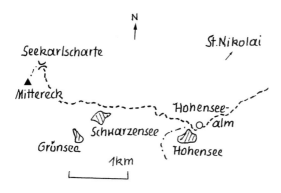

Von St. Nikolai an der Sölkpaßstraße gehen wir etwa 4 km auf ebener Almstraße längs des Bräualmbaches, der später Hohenseebach genannt wird, bis zum Talschluß hinein. Hier stäubt ein prachtvoller Wasserfall von der Dürrmooshöhe herunter. – Bis zum Hohensee begehen wir den Pfad Nr. 702, der über die Schimpelscharte in 4^{1}/$_{2}$ Std. zur R.-Schober-Hütte führt. Durch einen prächtigen Hochwald mit Urwaldcharakter steigen wir hinauf zur Hohenseealm, zu deren Füßen das schöne Gewässer liegt. Ab hier richten wir uns nun nach der Markierung Nr. 790, die uns durch eine steile Erlen- und später Latschenstufe auf den oberen Karboden führt, in den der Schwarzensee eingebettet liegt. Interessante kleine Moorflächen umgeben diesen echten „Tauernsee". Auf gutem Pfad geht es längs eines kleinen Wasserfalls nun in den obersten Karboden hinauf, von wo wir auf den abseits des Steiges liegenden Grünsee hinunterschauen. – Die letzten Meter zur Seekarlscharte sind nur geübten und trittsicheren Wanderern zu empfehlen, ebenso der 20minütige Weiterweg auf den Gipfel des 2469 m hohen Mitterecks mit seinem schönen Ausblick auf die meisten Gipfel der Schladminger Tauern. (4 Std. Aufstiegszeit von St. Nikolai.) – Die Seekarlscharte kann auch sehr gut von der Tuchmoaralm (dem wahrscheinlich größten voll bewirtschafteten Almdorf der Stmk.) aus erreicht werden: Die Markierung Nr. 790 führt uns von der Alm steil durch Wald und dann über zirbenbestandene Almflächen hinauf zum Seekarlsee. Von dort erreicht man einfach (Achtung: Querung eines Schneefeldes im Frühsommer!) die Seekarlscharte. Aufstiegszeit von der Tuchmoaralm auf das Mittereck: 3 Std.

St. Nikolai i. Sölktal: weitgestreutes Bergdörfchen an der Einmündung des Bräualmbaches in das Großsölktal; PLZ: A-8961, 1127 m Seehöhe, ca. 800 Ew. Neben einigen guterhaltenen alpinen Paarhöfen mit den charakteristischen steinbeschwerten Dächern, den sogenannten „Schwardächern", zählt die 1388 durch Niklas von Thanneck gestiftete Pfarrkirche St. Nikolaus zu den Sehenswürdigkeiten (Schlüssel beim Pfarrer). Der laut einer Inschrift aus dem Jahre 1557 stammende Bau wurde gegen Ende des 17. Jhdts. um die Tiefenausdehnung der Orgelempore nach Westen verlängert. Das Vikariat besteht – nach anfänglichen Schwierigkeiten hinsichtlich der Stiftung desselben seitens des Bierbrauers Anton Vogelsanger aus St. Johann in Tirol im Jahre 1741 – de facto erst seit 1746 und wurde später dem Dekanat Haus zugeordnet.

W a n d e r k a r t e n : F&B: Blatt 20; ÖK: Blatt 128; AV-Karte Nr. 45/3; Kompaß-Wanderkarten 68 sowie Dachstein-Tauern-Gebiet; WK Dachstein-Tauern-Region; WK Heimat am Grimming; G e h z e i t e n : St. Nikolai–Mittereck 4 Std.; Tuchmoaralm–Mittereck 3 Std.; HU.: 1342 m bzw. 960 m.

53 Auf den Großen Knallstein

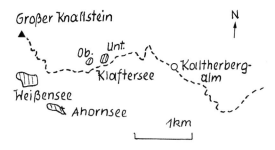

Direkt vom reizenden Ort St. Nikolai im Großsölktal begehen wir den Pfad in Richtung Gipfel. Wir folgen zuerst einem Güterweg, aber bald leitet uns rechts ein Wegweiser scharf durch Hochwald hinauf, und nach gut einer Stunde verlassen wir bei der Kaltherbergalm (1608 m) die Waldzone und betreten das prächtige Reich der Niederen Tauern mit ihren entzückenden Seen, dem dunklen Gestein, den weiten Almen und den vielen Wasserfällen. Wir sind nun im großen Kar, das von Steinkarl, Knallstein, Seekarlspitz und Steinrinneck gebildet wird. Im Zickzack geht es auf die nächste Geländestufe hinauf, und bald erreichen wir auf 1884 m den „Unteren und den Oberen Klaftersee". Hübsch ist das mäandrierende Bächlein, das in den oberen See mündet. – Wir folgen nun einem felsigen Rücken bis zum Ansatz des Gipfelaufbaues; von hier sehen wir auch auf die beiden anderen, größeren Seen, auf den „Weißen-" und „Ahornsee", hinunter. Vollkommen unschwierig geht es nun steil hinauf zum Vorgipfel, der bloß mit einer Stange markiert ist. – Erst wenn wir schon fast den Gipfelgrat erreicht haben, sehen wir den etwas nach hinten versetzten Hauptgipfel mit seinem Gipfelkreuz (2599 m). – Der Rundblick vom Gipfel ist sehr imposant: Gumpeneck, Grimming, Dachstein, Wildstelle, Waldhorn, Kieseck, Hochgolling, Preber, Süßleiteck, Deneck usw. – Der Knallstein ist übrigens auch ein hervorragendes Schitourenziel, das man fast den ganzen Winter über ansteuern kann. An die 3$^1/_2$ Std. bis 4 Std. für den Aufstieg und fast 3 Std. für den Abstieg müssen wir für die

1500 Höhenmeter rechnen. Geologisch gesehen liegt der Knallstein in der typischen Marmor- Glimmerschiefer-Zone dieses Teiles der Niederen Tauern und besteht selbst aus Granatglimmerschiefer und Phylliten.

Am Weg zum Knallstein, wie überhaupt überall im Urgestein, finden wir viele Preiselbeeren, die jeder kennt und die mit Leidenschaft gepflückt werden. Das Kompott ist ja auch ausgezeichnet. Die Preiselbeeren wachsen mit Vorliebe auf stark sauren Böden und kommen nicht nur bei uns in den Alpen, sondern vor allem auch in Skandinavien, im Himalaja, in Nordamerika und sogar in Japan vor. Sie gehören zur Familie der Erikagewächse. Die kleinen Stämmchen mit oft nur wenigen Millimetern Durchmesser können 10 bis 15 Jahre alt werden. Die Früchte sind sog. „Wintersteher", die bis zum Frühjahr stehen bleiben. Die leuchtend rote Farbe der Beeren lockt vor allem die Vögel an, die so für die Verbreitung sorgen. – Für die lange Haltbarkeit des Kompotts ist Benzoesäure verantwortlich, die in verhältnismäßig großer Menge in den Beeren vorkommt. Den getrockneten Preiselbeerblättern wird eine gute Heilwirkung bei rheumatischen Krankheiten und Gicht nachgesagt; dies wird auf den großen Gehalt an Gerbsäure, Hydrochinon und anderen Inhaltsstoffen zurückgeführt. Zu diesem Zweck müssen die Blätter im Herbst gesammelt und bei Zimmertemperatur getrocknet werden. Sie verringern die Harnsäureausscheidung im Körper und wirken ausgesprochen harntreibend.
W a n d e r k a r t e n : F&B: Blatt 20; ÖK: Blatt 128; AV-Karte Nr. 45/3; Kompaß-Wanderkarten 68 sowie Dachstein-Tauern-Gebiet; WK Dachstein-Tauern-Region; WK Heimat am Grimming; G e h z e i t : Aufstieg 3½ bis 4 Std.; gesamt ca. 7 Std.; HU.: 1472 m.

54 Von der Sölkpaßstraße auf den Hochstubofen

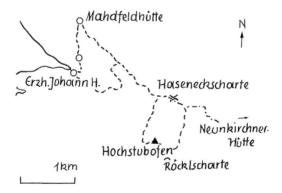

Unterhalb des Sölkpasses, auf der Ennstaler Seite, liegt bei der ersten großen Kehre die Winkleralm auf 1488 m. Sie ist ebenso nach alter Tradition bewirtschaftet wie die Mautneralm und die Hüttfeldalm – an beiden sind wir, von St. Nikolai kommend, vorbeigefahren. – Wir lassen unser Fahrzeug auf der Winkleralm zurück und folgen dem rot und blau markierten Weg mit der Nr. 926 in Richtung „Neunkirchner Hütte". – Durch Hochwald steigen wir zur Mahdfeldhütte hinauf, und von der Alm führt uns der gut markierte Steig immer mäßig ansteigend – einige Bachläufe müssen überquert werden – in südöstlicher Richtung zur Haseneckscharte. Etwa 250 m unter der Haseneckscharte zweigt ein blau markierter Pfad direkt zum Hochstubofengipfel ab, den man als geübter Bergsteiger ohneweiters begehen kann (ein Steinhaufen und ein Pfeil zeigen die Abzweigung deutlich an). Der Hochstubofen zeigt sich schon hier als steile und schroffe Felspyramide mit einem weithin sichtbaren Gipfelkreuz. –

Wer aber den sicheren und völlig unproblematischen Weg auf den Gipfel gehen will, muß noch weiter zur Haseneckscharte hinauf und jenseits etwa 100 Höhenmeter absteigen. Dort führt dann der gute und bestens angelegte Pfad über die „Röcklscharte" zum Gipfel. Wir stoßen hier auf den Steig, der von der Neunkirchner Hütte heraufkommt, und schauen in das Tal des Eselsbergbaches hinaus. Der Hochstubofen bildet zusammen mit dem nördlich gelegenen Krautwasch und der südöstlich gelegenen Rettelkirchspitze einen großartigen Talschluß. – Von der Röcklscharte geht es im etwas steileren Schrofengelände, aber immer ohne Probleme und leicht, auf den prächtigen Hochstubofengipfel (2385 m), wobei man nur die letzten Meter einige Male die Hände im gut griffigen Blockwerk zu Hilfe nehmen muß. Der Blick ist umfassend und besonders eindrucksvoll hinunter ins völlig einsame Feistritzbachtal mit seinen vielen Seen. – 3 bis 3¹/₂ Stunden haben wir von der Winkleralm bis herauf benötigt.

Kehren wir noch einmal nach St. Nikolai und zu den Sehenswürdigkeiten seiner alten Pfarrkirche zurück.

Interessant sind vor allem der mehrmals veränderte Hochaltar aus dem Jahre 1659 und der wenig später geschaffene, an die Brüstung der Orgelempore gemalte Zyklus mit Gemälden der 12 Apostel sowie die um 1720 entstandene Kanzel. Das Deckengemälde in der Chorkapelle, eine Darstellung der Heiligen Dreifaltigkeit, stammt vom Ende des 18. Jhdts., die Immaculata von Jakob Gschiel aus dem Jahre 1879 und die beiden Glocken aus den Jahren 1712 und 1720 von den beiden Grazer Meistern Florentin Streckfuß und Franz Anton Pigneth.

Das alte Mauthaus und der auf fast 700 Jahre zurückblickende Gasthof Gamsjäger-Moser zeugen von der in den letzten Jahren immer stärker wiedergewonnenen Bedeutung des reizvollen Bergdorfes.

Wanderkarten: F&B: Blatt 20; ÖK: Blatt 128 u. 129; AV-Karte Nr. 45/3; Kompaß-Wanderkarten 68 sowie Dachstein-Tauern-Gebiet; WK Dachstein-Tauern-Region; WK Heimat am Grimming; Gehzeit: 3 bis 3¹/₂ Std.; HU.: 897 m.

55 Auf das Deneck

Auf der Nordseite der Sölkpaßstraße beherrscht das Deneck alle anderen Gipfel. Der Ausgangspunkt für unser 2433 m hohes Bergziel ist die Kaltenbachalm (1600 m) an der zweiten großen Kehre der Straße (1¹/₂ km von der

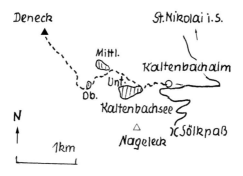

Scheitelhöhe). – Von der Alm folgen wir dem markierten Pfad in vielen Kehren hinauf zum Unteren Kaltenbachsee, einem begehrten Ausflugsziel ($^1/_2$ Std). Vom unteren See (1748 m) lassen wir uns durch die Markierung zum Oberen Kaltenbachsee leiten ($^1/_2$ Std.), der landschaftlich noch schöner als der „Untere" daliegt und teilweise von steilen Felsabstürzen umrahmt wird. Am südlichen Seerand führt uns die Markierung in vielen Kehren steil auf einem Rücken in eine begrünte Scharte hinauf, von der man auf beide Seen hinunterblickt. Gleich dahinter liegt – überraschend – nochmals ein kleiner See, der als echtes „Seeauge" reizend in ein Felskar eingebettet ist. An ihm vorbei geht es kurz steiler hinauf auf die weiten Etrachböden (2150 m). Südöstlich erhebt sich vor uns das Nageleck, das direkt über dem Sölkpaß aufragt, und auf der anderen Seite die Schafspitze, der Vorberg des Denecks. – Über grasiges Gelände und später über einen harmlosen Blockgrat erreichen wir den Gipfel der Schafspitze (2340 m) und sehen nun erst das Deneck mit seinem wuchtigen und steilen Gipfelaufbau direkt vor uns. Von der Schafspitze steigen wir kurz zu einer Einsattelung ab, und über einen rasigen Blockgrat geht es nun steil, aber ungefährlich zum Gipfelkreuz hinauf. Die Rundsicht ist umfassend: Gumpeneck, Bärneck, Grimming, Gr. Priel, Warscheneck, Haller Mauern, Rottenmanner, Wölzer und Seckauer Tauern, Bosruck, Gleinalm, Packalm, Seetaler Alpen, Karawanken, Julische Alpen, Wintertaler Nock, Eisenhut, viele Gipfel der Schladminger Tauern sowie Stoderzinken und Kammspitze.

In der Beziehung zwischen Erzherzog Johann und seiner späteren Frau, der als ältestes von 13 Kindern des k. u. k. Postmeisters Jakob Plochl von Bad Aussee am 8. oder 9. Jänner 1804 geborenen Anna Plochl, spielten die Jagdleidenschaft des Prinzen, der dieser oft in den Sölktälern, nahe der Heimat seiner Auserwählten, frönte, und das gemeinsame Erlebnis der Schweighoferschen Hochzeit auf Schloß Gstatt am 28. August 1821, dem fast ein Jahr später, am 9. August 1822, das für beider Verbindung letztlich entscheidende Gespräch in der Nähe von Trautenfels folgte, eine sehr bedeutende Rolle. – Wie nahe Erzherzog Johann das Gebiet der Sölk ans Herz wuchs, so daß er an deren käuflichen Erwerb dachte, zeigen die Tagebucheintragungen vom 6. bis 12. August 1811 (ein Jahr nachdem er das erste Mal das Gumpeneck bestiegen hatte) nach einem besonders befriedigenden Aufenthalt am Schwarzensee in der Kleinsölk, die Viktor von Geramb unter dem Titel „Erzherzog Johann am Schwarzensee in der Sölk" 1911 im 2. Jahrgang der „Blätter zur Geschichte und Heimatkunde der Alpenländer" veröffentlichte.

W a n d e r k a r t e n : F&B: Blatt 20; ÖK: Blatt 128 u. 129; AV-Karte Nr. 45/3; Kompaß-Wanderkarten 68 sowie Dachstein-Tauern-Gebiet; WK Dachstein-Tauern-Region; WK Heimat am Grimming; G e h z e i t e n : Kaltenbachalm–Oberer See 1 Std.; Oberer See–Deneck 2 Std.; HU.: Kaltenbachalm 1600 m, Unterer See 1784 m, Schafspitze 2340 m, Deneck 2433 m.

56 Kleinsölktal – Tuchmoaralm – Seekarlscharte

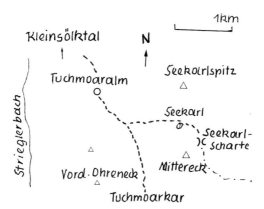

Wir fahren in das Kleine Sölktal hinein, bis zum sogenannten Kesslerkreuz, wo sich Schwarzenseebach und Strieglerbach zum Kleinsölkbach vereinen. – Dann folgen wir auf einem Güterweg, entlang dem Strieglerbach, der Markierung 789 – diese Route würde uns über die Striegleralmen zum Huben-bauertörl führen. Wir halten uns aber an den Wegweiser hinauf zur Tuchmoaralm und erreichen diese, je nachdem, wo wir unser Fahrzeug verlassen haben, in einer ³/₄ Stunde bis 1¹/₂ Stunden. – Vier voll intakte Almhütten, teilweise in den letzten Jahren neu instandgesetzt und alle auch mit Kühen bewirtschaftet, erwarten uns hier. Es werden Butter gerührt und der wohlschmeckende „Steirerkas" erzeugt. Interessant ist die Tuchmoaralm für den volkskundlich Interessierten, weil hier noch zwei verschieden ausgeführte Wasserradsysteme zum mechanischen Butterrühren zu sehen sind, aber auch in der Butterausformung lebt hier noch ein sehr alter Brauch, das Herstellen der „Emoasn" (= Ehren-Butterröllchen). – Haben wir nur gut 2 Stunden Zeit, dann wandern wir von der 1509 m hoch gelegenen Alm nach Süden hinauf ins Tuchmoarkar: Auf rund 1900 m liegt hier ein kleiner See. – Es geht dem Tuchmoarbach entlang, auf beiden Seiten sprühen Wasserfälle herunter, und ernste Felspartien begleiten unseren Pfad. – Ist etwas mehr Zeit vorhanden, dann sollten wir von der Tuchmoaralm aber der Markierung 790 hinauf zum Seekarlsee und in die Seekarlscharte (sie liegt auf rund 2300 m) folgen. Steil windet sich der Steig in ein Seitenkar in Richtung Osten hinauf. Unter der Scharte liegt der kleine Seekarlsee; prachtvoll die beiden begrenzenden Gipfel, die immerhin schon 2523 m hohe Seekarlspitze und in der Nähe der Scharte das 2469 m hohe Mittereck, das für Geübte und Trittsichere aus der Scharte ein leicht erreichbares Gipfelziel darstellt. Sehr lohnend wären drüben auch der Weiterweg und Abstieg zum Hohensee und weiter hinaus nach St. Nikolai, was weitere 2 Std. in Anspruch nimmt.

Aus den Tagebucheintragungen Erzherzog Johanns:
„Es war eine herrliche Unterhaltung, die frohen Menschen, die Landsmusik, die Einfachheit ihrer Reden, ihre Aufrichtigkeit stimmte mich fröhlich, so wie ich es bald nicht gewesen. Und daß ich mit keiner Parthey (Gegensatz zwischen den wirtschaftlich Besserstehenden und den Ärmeren, den auszugleichen der Erzherzog sich schon bemüht hatte) einen Unterschied machte, näherte beyde aneinander. Nicht ein ungebührlich Wort fiel, dieß freute mich vorzüglich." (Tagbuch 10. August 1811.) – Nach dem Abschied folgt die Eintragung: „Ich mußte versprechen, aufs Jahr wiederzukommen. Wenn ich es kann, so komme ich gewiß. Es verlebte in der schönen Natur einige meiner besten Tage; die herrliche Gegend, die Ruhe, die Einfachheit in allem, guthmütige, aufrichtige, offene Menschen haben so etwas Anziehendes, daß wahrlich mir nicht übel zu nehmen ist, wenn ich sie weit den Städten und vorzüglich dem hochberühmten Wien vorziehe (Randbemerkungen von 1839: „Mich zog das Hochgebirg und die Einfachheit der Menschen am meisten an und dann auf kurze Zeit das Vergessen dessen, was in der Welt vorging.") . . . Will es Gott, so kaufe ich die Große Sölk und will dann nichts scheuen, diese guten Obersteyrer so zu bewahren, wie sie sind, und als ihr Patriarch recht wachsam seyn, daß kein Gift sie verderbe." (Tagbuch 12. August 1811.)
Wanderkarten: F&B: Blatt 20; ÖK: Blatt 128; AV-Karte Nr. 45/3; Kompaß-Wanderkarten 68 sowie Dachstein-Tauern-Gebiet; WK Dachstein-Tauern-Region; WK Heimat am Grimming; Gehzeit: Tuchmoaralm je nach Start ¼ Std. oder 1½ Std.; HU.: ca. 400 m bzw. 520 m zur Tuchmoaralm; Alm–Seekarlscharte ca. 800 m.

57 Kleinsölk – Kochofen – Schladminger Törl

Beim „Waldnerwirt" in Kleinsölk, direkt gegenüber der hübschen schindelgedeckten Kirche mit dem Barocktürmchen, beginnt unsere Wanderung auf den Kochofen. Der Gipfel ist der nördliche Endpunkt des Bergzuges, der sich zwischen Sattental und Kleinsölktal erstreckt. – Ein Hinweisschild „Kochofen, Nr. 22, 2½ Std." weist uns den Weg. Zuerst geht es längs eines Wildgatterzaunes und dann bald in kurzen Serpentinen in den Wald hinauf. Der Weg deckt sich im ersten Teil mit einem gut angelegten Waldlehrpfad. Ein Forstweg wird überschritten, und dann führt uns die Markierung auf ständig hervorragend angelegtem Pfad in vielen Kehren zügig, aber dennoch wenig anstrengend im Hochwald nach oben. – Noch zweimal werden Forstwege gequert, und

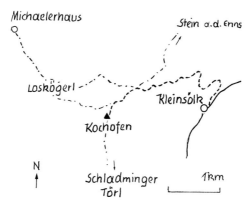

schließlich erreichen wir eine schon verfallene Jagdhütte mit einem daneben lustig plätschernden Bründl. – Weiter geht es im nun schon schütter werdenden Wald hinauf, und bald gelangen wir zu einer Wegkreuzung, wo der Pfad vom Michaelerberg und von Moosheim heraufkommt. – Im felsblockdurchsetzten Almgelände geht es landschaftlich sehr reizvoll weiter; „Öfen" nennen die Einheimischen diese Steinbrocken. Rechter Hand neben unserem Pfad tritt „Sölker Marmor" zutage und zieht sich als ein Felsband fast bis zum Gipfel. – In einer Mulde zwischen Schwarzbeeren und Almrauschflächen erreichen wir bald den Gipfelkamm und kurz darauf das hölzerne Gipfelkreuz auf 1916 m. Wir werden mit einer prachtvollen Rundsicht belohnt: das Ennstal von Schladming bis Liezen, Dachstein, Stoder, Kemetgebirge, Kamm, Grimming, Gumpeneck, Knallstein, Spateck, Schusterstuhl, Säuleck, Dromeisspitz, Hochwildstelle und darunter breit hingelagert das Sattental mit seinen Almen, Hochgolling und Höchstein, um nur die wichtigsten Gipfel und Täler zu nennen. – Wir können nun dem Höhenzug auf markierter Route sehr gut über die Fleischkögel, Lafenberg und Dromeisspitz in etwa 2 Std. bis zum Schladminger Törl weiter folgen und in gut 1¹/₂ Std. über die Klockalm nach Kleinsölk absteigen (von wo es allerdings knapp 4 km bis zum Waldnerwirt zurück sind).

Weiter aus dem Tagebuch des „Steirischen Prinzen":

In Gstatt wird dann der Plan näher ausgeführt: „. . . . und machte meinen Plan wegen Gewinnung der Sölk. Sie trägt ohnedieß nichts oder soviel wie nichts ein. Mir wäre sie erwünscht, im Mittelpunkte des schönsten Theiles des Ober Steyrischen Gebürges, einsam und doch nahe dem Ennsthale, Aussee etc., unter den besten Menschen. Ich will keinen Nutzen, mir wäre es nur (darum zu tun), als Patriarch da für das Wohl dieser Leute zu sorgen. Schulen bessern, gute Seelsorger halten; für die Krankenpflege sorgen, die Industrie beleben, die alten Sitten erhalten und eifersüchtig auf alles zu wachen, was dieses Volks verderben könnte. 4 Wochen alle Jahre dort, auf den Zinnen der Alpen, in den hohen Thälern einsam in die Betrachtung der Natur vertieft, welch Balsam für alle Wunden, die allen Sinnen in der großen Welt geschlagen werden. Er-

hohlung und Stärkung der Seele, um für die noch trübe Zukunft bereit zu seyn." (Tagebuch 13. August 1811, dazu spätere Randbemerkung: „gut gemeint! aber!")
W a n d e r k a r t e n : F&B: Blatt 20; ÖK: Blatt 128; AV-Karte Nr. 45/3; Kompaß-Wanderkarten 68 sowie Dachstein-Tauern-Gebiet; WK Dachstein-Tauern-Region; WK Heimat am Grimming; G e h z e i t : Waldnerwirt–Kochofen 2½ Std.; über Dromeis (= mda. „D'r Ameis"-)Spitz und Schladminger Törl ins Tal und zurück zum Waldnerwirt weitere 4 bis 4½ Std.; HU.: Kleinsölk 989 m, Kochofen 1916 m, Dromeisspitz 2047 m, Schladminger Törl 1945 m.

58 Auf das Spateck

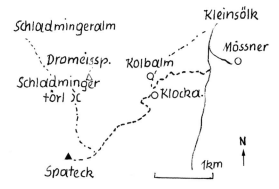

Das 2256 m hohe Spateck – ein besonders schöner Aussichtsberg – liegt zwischen Kleinsölktal und Sattental. Ausgangspunkt ist der Ortsteil Hinterwald (4 km nach der Ortschaft Kleinsölk) in der Nähe der Abzweigung zum Gh. Mössner. Es gibt zwei Zugangswege, der eine führt etwas flacher nach oben, der andere (Markierungsnummer 785) ist ein steiler, aber gut angelegter Pfad hinauf zur Klockalm (1500 m), wo sich beide Steige treffen. Die nicht bewirtschafteten Hütten und eine Jagdhütte liegen schon am Rand der Waldgrenze, und durch lockeren Lärchenwald und riesige Almrauschfelder steigen wir über die untere Karstufe hinauf ins alpine Gelände, wo uns statt des Bimmelns der Weideviehglocken Schafgeblöke empfängt. Vor uns liegt der langgestreckte Bergkamm, der vom Kochofen über das Schladminger Törl zum Spateck verläuft, dessen Gipfelkreuz wir schon von hier aus gut erkennen. Im oberen Kar gelangen wir zu einem markanten Felsblock mit Markierungspfeilen; wir folgen vorerst dem Pfad in Richtung Spateck, das wir über den Ostgrat auf steilem, aber problemlos zu begehendem Kammrücken erreichen. Aussicht: Kesselspitze, Knallstein, Süßleiteck, Waldhorn, Hochwildstelle, Dachstein, Kemetgebirge; besonders eindrucksvoller Tiefblick auf das hintere Kleinsölktal mit Breitlahner und Schwarzensee sowie Preber und Roteck im Hintergrund. – Der Rückweg kann nun entweder als 4- bis

5stündiger Marsch vom Schladminger Törl über den Kochofen zum Michaelerberghaus oder, nachdem wir vom „Markierungsstein" unterhalb des Spatecks zum Schladminger Törl hinübergequert sind, von dort (unmarkiert) über die Schladminger Alm (unbewirtschaftet) zum Leonhardkreuz und weiter zum Gh. Winkler im Sattental gewählt werden (2½ bis 3 Std., zweites Auto).

Der Erwerb der Herrschaft Sölk gelang nicht, stattdessen kaufte Erzherzog Johann 1818 den Brandhof, einen alten Vieh- und Milchwirtschaftshof („Schwaige") am Nordabhang des steirischen Seebergs, den er durch Grundzukäufe in gemeinsamer Aufbauarbeit mit seiner späteren Frau Anna Plochl von 1822 bis 1828 zu einem Mustergut bäuerlicher Betriebswirtschaft ausbaute. In der Hauskapelle des Brandhofs fand auch am 18. Februar 1829 um elf Uhr nachts, nach sechsjährigen beharrlichen Verhandlungen mit Kaiser Franz, die Trauung des Erzherzogs mit der Tochter des Ausseer k. u. k. Postmeisters, Anna Plochl, statt.

Schon in den Berichten Erzherzog Johanns, der auf der Gumpenalm einen Tanzboden für das Landvolk errichtet haben soll, ist von der eifrigen Pflege der Volksmusik in diesem Gebiet die Rede; auch heute noch lebt dort die Erinnerung an den „Steirischen Prinzen" fort und wird durch einen der bekanntesten steirischen Jodler, der von der Gumpenalm aus der Großsölk stammt, „'n Prinzen Johann seiner", noch immer genährt.

Dr. Josef Pommer, der bekannte Volkslied- und Jodlerforscher, hat diesen Jodler, der in der Mitte des vorigen Jahrhunderts weit verbreitet war, vom ehemaligen Bahnhofwirt Hechl in St. Georgen bei Rottenmann gehört und aufgezeichnet. (Bei Josef Pommer: „444 Jodler und Juchezer", Verlag Stanberg, Wien 1942, Nr. 338, und bei Schwarz/Seidel: „Steirische Volkslieder", Leykam Graz–Wien 1981, Seite 231.)

W a n d e r k a r t e n : F&B: Blatt 20; ÖK: Blatt 128; AV-Karte Nr. 45/3; Kompaß-Wanderkarten 68 sowie Dachstein-Tauern-Gebiet; WK Dachstein-Tauern-Region; WK Heimat am Grimming; G e h z e i t e n : Spateck 2½ bis 3 Std.; Spateck–Michaelerhaus 3½ Std.; Spateck–Sattental–Winkler 2½ Std.; HU.: Hopfgartner–Spateck 1306 m, Spateck–Sattental 1080 m.

59 Auf die Karlspitze und zur Strickeralm

In der Nähe des Gasthofes Mössner im Kleinsölktal beginnt unser markierter Pfad Nr. 21 auf die 2212 m hohe Karlspitze. Sie liegt im Bergzug, der das Kleinsölktal im Osten begrenzt und sich vom Bauleiteck im Süden über den Knallstein bis zum Zinken im Norden erstreckt. Der gute Steig führt uns zuerst durch Hochwald empor (der Alm-Forstweg wird mehrmals gekreuzt), bis er sich nach gut einer Stunde lichtet und in die weiten Flächen der Karlalm übergeht. Ihre (nicht bewirtschafteten) Hütten liegen unterhalb der Karlwand in schöner Aussichtslage (1677 m). Nach ausgiebiger Rast steigen wir durch lockeren Lärchenwald auf den Kammrücken der Karlspitze, der als gut 10 m breite Schneide bis zum Gipfelkreuz hinaufzieht. Prachtvoll der Tiefblick in die oberen Kleinsölktäler, und wenn wir nach insgesamt 2½ Std. den Gipfel erreicht haben, so werden wir noch mit einem Nahblick auf den wuchtigen Gr. Knallstein und eine Unzahl anderer Gipfel, von der Hohen Wildstelle

bis zum Dachstein, belohnt. – Krummsegge, Moosbeere, Isländisch Moos
und Bärtige Glockenblume sowie Preiselbeeren bestimmen die Vegetation.
– Sehr lohnend ist nun eine Überschreitung der Karlspitze (auf unmarkiertem Pfad) hinunter zur Strickeralm, deren Hütten wir schon von oben er-
blicken können. Wir gehen zu diesem Zweck nach Norden bis zur Karlscharte
weiter und wenden uns in ihrer breiten Einsattelung nach Osten; es gibt zwei
Steiglein, die uns sicher (zuerst etwas über Geblöck) nach unten führen. Auf
der ersten Karstufe steht eine kleine Jagdhütte, und von hier führt ein Steig
bis zur voll bewirtschafteten Alm (9 Kühe und über 100 Stück Jungvieh).
Roggene Krapfen, Almkäse und Milch werden allen Besuchern von der Sennerin gerne aufgetischt. Abstiegszeit von der Karlspitze 1¹/₄ Std. Von der
Strickeralm führt ein guter Fahrweg hinunter ins Großsölktal.

Noch etwas Namenkunde:
M ö s s n a : 1414 als „die Messnai" überliefert; auf ein mittelhochdeutsches „messeni"
zurückzuführen, das aus dem lateinischen „mansio" entlehnt ist; „mansio" = die Ansiedlung; oder auf das mittelhochdeutsche Wort „messen" = mischen zurückzuführen;
vielleicht, weil sich dort der Seifriedbach und der Großsölkbach „mischen", d. h. in-
einanderfließen.
S t . N i k o l a i : Das Hauptheiligtum des hl. Nikolaus steht in Bari (Italien) als San Ni-
cola; er ist der Heilige der Wanderer, Händler, Kaufleute und der Schiffer und Flößer;
überall an wichtigen Handelsstraßen finden sich Nikolai-Kirchen.
G r . K n a l l s t e i n : ein Berg, der – wie die meisten Berge – vom Tal her benannt wurde, und zwar nach dem Bach, dem „Knallbach", also einem laut tosenden, geräusch-
vollen, „knallenden" Bach, nach dem auch die Knallalm, das Knallkar und der Kl.
Knallstein benannt wurden.
G u m p e n e c k : von den geologischen Verhältnissen; in den weichen, hier dem Kri-
stallingestein der Niederen Tauern aufgelagerten Kalkfelsdecken, besonders an den
Ostkaren des Berges, sind viele Dolinen, die sog. „Gumpen", eingefressen, in denen
kleine Seen und Tümpel entstanden sind; daher der Name „Gumpeneck" und auch weiter westlich bei Ruperting der „Gumpenberg" mit der „Gumpenthalalm".

Wanderkarten: F&B: Blatt 20; ÖK: Blatt 128; AV-Karte Nr. 45/3; Kompaß- Wanderkarten 68 sowie Dachstein-Tauern-Gebiet; WK Dachstein-Tauern-Region; WK Heimat am Grimming; Gehzeiten: 2¹/₂ Std., Karlspitze–Strickeralm 1¹/₄ Std., Strickeralm–Fleiß 1¹/₄ Std.; HU.: 1212 m bzw. ca. 1300 m ins Großsölktal.

60 Vom Schwarzensee auf den Predigtstuhl

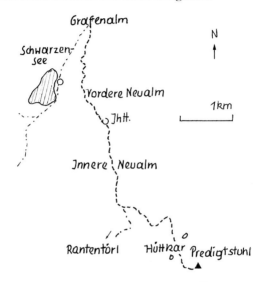

Schon die Anfahrt durch das Kleinsölktal über die Sachersee-Alm bis zur Breitlahnhütte ist landschaftlich von besonderem Reiz. Vom Parkplatz gehen wir eben in Richtung Schwarzensee bis zur Grafenalm, von wo wir den Wegweisern Nr. 702 und 793 zum Predigtstuhl folgen. Über eine Forststraße mit entsprechenden Abkürzungen (Blick auf einen Teil des blaugrünen Schwarzensees) erreichen wir auf mäßig steigendem Pfad die Vordere und dann die Innere Neualm. Hier taucht auch erstmals der eigentümlich geformte, an einen Dromedarbuckel erinnernde Gipfelaufbau des Predigtstuhls auf. Wir gehen an der Abzweigung zum Rantentörl (702) vorbei und sind erfreut über die unzähligen Arnikapflanzen, die unseren Weg begleiten. Steil windet sich nun das schmale Steiglein hinauf zur Plateauwand der Hüttkarseen. Wunderbar ist beim Höhersteigen der Blick auf die imposante Hochwildstelle, und bald erreichen wir die bezaubernde Almlandschaft des Hüttkars, wo bis Mitte Juli der Almrausch noch zusätzliche Farbtupfen in die Landschaft bringt. Der Obere Hüttkarsee ist für alle weniger Geübten und

94

nicht schwindelfreien Bergwanderer das Endziel der Tour. Sie sollten aber noch in jedem Fall ein kleines Stück Richtung Predigtstuhl, der nun ganz nah über uns liegt, ansteigen, um hier die prachtvolle Bergflora in über 2000 m mit Gemswurz, Alpen-Süßklee, Gelbem Tragant und Kriechender Nelkenwurz vor der Kulisse des türkisfarbenen Hüttkarsees zu erleben. Die Bergsteiger erklimmen von hier in einer ³/₄ Std. über einige leichte Kletterstellen und zum Schluß über den voll drahtseilgesicherten Pfad des Gipfelaufbaues den höchsten Punkt (2543 m), um eine der prachtvollsten Aussichten der Niederen Tauern genießen zu können: Totes Gebirge, Haller Mauern, Gesäuse, Zirbitz, Koralpe, Steiner Alpen, Nockberge, Julische Alpen, Reißeck, Hochalmspitze bis Großglockner und Wiesbachhorn sowie alle bedeutenden Gipfel der Niederen Tauern und den Dachstein. 4 Std. Gesamtgehzeit bis zum Gipfel.

Im Oktober 1807 überquerte Erzherzog Johann, nach dem die schöne Paßstraße benannt ist, zum ersten Mal den Sölkpaß, und zwar vom Ennstal kommend, nach Schöder und Murau. Schon im August und September war er wieder im Sölktal, wo ihm vor allem das Gebiet um den Schwarzensee ans Herz wuchs. Auch in den folgenden Jahren finden wir den Erzherzog immer wieder in der Groß- und Kleinsölk; auch nach der Erstbesteigung der Hochwildstelle am 18./19. August 1814 stieg er mit seinen Begleitern zum Schwarzensee ab, wo er fünf Tage in der Dangelmayerhütte verblieb und Wanderungen auf die Neualpe, ins Putzental und auf das Weitthor unternahm. Im August 1816 wurde er am Schwarzensee vier Tage lang durch Regen und Schnee festgehalten und half den Bauern bei der Beseitigung der Hochwasserschäden.
W a n d e r k a r t e n : F&B: Blatt 20; ÖK: Blatt 128; AV-Karte Nr. 45/3; Kompaß-Wanderkarten 68 sowie Dachstein-Tauern-Gebiet; WK Dachstein-Tauern-Region; G e h z e i t : Aufstieg 4 Std.; HU.: 1473 m.

61 Auf das Kieseck

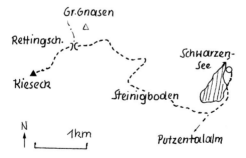

Fast eben führt der mit einem Schranken bei der Breitlahnhütte gesperrte Güterweg über die Grafenalm zum Schwarzensee. Wenn wir das Südende des Sees erreicht haben, sehen wir fast den gesamten Aufstieg und auch den Vorgipfel des Kiesecks vor uns und damit auch 1500 Höhenmeter! Der Pfad ist hervorragend markiert. Erst über einen freien Almboden, dann im Zickzack durch eine Erlenzone, leitet er nach oben. Es sind einige Blockhalden zu queren, aber die Markierung erfolgt hier in so kurzen Abständen, daß der Wegverlauf ständig klar vor Augen liegt. Anschließend geht es in das Kar unterhalb der Rettingscharte bzw. des Gr. Gnasen. Der Wegweiser in der Rettingscharte leitet einige Meter hinunter, um durch eine kleine, zwei Meter hohe Kaminstelle, eigentlich die einzige minimale Schwierigkeit auf dieser Tour, in die richtige Scharte zu führen. Steht man erst oben, hat man einen überwältigenden Ausblick auf die nördlich zu Füßen liegenden beiden Sonntagskarseen. Der Pfad auf das Kieseck führt uns nun in besonders abwechslungsreicher und anregender Art über den Gratrücken erst zum Vor-, dann zum Hauptgipfel. Wenn kleine Schwierigkeiten kommen, weicht das Steiglein meistens in die Südostflanke aus, und es gibt eigentlich nirgends echte Probleme. Wohl nimmt man immer wieder die Hände zu Hilfe, aber es geht zügig aufwärts. Besonders fesselt die scharfe Ostflanke des Waldhorns unseren Blick, in der ein Dauer-Firnfeld liegt. Bald haben wir den Vorgipfel des Kiesecks erreicht. Ab hier wir die Route etwas hochalpiner, aber der Weg leitet ohne besondere Schwierigkeit in zehn Minuten zum Hauptgipfel. Der weniger routinierte Bergwanderer kann ohne weiteres den Vorgipfel zum Ziel seiner Bergtour erklären und wird auch hier dasselbe Gipfelerlebnis genießen.

Jahrzehntelang hat man bei uns gedacht, das possierliche Murmeltier (lat. Marmota marmota) sei in den Ostalpen ursprünglich nicht beheimatet gewesen und wäre aus der Schweiz nach Österreich „eingeführt" worden. Im Grunde, nämlich mit Ausnahme von Vorarlberg und Tirol, stimmt das auch; denn eine im August 1995 veröffentlichte, neue Studie des Instituts für Wildbiologie und Jagdwirtschaft an der Wiener Universität für Bodenkultur hat ergeben, daß das Murmeltier sicher seit der letzten Eiszeit zur typischen Fauna Österreichs gehört, daß aber durchgehende Populationen nur in den beiden westlichen Bundesländern, und zwar westlich von Sill und Eisack, existieren. Weiter östlich führten klimabedingte Verschiebungen der Waldgrenze und Ausrottung durch den Menschen zum Verschwinden der kleinen Nager. Bis vor 100 Jahren waren deshalb die Ostalpen fast zur Gänze murmeltierfrei; so wurden sie beispielsweise erst 1879 wieder in der Großsölk und gar erst 1906 in den Schladminger Tauern erneut ausgesetzt. Auch jetzt könnte aus einer Klimaverschiebung den alpinen Nagern wieder eine nachhaltige Bedrohung erwachsen, sagen Forscher; u. a. schuld daran sind die für die Tiere zu warmen Sommer und mangelnder Kälteschutz beim Winterschlaf in immer niederschlagsärmeren Wintern. Interessant ist, daß die Murmeltiere während der letzten Eiszeit in den Steppengebieten des Flach- und Hügellandes verbreitet waren (fossile Funde belegen dies!) und erst durch die anschließende Erwärmung Mitteleuropas auf die Berge wanderten. Es bleibt zu hoffen, daß uns die Tiere durch ihre ideale Anpassung und die kluge Vorratswirtschaft zum Überleben des Winterschlafs, bei dem ihre Körperfunktionen extrem herabgesetzt werden, noch lange mit ihrem possierlichen Anblick und ihren vertrauten Warnpfiffen erhalten bleiben.
Wanderkarten: F&B: Blatt 20; ÖK: Blatt 127 u. 128; AV-Karte Nr. 45/3; Kompaß-Wanderkarten 68 sowie Dachstein-Tauern-Gebiet; WK Dachstein-Tauern-Region, Gehzeit: gesamt ca. 6 Std.; HU.: 1577 m.

Am Höhenweg zwischen Planai und Preintalerhütte

Kerschbaumeralm am Riesachsee

Hochwurzen gegen Dachsteinwände

62 Putzentalalm – Prebertörl – Rantentörl

Eine der landschaftlich schönstgelegenen Almen der Steiermark ist die Putzentalalm im hintersten Kleinsölktal. In den prachtvollen Talschluß, in ein Rund von Gipfeln und Felskaren, sind die Hütten in eine echte Almlandschaft eingebettet. Vom Parkplatz beim Breitlahner ist die Alm schon in einer Gehstunde auf angenehmem Weg zu erreichen. Man sollte unbedingt einmal die altehrwürdige Einrichtung der Almhütte mit blankgeputztem Kupferkessel, der offenen Feuerstelle und dem Sortiment von Sterz- und Schmarrnpfannen besucht haben. – Nach ausgiebiger Rast beginnen wir unsere hochalpine Rundwanderung (Trittsicherheit erforderlich!) in Richtung Prebertörl (Weg Nr. 786). Wir steigen durch die „Krautstufe" zuerst steil hinauf und gelangen dann bald in die Hochkare; wunderbar ist der Blick zurück auf das runde Dutzend Wasserfälle und Bergbäche, die zur Putzentalalm hinunterstäuben. Nach 2 Std. von der Alm erreichen wir das Prebertörl (2194 m) mit Blick weit hinaus bis zur Krakau. Der Pfad Nr. 793 leitet über Geröll und längs steiler Flanken auf meist recht gutem Pfad zum Rantentörl (2166 m), mit Blick zum Rantensee nach Süden und den beiden reizenden kleinen Seen oberhalb des Roßbodens. Über erdige Flanken geht es weiter in das oberste Kar, dann über die hübschen Almen des Roßbodens zur nächsten Steilstufe und auf immer gutem Steiglein über die Innere und Vordere Neualm hinaus in die zuerst lockeren Almwälder, die schließlich in Hochwald übergehen. Über Forstwege, oberhalb des Schwarzensees, erreichen wir erneut unsere Anmarschroute zur Putzentalalm und haben somit den Rundweg geschlossen.

Landeskundliches: Auf der Putzentalalm ist dank des Wirkens der 1984 bereits 80jährigen Sennerin Gisela Ladreiter (Gelsenberg bei Stein/Enns) die althergebrachte Tradition der Almabfahrt in unverfälschter Form erhalten geblieben. Die reizende Alm liegt tief genug, daß man bis zum letztmöglichen Termin, dem „Michltag" (29. September), warten kann. Wenn der Sommer ohne „Unreim" war, erzählte die Gisela, wenn es also keine Verluste an Vieh (Krankheit, Absturz etc.) gegeben hat, darf „aufgekränzt" oder „aufputzt" werden, wobei jedoch auch auf andere Geschehnisse Rücksicht genommen wird: Ist ein Hausbewohner gestorben, so treten die Farben der Trauer an die Stelle der bunten Kränze und Bänder. Beim festlichen Zug schreitet – so er aufgealpt war (heute eher selten!) – der mächtige Almstier voran, mit einem buschigen Wacholderkranz und mit bunten Bändern, allerlei Papiermaschen und Flitterzeug geschmückten Fichtenbäumchen zwischen den Hörnern. Nicht selten trägt er ein Spruchband, wie auch die ansonsten führende Leitkuh, die neben der schweren „Pumpel", der Leitglocke, oft noch eine glänzende Zusatzglocke trägt. Auch die übrigen Milchkühe sind schön bekränzt, während das Galtvieh (Kalbinnen und Ochsen) einfacher geschmückt ist. Die Sennerin teilt an die Erwachsenen unterwegs und am Hof „Fedtlkrapfen", an die Kinder „Schnurbeerla" aus, aber auch „Raunkerln" werden von manchem verschenkt, vor allem an jene Almgäste, die nach alter Sitte bei einem Besuch „Häferln, Stamperln, Tücher" usf. mitgebracht haben.
Wanderkarten: F&B: Blatt 20; ÖK: Blatt 127, 128, 157 und 158; AV-Karte Nr. 45/3; Kompaß-Wanderkarten 68 sowie Dachstein-Tauern-Gebiet; WK Dachstein-Tauern-Region; Gehzeiten: Breitlahnalm–Putzentalalm 1 Std.; Putzentalalm–Prebertörl– Rantentörl–Breitlahnalm 4 bis 5 Std.; HU.: 1123 m.

63 Putzentalalm – Lemperkar – Hochgang

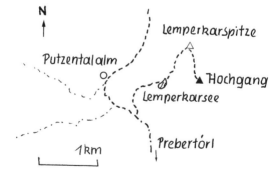

Vom Alpenvereins-Stützpunkt „Breitlahnhütte" (1070 m) begehen wir vorerst einige Kilometer völlig eben die Alm-Forststraße hinein zum Schwarzensee, in den am Südwestende der Säusenbach mit einem herrlichen Kaskadenwasserfall hineinstürzt.Vom See-Ende geht es, der Markierung folgend, in ½ Std. auf dem mäßig steilen Almweg zur prachtvoll gelegenen und sehr gut bewirtschafteten Putzentalalm weiter (1354 m). Von dieser „Bilderbuchalm" folgen wir der Markierung Nr. 786 vorerst in Richtung „Prebertörl" und steigen durch die erste krautige Steilstufe hinauf, bis wir zu einem Jagdhütterl gelangen. Einige hundert Meter gehen wir noch weiter, bis linker Hand ein improvisierter Steg über den Bach führt. Hier beginnt unser unmarkierter Weiterweg, ein nicht zu übersehender, guter Steig hinauf ins Lemperkar. Nachdem wir eine kleine Einschartung hinter uns gelassen haben, biegt der Pfad um die Bergflanke, und wir blicken direkt auf die Dächer der Putzentalalm und auf den Schwarzensee hinunter. – Wir gehen durch ein Weidetürl, und dann sind wir bereits beim reizend gelegenen Lemperkarsee (1828 m) mit der aus Trockenmauerwerk errichteten Unterstandshütte. Den Weiterweg auf den Rücken der 1963 m hohen Lemperkarspitze müssen wir uns über Trittspuren selbst suchen, haben aber damit, wenn wir uns mehr linker Hand halten, wohl keine Schwierigkeit. Von oben können wir bei trockenem Wetter nun noch auf einem schmalen Steigerl über die scharfe Gratflanke problemlos bis zum Gipfel des 2230 m hohen Hochgangs weitersteigen. $3^1/_2$ Std. vom Breitlahner.

Der 1982 vom Land Steiermark bestätigte, 1984 offiziell eröffnete „Naturpark Sölktäler" umfaßt eine Gesamtfläche von 277 km² und ist der größte im Land. Der ihn tragende, 1976 gegründete „Verein Naturpark Sölktäler" (A-8961 Stein/Enns 100, Tel. 0 36 85/23 1 80; Fax 23 2 07) hat nicht nur für die Schaffung zweier Forstlehrpfade und eines Wasserschaupfades, sondern auch für gediegene Führerwerke gesorgt. – Da die Steiermark ihren kulturellen Hauptimpuls im heurigen Millenniumsjahr in der Person von Erzherzog Johann verstärkt, wird wohl neben den von ihm begründeten Grazer Kulturstätten auch dem Ausseerland und dem Brandhof sowie den Sölktälern gebührende Beachtung zukommen, zumal gerade in den letztgenannten die Intention des „Steirischen Prinzen" zur Bewahrung heimischen Kultur- und Naturgutes außergewöhnlich gut zum Tragen kommt.

Die frühe Entwicklung der Almwirtschaft im Hochgebirge gehört zu den größten kolonisatorischen Pionierleistungen der ältesten Siedler; die schicksalhafte Verbindung des Bergbauernhofes mit seinen Almen und Bergwiesen zu einer selbständigen Wirtschaftseinheit wurde zur Existenzgrundlage bergbäuerlichen Lebens überhaupt.

Aus der bayrischen Besiedlung der Ostalpen (aus den Jahren zwischen 900 und 1200) sind schon agrargeschichtlich bezeugte Urkunden vorhanden. Es wurden damals bereits Almen in Lehen gegeben, und zwar an einzeln oder gemeinsam siedelnde Bauern. Als dann im 12. Jhdt. die Besiedlungsdichte in den Ostalpen rasch zunahm, kam es sogar schon zur Rodung innerhalb der Waldzone und zur Errichtung von „Waldalmen", die besonders in den Urbaren der Ostalpen als „Schwaigen", das waren untertänige Bauerngüter, angeführt sind. So gab es z. B. im Ennstal in jener Zeit fast 500 solcher Schwaigen, die an ihre Grundherrschaft Käse und Butterschmalz „zinsen" mußten. Für eine Kuh mußten damals 50 und für ein Schaf 10 Käslaibchen zu einem halben bis einem Kilo abgeliefert werden. Um das Jahr 1300 betrug der Almzins an den Landesfürsten der Steiermark 40.000 und an das Kloster Admont 30.000 solcher Käse.

Knapp vor dem industriellen Wirtschaftsaufschwung im 18. und 19. Jhdt. waren die Almwirtschaften für die Selbstversorgung der bäuerlichen Bevölkerung von außerordentlicher Bedeutung. Damals wurden auch, wie es heute nur noch selten (in Südtirol) geschieht, „Bergmähder" (Flächen zur Heugewinnung) gemäht und das Heu von diesen Steilflächen, die oft weit über den Almen gelegen waren, mühsam heruntertransportiert. Vor rund 20 Jahren wurde auch noch in der Steiermark „Wildheu" gewonnen,

so z. B. am Speiereck oberhalb der Strickeralm im Großsölktal bis auf 2000 m See-
höhe im extrem steilen Rasengelände. Das mühsam gewonnene Bergheu wurde zu
Heuhütten auf die 1350 m hoch gelegene Strickeralm über einfache Aufzüge „abge-
seilt" und dort bis zum Taltransport im Winter zwischengelagert. Wie man sieht, wa-
ren die Bauern damals gezwungen, auch die extremsten Futterflächen auszunützen.
W a n d e r k a r t e n : F&B: Blatt 20; ÖK: Blatt 128; AV-Karte Nr. 45/3; Kompaß-
Wanderkarten 68 sowie Dachstein-Tauern-Gebiet; WK Dachstein-Tauern-Region;
G e h z e i t : Breitlahner–Hochgang 3¹/₂ Std.; HU.: 1160 m.

64 Putzentalalm – Landschitzscharte

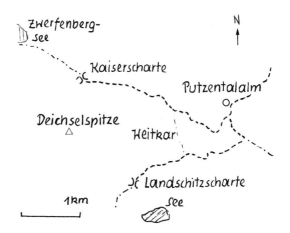

Vom Breitlahner im Kleinsölktal wandern wir den Güterweg hinein zum
Schwarzensee, vorbei an Grafen- und Harmeralm. Vom eindrucksvollen See
(Jagdhaus Fürst Colloredo, Wasserfall des Säusenbaches) sind wir in ¹/₂ Std.
oben auf der Putzentalalm (1354 m). Einmalig schön liegt diese in den Fel-
senkessel des Talschlusses eingebettet, der von einer ganzen Reihe von
Zweitausendern gebildet wird. Rund ein Dutzend Wasserfälle schäumen über
die Karstufen auf die Alm herunter. Besonders lohnt sich aber ein Besuch in
der sehenswerten, traditionell ausgestatteten Almhütte mit dem offenen Feuer (Steirerkäse, Butter- und Süßmilch). – Wir folgen zuerst der Markierung
in Richtung Prebertörl/Landschitzscharte, steil hinauf auf die erste Karstufe, ins sog. Lemperkar. Hier trennen sich die Wege; unser Pfad in Richtung
Landschitzscharte hat die Markierungsnummer 784. Wir wandern nun in
westlicher Richtung weiter und lassen den unmarkierten Verbindungspfad
zur Kaiserscharte rechts liegen. Beeindruckender Blick zurück zum Schwarzensee. Vor uns der lange, gezähnte Grat, der sich zur Kaiserspitze hinzieht.

– In mäßig steilen Kehren leitet unser Steig hinauf ins obere Kar – begleitet von zwei Wasserfall-Kaskaden. Hier oben befinden wir uns in der typischen Zone der eiszeitlichen Gletscherschliffe mit den glatten Felsplatten und der charakteristischen Flora des „Krumseggenrasens" (u. a. Klebrige Primel = Blauer Speik) sowie einigen kleinen Seen und Lacken. Dieser oberste Karboden ist von einem steilen Felsenkranz umrahmt. Über einen Rücken führt unser Pfad unproblematisch in die Landschitzscharte (2345 m) hinauf. Großartiger Tiefblick auf die smaragdgrünen Landschitzseen im Lungau und Nahblick auf den Preber.

Die Sonneneinstrahlung – und damit auch der ultraviolette Strahlenanteil – ist infolge der staub- und rauchfreien, dünneren und trockeneren Luft im Alpengebiet kräftiger. Sie beträgt in Meereshöhe etwa 50%, in 1800 m Seehöhe dagegen rund 75%. Die intensivere Strahlung bewirkt u. a. die Bildung von Vitamin D sowie den Einbau von Kalk und Phosphor in die Knochensubstanz (Rachitis kommt zur Abheilung), sie verändert gewisse Bestandteile der Haut (die Pigmentbildung wird gefördert, Sonnenschutz!), und deren Fermente werden anders wirksam gemacht. Der Nährstoffgehalt der Alpenpflanzen ist bis zu einem Drittel höher, das Futter aromatischer als jenes der Niederungen, und auch der Vitamin-D-Gehalt der Alpenmilch ist um das Zwei- bis Dreifache höher als jener der Talmilch.

Unwirtliche Klimaeigenschaften stellen an die Anpassungsfähigkeit der Lebewesen auf der Alm große Ansprüche. Solch eine harte Kur zwei Almsommer hindurch stärkt jedoch Körper und Abwehrkräfte eines Rindes enorm, und das Gehen im unebenen Gelände beeinflußt die Entwicklung von Muskeln, Sehnen und Gelenken. Gealpte Tiere erreichen ein höheres Durchschnittsalter, sind länger zuchtfähig und weisen eine höhere Kälberzahl auf als nicht gealpte. Das Stallvieh hat keine andere Wahl, als das ihm vorgesetzte Futter zu fressen. Das Weidetier – besonders jenes auf der Alm – „erntet dagegen selbst" und entscheidet so über Menge, Zusammensetzung und Qualität seines Menüs. – Rein statistisch gesehen hat die Alpung auf die Milchleistung jedoch eine ungünstige Auswirkung, da durch die Witterungseinflüsse die Milchproduktion stark schwankt und im Spätsommer und Frühherbst der Futterzuwachs oft nicht mehr ganz ausreicht, um noch hohe Leistungen zu erzielen. Das alles, zusammen mit den Gestehungskosten der Milch und Milchprodukte auf den Almen, führte vielfach dazu, daß heute in Österreich Kühe fast nur noch auf den Heimbetrieben oder auf geschützten Weideflächen in der Nähe der Bauernhöfe gehalten werden. Die Sölktäler stellen hier eine Ausnahme dar; auf ihren Almen werden vergleichsweise in der Steiermark noch die meisten Kühe gehalten. – Eigentlich ist diese Entwicklung bedauerlich, denn die Qualität der Almmilch ist ganz vorzüglich: Der Fettgehalt und vor allem auch der Gehalt an Trockensubstanz nehmen während der Alpung stark zu, und der Gehalt an Aroma- und Wirkstoffen ist weit höher als im Tal. In der Almmilch sind kaum schädliche Keime zu finden; sie ist auch außerordentlich haltbar, so daß sie einen viel längeren Transport verträgt und nicht gleich verarbeitet werden muß.

Es drängt sich die Schlußfolgerung auf, daß diese gesundheitlichen Vorteile der Alpung auch für den Menschen wirksam sein müßten – und tatsächlich ist es so. Mediziner bescheinigen darüber hinaus, daß ein längerer Alm- und Gebirgsaufenthalt für den Menschen eine regelrechte „psychohygienische Kur" darstellt.

W a n d e r k a r t e n : F&B: Blatt 20; ÖK: Blatt 128; AV-Karte Nr. 45/3; Kompaß-Wanderkarten 68 sowie Dachstein-Tauern-Gebiet; WK Dachstein-Tauern-Region; G e h z e i t : 3$^1/_2$ Std.; HU.: 1275 m.

65 Putzentalalm – Kaiserscharte – Preintalerhütte

Diese großzügige Überschreitung erschließt uns im Mittelteil ein wenig bekanntes, aber umso reizvolleres Stück der Niederen Tauern. Wir lassen unser Fahrzeug beim „Breitlahner" im Kleinsölktal zurück und müssen uns dann vom Schladminger Untertal abholen lassen. – Vom Breitlahner gehen wir den bekannten Weg über den wunderschön gelegenen Schwarzensee zur Putzentalalm und wählen hier ein kurzes Stück den gemeinsam markierten Weg taleinwärts, bis uns die Markierung rechts zur Kaiserscharte (Nr. 793) weist. Der gut angelegte Pfad führt uns nun über die Karstufen, vorbei an Gletscherschliffen, hinauf zur Kaiserscharte in 2298 m (etwa 2¹/₂ Std. von der Putzentalalm). Im Juli und August muß man mit einem „Scharten-Schneefeld" rechnen, das aber wegen der Ostlage immer gut zu begehen ist. – Von der Scharte steigen wir im welligen Hochkar, das schon in den Lungau hinunter entwässert, nur ein kurzes Stück ab und müssen nicht bis zum Zwerfenbergsee hinuntergehen, sondern folgen der Markierung Nr. 793 direkt zum Angersee hinüber. Von dort führt der Pfad in mäßiger Neigung hinauf zum Waldhorntörl (2283 m), das wir nach 1¹/₂ Std. von der Kaiserscharte erreichen. Vorher zweigt ein markierter Pfad über die breite Scharte hinauf in den Klafferkessel ab. – Vom Waldhorntörl aus kann man als Geübter und Trittsicherer in 1 Std. das Waldhorn besteigen. – Wir lassen uns aber von der Markierung hinunter zu den Kapuzinerseen leiten und steigen schließlich durch das Innere und Äußere Lämmerkar zur Preintalerhütte ab (1657 m), die bestens geführt ist (je nach Wetter bis Ende Oktober geöffnet). Etwa 7 Std. haben wir vom Breitlahner bis herüber benötigt und werden wohl hier am besten Quartier beziehen und am nächsten Tag die knapp 2 Std. über den Riesachsee ins Untertal hinausgehen.

Sennerin – Brentlerin – Schwoagerin – Almdirn

Allein in der Obersteiermark sind alle vier Ausdrücke regional unterschiedlich gebräuchlich. Im oberen Ennstal heißt sie Sennin (Sennerin), in der Gegend von Öblarn, im mittleren Ennstal und über Liezen hinaus heißt sie Brentlerin, im Paltental und im unteren Ennstal treffen wir auf der Alm die Schwoagerin, und im Ausseer-Gebiet ist es die Almdirn.

Traditionelle Gerätschaften und Milchprodukte

Das Arbeiten „von einer Tagliachten zur anderen" gilt auch heute noch auf vielen Almen. Schon knapp vor Sonnenaufgang holt die Sennerin die Kühe von der Nachtweide in den Almstall, um sie zu melken, und abends treibt sie diese nochmals aus und stellt sie, wenn notwendig, nach Sonnenuntergang wieder ein.

Eine Reihe altertümlicher Gerätschaften, alle bestens funktionsfähig, kann heute noch auf den Sölktalalmen bewundert werden. Zum Abrahmen benützte die Sennerin früher den Rahmablasser oder Rahmzweck, ein messerähnliches Gerät aus Hartholz, mit dem der Rahm entweder abgehoben oder beim Abfließen der Magermilch im Stötzl zurückgehalten wurde. Seit der Erfindung der Milchzentrifugen werden diese Geräte zwar nicht mehr benötigt, sind aber im Inventar vieler Almhütten noch zu finden. Meist ist der Rahmzweck liebevoll mit Bildern aus dem Almleben, aber auch mit religiösen Motiven oder Versen verziert. Auf manchen dieser Rahmzwecken sind Kreuze aneinandergereiht, wobei hier ein Zusammenhang mit den sogenannten „Hexenmessern" oder „Neumondschein-Neunkreuzer-Messern" besteht, die als Abwehrmittel gegen Verhexung jeder Art geschätzt waren. Nach altem Volksglauben vermochten diese Messer den „Kaswurm" abzuwehren, der Vorräte an Butter, Käse und Schotten (Topfen) fraß. Und wenn bei der Rahmgewinnung genügend saure Milch zusammengekommen ist, geht es an „Kasmachen" – an die Herstellung des begehrten „Steirerkas".

Wanderkarten: F&B: Blatt 20; ÖK: Blatt 127, 128, 157 u. 158; AV-Karte Nr. 45/3; Kompaß-Wanderkarten 68 sowie Dachstein-Tauern-Gebiet; WK Dachstein-Tauern-Region; Gehzeit: bis Preintalerhütte ca. 7 Std.; ins Untertal noch 2 Std.; HU.: Breitlahner 1070 m, Kaiserscharte 2298 m, Waldhorntörl 2283 m, Preintalerhütte 1657 m.

66 Schitour auf das Gumpeneck

Skizze siehe Tour 67!

Von Stein an der Enns kommend, biegen wir knapp vor Großsölk, angesichts des Schlosses, scharf links ab, und zwar bei der Hinweistafel „Schönwetterhütte". Wir können einen schmalen Güterweg bis zu den letzten Bergbauernhöfen hinauffahren. Von hier wandern wir – je nach Schneelage – mit angeschnalltem oder noch geschulterter Schi bergwärts. – Durch Wald und dann über Almwiesen erreichen wir bald die reizende Schönwetterhütte auf 1442 m. Von hier ziehen wir unsere Spur zwischen den letzten Bäumen auf die flachen Hänge der Gumpenalm weiter. Verstreut im Gelände sehen wir die tiefverschneiten Schindeldächer einiger Almhütten. Ein weites Becken öffnet sich vor uns – vereinzelt stehen hier noch Lärchen und Fichten. Darüber erhebt sich, wuchtig aufsteilend, der Gipfel des Gumpenecks. – Wir haben nun zwei Möglichkeiten: Entweder steigen wir durch das Kar in Richtung auf den Grat an, der vom Gumpeneck nach Westen zieht, dieser Aufstieg ist der kürzere und diese Route ist auch für die Abfahrt geeignet; oder wir wählen den markierten Pfad längs der Gratrücken über „Salzleck" und „Blockfeldspitz" und erreichen – bei prächtiger Aussicht nach beiden Seiten – über den breiten Gratrücken das Gipfelkreuz des Gumpenecks. – Die letztgenannte Route ist auch bei unsicheren Schneeverhältnissen die empfehlenswertere – allerdings muß man wegen der Wächtenbildung am Grat achtgeben. – 3 bis 3¹/₂ Std. haben wir für den Aufstieg benötigt.

E m o a s l n u n d S e n n e r i n - H a l s e n :
Eine besondere Spezialität des Butterverzierens findet man im oberen Ennstal und besonders auf den Sölktalalmen. Es geschi0ht dies mit dem sogenannten E m o a s - b r e t t l. Diese etwa 15–30 cm langen und 8–10 cm breiten Brettchen sind auf beiden Seiten mit Kerbschnittmustern verziert. Die Sennerin streicht nun Butter auf das Brettchen; dazu hält sie das Brettl schräg und hebt vorsichtig an einem Ende den Butterstreifen ab, der sich durch die Neigung löst und zusammenrollt, und läßt ihn nun in ein Gefäß mit Wasser fallen. So können diese verzierten Röllchen erhalten bleiben, bis sie den Gästen vorgesetzt werden. Butterröllchen dieser Art nennt man „Moasln", und ein „Emoasl" ist ein „Ehrenmoasl", also eine Ehrengabe für den Gast. Um diese Emoasbrettlfiguren rankten sich früher auch verschiedene Bräuche. Wenn sich z. B. ein Almgeher ein Stück Butter abschneidet und das „Emoasl" dabei umfällt, dann, so hieß es früher, wird es zum „Sennerin-Halsen". Man mußte der Sennerin einen Kuß geben. Auf den Almen der Sölktäler, z. B. auf der Tuchmoaralm, erhält man heute noch Emoasln vorgesetzt.
Die Verwendung der natürlich vorkommenden Baustoffe Holz und Stein und eine in uralter Erfahrung herangereifte Funktionstauglichkeit prägen das Erscheinungsbild der Almhütten in den Sölktälern. Auf diese Weise sind jene Bauten entstanden, die mit der umgebenden Berglandschaft eine harmonische Einheit eingegangen sind. Die meisten Almhütten wirken daher wie mit der Umgebung verwachsen – als hätten sie immer schon hier gestanden. – Auf den Almen der Sölktäler kann man heute noch erleben, wie unsere Vorfahren zu wirtschaften verstanden und wie die bewährte alte Tradition – richtig angewandt – auch in der neuzeitlichen Almwirtschaft weiterhin Bestand hat. W a n d e r k a r t e n : F&B: Blatt 8; ÖK: Blatt 128; AV-Karte Nr. 45/3; Kompaß-Wanderkarten 68 sowie Dachstein-Tauern-Gebiet; WK Dachstein-Tauern-Region; WK Heimat am Grimming; A u f s t i e g : 3 bis 3¹/₂ Std.; HU.: ca. 1130 m.

67 Öblarn – Zinken – Gumpeneck

Das Gumpeneck kann man von mehreren Seiten her besteigen; diesmal wollen wir die Öblarner Seite beschreiben: Wir fahren zuerst die asphaltierte Gemeindestraße, die dann später in einen Forstweg übergeht, auf den Schattenberg hinauf. Bald finden wir das Hinweisschild „Schupfenalm" und folgen der Forststraße bis an ihr Ende. Genau dort führt ein steiler Hohlweg bergauf, wo wir dann bald wieder auf die Markierung Nr. 910 stoßen. Durch

den Hochwald geht es mäßig aufwärts, und bald erreichen wir die Hütten der Schupfenalm (1334 m). Vorerst geht es flach weiter, dann steigen wir den „Schupfenriedel" hinauf; wir queren einen Forstweg, und durch lockeren Almwald gelangen wir bald in Kammnähe. Schließlich erreichen wir diesen, der hier die Bezeichnung Schönwetterberg (1672 m) trägt. Von hier führt die Schimarkierung durch das Gumpenkar zum Gipfel; wir folgen aber der geradeaus am Kamm aufwärts führenden Markierung mit prachtvoller Aussicht nach beiden Seiten bis zum flachen Gipfel des Zinken (2042 m). An die 30 Höhenmeter müssen wir nun über Felsblöcke in eine kleine Scharte absteigen. Bei Nässe empfehlen wir Ungeübten jedoch, sich mit dem Zinkengipfel zu begnügen! Von hier leitet uns die Markierung über den breiten Gipfelrücken in 20 Min. hinauf zum Gipfelkreuz des Gumpenecks (2226 m). – 3¹/₂ Stunden vom Abstellplatz am Schattenberg. – Abstieg über den Kammrücken (Markierung Nr. 911) zum Blockfeldspitz oder gleich ins Gumpenkar bzw. wieder zurück zur Schönwetterspitze und der Schimarkierung folgend ins Gumpenkar und weiter zur Wachlingeralm (im Sommer bewirtschaftet) und hinunter zur Schönwetterhütte. Von dort führt ein Almweg (später Forstweg) bis zum vlg. Koller, wo der asphaltierte Hofzufahrtsweg von Großsölk heraufkommt.

Öblarn, schon in unseren Tourentips 46 und 47 vorgestellt, verfügt seit gut einem Jahrzehnt über ein Pfarrmuseum, das neben Beispielen religiöser Volkskunde auch die lokale Bergbaugeschichte und das Werk Paula Groggers darstellt und dabei auf wertvolles Material aus den Familienarchiven der Bevölkerung zurückgreifen kann. Der hübsche Kirchplatz des 1480 Einwohner starken Marktes wird vom 1565 erbauten dreigeschossigen Verweserhaus (heute im Besitz der Familie Colloredo-Mannsfeld) und der Pfarrkirche zum hl. Andreas beherrscht. Das 1423 bis 1466 erbaute Gotteshaus wurde 1727 bis 1729 vergrößert, wobei sich die Gewerkenfamilie

Stampfer finanziell stark beteiligte, obwohl zur gleichen Zeit der Bau einer Knappen-
kirche in der Walchen, nahe dem Kupferbergwerk, beschlossen worden war. Beach-
tenswert an der Innenausstattung der Pfarrkirche sind das Hochaltarbild des Kärntner
Barockmalers Josef Ferdinand Fromüller (1754), die Statuen am Hochaltar (St. Georg,
Benedikt, Leonhard und Martin) aus der Hand des Admonter Bildhauers Josef Stammel und die beiden Seitenaltäre. Sie stammen aus der dritten Schaffensperiode des Mitterndorfer Meisters Johann Fortschegger (1743–1827); der Immaculata-Altar mit Figuren der hl. Bar-
bara und Katharina von 1800, der Floriani-Altar mit Darstellungen der Bischöfe Rupert und Virgil von 1801. Im darauffolgenden Jahr hat Fortschegger auch noch die Kanzel an einem Pfeiler des Presbyteriums mit Reliefbild und den vier Evangelistenfigu-
ren für das Gotteshaus geschaffen. Von der Frömmigkeit der Bewohner Öblarns und
seiner Umgebung zeugen nicht weniger als 29 Wegkapellen und -kreuze, die Feld- und
Waldwege säumen und von den jeweiligen Besitzern oder Teilen der Bevölkerung, die
ihre Entstehungsgeschichte immer wieder den Nachkommen überliefern, in liebevol-
ler Art gepflegt werden.
W a n d e r k a r t e n : F&B: Blatt 20; ÖK: Blatt 128; AV-Karte Nr. 45/3; Kompaß-Wanderkarten 68 oder Dachstein-Tauern-Gebiet; WK Dachstein-Tauern-Region; WK Heimat am Grimming; G e h z e i t e n : PP am Schattenberg–Gumpeneck 3$^1/_2$ Std.; Abstieg
zum vlg. Koller 2 bis 2$^1/_2$ Std.; HU.: ca. 1150 m.

68 Pleschnitzzinken – Scheibleck

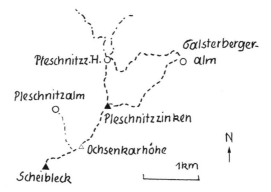

Unsere beiden Bergziele liegen am Bergkamm, der sich direkt nördlich der
Hohen Wildstelle zwischen Seewigtal und Sattental erstreckt. – Die Wanderung ist verhältnismäßig bequem, weil man von Pruggern noch an die 10 km
bis zum „Bottinghaus" am Fuß der Galsterbergalm auf 1500 Meter hinauffahren kann. – Hier beginnt die Markierung vorerst hinauf zur „Jausenstation Galsterbergalm": Auf nettem Pfad geht es in einigen Serpentinen durch
lockeren Lärchenwald, in den sich später auch Zirben mengen, hinauf in den
Almkessel unterhalb des „Pleschnitzrückens". In weniger als $^1/_2$ Std. sind wir
auf der Galsterbergalm und folgen nun der Markierung bald rechter Hand

hinauf auf den Kammrücken. Durch herrliche Almrauschflächen leitet uns ein Steigerl mäßig steil aufwärts zur „Pleschnitzinkenhütte" (1944 m, Selbstvers., AV Gröbming). An ihrer Außenwand ist auch das Gipfelbuch des Pleschnitzinkens angebracht. – Nun geht es über den weiten, aussichtsreichen Almrücken mühelos zum Gipfelkreuz des Pleschnitzinken, das wir in 1¹/₂ Std. erreichen (2112 m). Wir schauen ins Seewig- und ins Sattental hinunter, auf das Ennstal hinaus und genießen vor uns den Blick auf Hochwildstelle, Pulverturm, Höchstein, Dachstein, Stoderzinken, Kammspitze, Grimming und den Bergzug vom Kochofen bis zu Spateck und Säuleck. – In weniger als weiteren 1¹/₂ Std. können wir nun dem schmalen Steig auf markiertem Pfad nach Norden zum Scheibleck folgen, wenn wir trittsicher sind: Man muß nämlich zuerst durch eine schrofige Erdrinne absteigen und dann eine steile Rasenfläche queren; für Geübte ist das Ganze allerdings kein Problem! Schon wenig später kommen wir aber zur breiten Einsattelung der Ochsenkarhöhe (1957 m) hinunter, von der man auf unmarkiertem Pfad sogar über die Peterbauernalm ins Sattental absteigen könnte. – Wir steigen jedoch über weite, mäßig geneigte Schafalmen zum Scheiblegg-Gipfel hinauf (2117 m), der durch eine Vermessungsstange markiert ist. Große Flächen mit Eisenhut blühen hier oben, und vor uns erstreckt sich der nun wesentlich „alpinere" Gratverlauf weiter bis zum Gipfelkreuz am Schober, das von versierten Bergsteigern in weiteren 1¹/₂ Std. erreicht werden könnte. Die Hochwildstelle ist hier vom Schober gerade verdeckt.

Landeskundliches: Pruggern: PLZ: A-8965, 700 m Seehöhe, ca. 650 Ew. – Das idyllische, von der Bundesstraße umfahrene Erholungsdorf am Ausgang des Sattentales ist nicht nur traditioneller Ausgangspunkt für zahlreiche Bergwanderungen und -touren, es bietet mit dem neu erschlossenen Schigebiet auf der prächtigen Galsterbergalm auch einen zusätzlichen Anziehungspunkt für Wintersportler. Wegen der Vielzahl der in charakteristischer Holzbauweise errichteten und hervorragend erhaltenen Wohn- und Nutzbauten erhielt die Gemeinde 1980 von der Landesregierung einen Preis für vorbildliche Ortsbildpflege. Schon der Name des Ortes deutet ja auf die sehr frühe, vielleicht schon römerzeitliche Brücke hin, auf deren hohes Alter mittelalterliche Aufzeichnungen hinweisen. Heute führt über jene günstige Stelle, wo die Enns an beiden Seiten von Schuttkegeln eingeengt wird, eine Brücke über jene Landesstraße, die Öblarn – den Geburtsort unserer großen Dichterin Paula Grogger – und die beiden Sölktäler mit der Bundesstraße verbindet, das ja – wie viele Siedlungen – hoch über dem sumpfigen Talboden des Ennstales angelegt wurde. Nicht umsonst wurde doch der Hauptfluß des Tales schon im 8. Jhdt. – es ist der älteste Flußname des Gebietes – als „Enisa" oder „Anisos" (783 „Enise", frühbairisch „Anisa", mittelhochdeutsch „Ens(e)", urkundenlateinisch: „Anesus", „Anisus" von keltisch „Anisos") bezeichnet; Enns kommt also vom keltischen Wort „Ana", das „Sumpfgebiet" bedeutete. Der idyllische Ort, der nie über eine eigene Pfarrkirche verfügte, liegt als ausgesprochene Landwirtschaftsgegend im Zentrum der gleichnamigen Gemeinde, die neben Pruggern auch die Einöde (entlang der Bundesstraße) und einen Teil des Kulms sowie den Pruggererberg und das Sattental umfaßt.
Wanderkarten: F&B: Blatt 20 oder 201; ÖK: Blatt 128; AV-Karte Nr. 45/3; Kompaß-Wanderkarten 68 sowie Dachstein-Tauern-Gebiet; WK Dachstein-Tauern-Region; Gehzeit: Pleschnitzinken 1¹/₂ Std., Scheiblegg knapp 3 Std.; HU: ca. 600 m.

69 Ruperting – Hauser Kaibling – Moaralmsee – Kolleralm

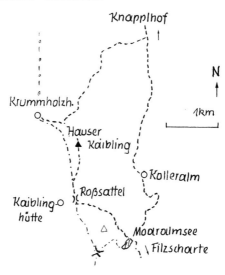

Von Ruperting folgen wir den Wegweisern hinauf auf den sog. Gumpenberg bis zum Gh. Knappelhof. Hier stellen wir unser Fahrzeug in 1150 m See-höhe ab und folgen der Almstraße mit der Nr. 781 in Richtung „Gumpen-thalalm/Kolleralm"; gleichzeitig ist dies der sog. „Panoramaweg 100". Be-reits nach 15 Min. zweigt aber scharf rechter Hand der markierte Weg Nr. 43 hinauf zur „Krummholzhütte" am Kaibling ab. – Auf gutem Waldpfad geht es zügig aufwärts. Forstwege werden gequert, und es geht längere Zeit durch richtige Schwarzbeerplantagen dahin. Weiter oben ist das Gelände nur noch mäßig geneigt, und hier findet sich im lockerer werdenden Wald auch schon Almrausch. Mehrmals queren wir nun Schipisten, die so gut begrünt sind, daß man sie fast für Almflächen halten könnte. Wir gelangen ins hüb-sche Ennslingkar, direkt unterhalb des Kaiblinggipfels, und wandern gemüt-lich hinauf zur Krummholzhütte (1838 m) neben der Seilbahn-Bergstation. 2 bis 2½ Std. haben wir herauf benötigt. – Nun folgen wir der Markierung hinauf zum Gipfelkreuz des Kaibling (2015 m), das wir bald erreichen. – Wir überschreiten den Gipfel in Richtung „Roßfeldsattel" und genießen den Prachtblick auf den wuchtigen Höchstein, die Ulmspitze und all die anderen Tauerngipfel. – Vom Roßfeldsattel (1877 m) weist uns die Markierung in Richtung „Moaralmsee"; es folgt nun eine längere Querung in reizvoller „Blocklandschaft" hinüber zum Moaralmsee (1824 m). Als echter „Tauernsee" liegt das blaugrüne Gewässer in eine ernste Felslandschaft eingebettet, überragt von der mächtig aufsteilenden Nordwand des Höchsteins. Besonders nett ist die Szenerie am Seeausfluß, der umgeben ist von Felsblöcken, schütterem Lärchenbestand und ausgedehnten Almrauschflächen. Von der Abbruchkante hinunter zur Moaralm gibt es einen interessanten Tiefblick auf die vielen Almhütten talauswärts und darüber hinweg auf einen Ausschnitt des Ennstales und dahinter auf Kammspitze und Stoderzinken. Wir steigen nun zur Moaralm ab (Markierung Nr. 781). Zuerst geht es in der stimmungsvollen Blocklandschaft neben dem Seeausfluß und durch Almrauschflächen hinunter. Der Seeabfluß verbreitert sich bald zu Kaskaden, und später stürzt er in einem Wasserfall von respektabler Höhe talwärts. An der verfallenen Oberen Moaralm vorbei, quert der Steig nach Überschreiten unzähliger Bacherln und kleiner Wasserläufe zu einer Waldzunge hinüber, und hier geht es im Zickzack hinunter bis auf den Almboden und zur besonders hübsch gelegenen „Kollerhütte" (1347 m) auf der Moaralm. Die Hütte wird von Pfingsten bis Mitte Oktober als Jausenstation geführt. – Knapp 3 Std. haben wir von der Krummholzhütte bis hierher benötigt und gehen nun nochmals eine ¾ Std. bis zum Knappelhof zurück. – Wenn wir mit der Seilbahn auf den Kaibling hinauffahren, können wir die Wanderung natürlich entsprechend abkürzen.

Haus im Ennstal: uralter Markt im Ennstal, Erholungsort u. Schizentrum in 750–2015 m Seehöhe, PLZ: A-8967; ca. 2240 Ew., Schi-WM-Austragungsort 1982; Auskünfte: FVV Haus, Tel. 0 36 86/22 34.

Mit Schladming kulturgeschichtlich bedeutendster Ort des oberen Ennstales, zugleich dessen ältester Pfarrort; war ursprünglich im Besitz der bayrischen Herzöge; ab 927/928 gehört das befestigte „hus" (= mittelhochdeutsch für Haus) nach einer Schenkung des Hochfreien Weriant (Gattin Adalswint) dem Erzbischof von Salzburg, der es zum Herrschaftssitz und Verwaltungszentrum seiner weitläufen Besitztümer im Ennstal ausbaute. Zuerst saßen hier Salzburger Dienstmannen, ab dem 17. Jhdt. waren Angehörige der Bürgergeschlechter und des niederen Adels „Pfleger" im wappengeschmückten Pflegerhaus, das wie die Salzburgischen Besitzungen erst 1803 im Zuge der Säkularisation unter Staatsherrschaft kam. Gegenüber dem jetzigen Gemeindesitz in Haus steht dieses prächtige, im Ort „Schloß" genannte A m t s h a u s (Nr. 48, erbaut im 16. Jhdt., Fassade erst 1975 stark erneuert, an der N-Seite: Wappen des Erzbischofs Hieronymus Graf Colloredo von Waldsee – Erzbischof von 1772 bis 1803 –, des ungeliebten Salzburger „Herrn" W. A. Mozarts!). 1750 zerstörte ein verheerender Brand den Großteil des Marktes, dessen 1074 urkundlich erstgenannte Pfarrkirche zum hl. Johannes dem Täufer bis 1753 durch Cassian Singer (geb. Vorarlberger aus Kitzbühel) neu errichtet wurde und bis 1963 Dekanatssitz war.

In der Erzdiözese Salzburg, die auf den hl. Rupert (um 700) zurückgeht und bis zum Anfang des 9. Jhdts. vom Inn bis zur Drau sowie vom Ziller bis an die ungarische Grenze reichte, konnten die Erzbischöfe naturgemäß nicht selbst das gesamte Diözesangebiet bereisen. Daher gründete der heilige Erzbischof Gebhard 1072 das Bistum Gurk, Erzbischof Eberhard II. die Bistümer Chiemsee (1215), Seckau (1218) und Lavant (1228). Die Inhaber dieser Bischofssitze – nördlich der Tauern war es meist jener von Chiemsee – hatten den liturgischen Dienst zu besorgen, daneben aber auch sehr viele Kirch- und Altarweihen oder die sog. „Aussöhnung" entweihter liturgischer Orte über:

So fand sich vor gut 30 Jahren im Altar der (auf Betreiben des verdienstvollen Hauser Volkskundlers und Begründers des dortigen Diözesanmuseums, Walter Stipperger, s. a. Alpinmuseum in der Austriahütte, Ramsau) schön restaurierten Katharinenkapelle das Siegel des Bischofs Engelmar Krell (1399–1422) als Nachweis dieser Tätigkeit, die aber auch im Weihebuch des besonders eifrigen, oft in die Steiermark reisenden Chiemseer Bischofs Berthold Pürstinger (1508–1526) eindrucksvoll festgehalten ist. W a n d e r k a r t e n : F&B: Blatt 20 oder 201; ÖK: Blatt 127; AV-Karte Nr. 45/3; Kompaß-Wanderkarten 68 sowie Dachstein-Tauern-Gebiet; WK Dachstein-Tauern-Region; G e h z e i t e n : Kaiblinggipfel 2½ bis 3 Std.; Krummholzhütte–Kaiblinggipfel–Moaralm–Knappelhof 3¾ Std.; HU.: Knappellifte 1150 m, Krummholzhütte 1838 m, Kaiblinggipfel 2015 m, Roßfeldsattel 1877 m, Moaralmsee 1824 m.

70 Vom Hauser Kaibling auf den Höchstein

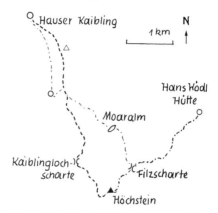

Von der Krummholzhütte am Hauser Kaibling ist der Höchstein leicht zu besteigen; die Dreistundentour bis zum Gipfel führt durch eine besonders reizvolle Landschaft. Durch die Benützung der Seilbahn bis zur Krummholzhütte ist die Besteigung des Berges von dieser Seite viel weniger anstrengend als vom Bodensee über die Hans-Wödl-Hütte. Vom Fernsehsendeturm gehen wir den markierten Steig in Richtung Roßfeldsattel (1877 m). Über verstreut wachsende Zirben und Lärchen bauen sich Höchstein, Zwiesling und Ulmspitz zu wuchtigen Felsgestalten auf. Vom Roßfeldsattel empfiehlt sich ein kleiner Umweg über die Bärfallspitze (2150 m); dieser „Familien-Almgipfel" bietet einen großartigen Ausblick in die Nordwand des Höchsteins, vor allem aber auch zum Moaralmsee. In wenigen Minuten sind wir dann unten in einer kleinen Scharte, von wo man zum Moaralmsee absteigen kann. In angenehmen Serpentinen geht es weiter hinauf zur Kaiblinglochscharte (2213 m) mit prächtigem Blick auf den zackigen Kamm, der sich von der Planai über Hasenkarspitze bis zum Krahbergzinken hinaus erstreckt.

Wir steigen in das etwa 30 Meter tiefer liegende Kar ab und verfolgen den markierten Pfad weiter zur markanten Scharte zwischen Zwiesling und Höchstein. Etwa 20 m unterhalb der Scharte (!) weicht der markierte Steig aber dann den steilen Scharten-Felsen aus, und mit Hilfe einer Drahtseilversicherung gelangt man unschwierig auf die überraschend „zahme" Ostseite des Höchsteins mit der Kaltenbachschulter, wo der Steig dann steil, aber für den trittsicheren und schwindelfreien Bergsteiger problemlos bis zum Gipfelkreuz weitergeht. Wunderbar ist der Blick beim Aufstieg zum tiefgrünen Spiegel des Kaltenbachsees und auf der anderen Seite zum Moaralmsee. Am höchsten Punkt (2543 m) haben wir einen prächtigen Nahblick zur gegenüberliegenden Hochwildstelle, zum Hochgolling und auf all die anderen „Häupter" der Niederen Tauern sowie natürlich zum Dachstein hinüber. An klaren Tagen sind aber auch Wiesbachhorn, Großglockner, Sonnblick, Ankogel und Hochalmspitze sichtbar.

Ein wenig N a m e n k u n d e noch, ehe wir uns weiter mit der Geschichte von Haus beschäftigen:
R u p e r t i n g : ein sog. „echter" -ing-Name", im Gegensatz zu den mundartlich „umgedrehten", slawischen „-nik"-Endungen, wie etwa in „Hochgolling". „Golnik" bedeutet „Kahlenberg"; drei Felsberge tragen nach dieser Charakteristik ihren Namen: Hochgolling, Golzhöhe, Gollitschkogel; auch der Ort Gollrad bei Gußwerk ist eine nach dem darüberliegenden „Kahlenberg" benannte Ansiedlung. – Ruperting hieß noch 1140 „apud Ruedprechtingen", also nach einem Besitzer namens „Ruedprecht" (Rupert).
S e e w i g t a l : noch im vorigen Jhdt. „Seeweg-Tal" genannt; nach dem derzeitigen Stand der Ortsnamenforschung noch nicht geklärt. – G ö s s e n b e r g : wahrscheinlich nach einem deutschen Personennamen; urkundlich 1074 „Gotsinberch"; vermutlich nach einer Kurzform von Gotthart oder Gottfried.
Trotz der verheerenden Brandkatastrophe am 2. Juni des Jahres 1750, der neben dem romanischen Kirchenbau auch ein Großteil der Wohnhäuser zum Opfer gefallen war, findet man in H a u s beachtlich schönes Baugut.
Viele der mit einem der salzburgisch-bayrischen Hausform nachempfundenen steinbeschwerten „Schwar-Dach" ausgestatteten Wohnhäuser tragen auf ihren meist kunstvoll geschnitzten und bemalten Pfettenbäumen Jahreszahlen aus der Zeit nach dem großen Brand. Die auf dem Friedhof unmittelbar neben der Kirche stehende romanische, teils gotisierte „Katharinenkapelle", das älteste Bauwerk des oberen Ennstales, war glücklicherweise vom Brand verschont geblieben und wurde mitsamt ihrem interessanten Karner auf Initiative des Kustos des Dekanatsmuseums von Haus und ORF-Mitarbeiters Walter Stipperger nach einem Brand von 1917 in den Jahren 1962–64 restauriert.
W a n d e r k a r t e n : F&B: Blatt 20 oder 201; ÖK: Blatt 127; AV-Karte Nr. 45/3; Kompaß-Wanderkarten 68 sowie Dachstein-Tauern-Gebiet; WK Dachstein-Tauern-Region; G e h z e i t : Aufstieg ca. 3 Std.; HU.: 705 m.

71 Vom Sattental zu den Goldlacken

Eines der wuchtigsten Täler in den Schladminger Tauern, das bis in ihr Zentrum, nämlich unter die Hochwildstelle, führt, ist das Sattental. In Pruggern

verlassen wir die Bundesstraße in Richtung „Galsterbergalm", folgen dann
aber bald der Beschilderung „Sattental". Vorbei am Gh. Winkler sowie an
Keinreiteralm, Lettmoaralm und Perneralm können wir bis zum Anfang des
hinteren Talbodens hineinfahren (1339 m). Wir stehen hier vor einem der ge-
waltigsten Talschlüsse in den Schladminger Tauern mit einer wuchtigen
Bergkulisse. – Vom wilden Bergbach begleitet, folgen wir der Markierung
zügig aufwärts. Wir überqueren den Bach auf schmalem Steg, gewinnen
rasch an Höhe, und nun folgt ein Hochkar dem anderen. Der Pfad führt
schließlich überraschend nach Westen auf einen freien Höhenrücken hinaus,
von dem wir einen großartigen Blick talaus, besonders aber zum „Umlau-
fer", jenem Berg, der hier der Wildstelle vorgelagert ist. Hinweista-
feln weisen hinunter zur grünen Fläche des Stierkarsees, der zu unseren
Füßen liegt, und hinauf zur Seenlandschaft der Goldlacken – unserem Ziel.
Der Stierkarsee liegt in 1800 m Seehöhe, und es ist erstaunlich, daß hier noch
Saiblinge vorkommen. Bald erreichen wir die „Goldlacken", etwa zehn
größere und kleinere Lacken und Seelein. Es ist sozusagen ein „Klafferkessel in Miniaturausgabe", aber genauso interessant. Diese Landschaft ist ein
Werk der Eiszeitgletscher, die nach ihrem Rückzug die vielen offenen Gewässer, aber auch die Moorstellen hinterlassen haben. – Der Markierung folgend, können wir von einem Wasser zum anderen wandern und haben hoch
über uns den Gipfel des Scharecks, den markanten Einschnitt der Trattenscharte sowie den wuchtigen Aufbau der Wildstelle, deren höchste Spitze
aber von hier aus nicht zu sehen ist. Der Wanderer wird sich mit diesem interessanten Anblick und der Landschaft begnügen; Geübte können ohne weiteres der Markierung zu Trattenscharte und Wildlochscharte folgen und zur
Preintalerhütte absteigen.

Grimming mit Pürgg

Herbst in der Ramsau mit Röthelstein

In einem Wander- und Tourenführerwerk über das Ennstal darf ein dankbares Gedenken der großen Erschließer dieser herrlichen obersteirischen Bergwelt nicht fehlen. Neben den meist ungenannten Jägern, Hirten oder auch Wilderern waren es im Gesäuse Heinrich Heß, Eduard Pichl, Heinrich Pfannl und mit sowie nach ihnen Männer wie Walter Almberger, Sepp Brunhuber, Willi End, Klaus Hoi, Alfred Horeschowsky, Fritz Kasparek, Theodor Keidel, Rudolf Klose, der unglaubliche Prothesenträger Thomas Maischberger, Hubert Peterka, Karl Poppinger, Fritz Proksch, Dr. Karl Prusik, der Erfinder des nach ihm benannten Klemmknotens, Raimund Schinko, Fritz Sikorowski, Hugo Stelzig, Viktor Wessely, Franz Zimmer und Emil Zsigmondy. In den Schladminger Tauern und nördlich der Enns haben sich Theodor Karl Holl (nach ihm ist das bekannteste Schutzhaus auf der Tauplitzalm benannt), Ignaz Mattis (1868–1953) und Hans Wödl (1863–1937) unsterbliche Verdienste erworben. Alle drei sind Ehrenbürger der Stadt Schladming, die ihnen aus dem Blickwinkel des Tourismusgeschehens der letzten Jahre zutiefst verpflichtet ist. Ignaz Mattis war 1905 Mitbegründer der ÖAV Sektion Wien und hatte an der Errichtung der ersten, 1935 nach ihm benannten Schutzhütte dieser Bergsteigervereinigung, deren Geschicke er fünf Jahrzehnte lang entscheidend mitbestimmte, wesentlichen Anteil. Sie zog den Wiener Bankdirektor immer wieder an den Giglachsee und in die Ennstaler Bergwelt, mit deren größtem Erschließer Hans Wödl ihn eine tiefe Freundschaft verband. Mattis gelang es, daß seine Sektion in der Keinprechthütte Fuß faßte, er ließ einen Steig über die Rotmannlscharte zum Giglachsee anlegen und regte auch die Herausgabe einer Karte der Schladminger Tauern an. Hans Wödl war es beschieden, in der Hütte, die seinen Namen trägt, im Jahre 1937 die Augen für immer zu schließen, im Herzen der ihm über alles geliebten Niederen Tauern. Als Sohn einer Wiener Kaufmannsfamilie fand er in der Erkundung dieser Bergwelt seine Lebensaufgabe, die dem begeisterten Bergsteiger durch seine hervorragende schriftstellerische Begabung erleichtert wurde. Über 50 Jahre lang war er „Preintaler" und schuf 1924, nach 40jähriger Forschertätigkeit, seinen legendären „Führer durch die Schladminger Tauern". Neben der nach ihm benannten Hütte im Seewigtal (1897) zeichnete Wödl auch für den Bau der Gollinghütte (1904) und der Preintalerhütte (1891) mitverantwortlich.
W a n d e r k a r t e n : F&B: Blatt 20 oder 201; ÖK: Blatt 127; AV-Karte Nr. 45/2; Kompaß-Wanderkarte Dachstein-Tauern-Gebiet; WK Dachstein-Tauern-Region; A u f s t i e g s z e i t : ca. 4 Std.; HU.: 1563 m.

72 Auf die Hochwildstelle

Mit 2747 Metern ist die Hochwildstelle der höchste Berg der „Innersteiermark". Die Hochwildstelle kann man von drei Tälern her erreichen, und zwei verschiedene Aufstiege führen zum Gipfel. Jener aus der Wildlochscharte über den Südgrat ist nur etwas für routinierte Bergsteiger. Dem trittsicheren, geübten und erfahrenen Bergwanderer, der sich auch einmal eine Steilflanke hinunterzuschauen getraut, kann man aber den „Normalanstieg" über Bodensee–Hans-Wödl-Hütte–Neualmscharte empfehlen. Außerdem ist dieser Weg einer der schönsten in den Schladminger Tauern. – „Seewigtal – Bodensee" steht auf der Hinweistafel an der Bundesstraße bei Aich-Assach. Auf dem Parkplatz vor dem Bodensee stellen wir unser Fahrzeug ab, und dann geht man durch Hochwald 10 Min. zum See. Ein wunderbarer Talschluß umrahmt das stille, dunkelgrüne Gewässer, das von einem schäumenden Berg-

bach gespeist wird. Er entspringt oben im Hüttensee und stürzt die 400 m hohe Steilstufe fast wie ein Wasserfall herunter. In einer Stunde überwinden wir die Steilstufe in vielen Serpentinen hinauf zum Hüttensee auf 1528 m mit der Hans-Wödl-Hütte (50 Schlafplätze). Unser Weiterweg verläuft über die nächste Geländestufe zum Obersee (1672 m); von hier führt der sog. „Höfersteig" in angenehmen Kehren hinauf in die Neualmscharte (2347 m). Im Frühsommer kann ein hartes Schneefeld hier einen Eispickel oder Steigeisen erfordern! – Über die Scharte führt der Höfersteig weiter zur Preintalerhütte. Wir folgen aber den markierten Trittspuren in Richtung Osten weiter, vorerst einmal zur Kleinen Wildstelle. Wir gehen einige Meter unter dem Gipfelsteinmann der Kleinen Wildstelle (2577 m) vorbei, und eine kleine Scharte trennt uns vom wuchtigen Gipfelaufbau der Hochwildstelle. Nun ist auch der Blick zum Höchstein und vor allem hinüber zu Waldhorn und Hochgolling frei. Nach Norden hinunter ist der Ausblick einzigartig, denn nun liegen alle drei Seen – Obersee, Hüttensee und Bodensee – zu unseren Füßen. – Das letzte Wegstück sieht im ersten Moment recht steil aus, löst sich aber in erdige Schrofen und Schuttstellen auf. Bald haben wir auch diese letzten 200 Höhenmeter hinter uns gebracht und können einander beim Gipfelkreuz die Hand schütteln. – Ohne Nächtigung auf der Hans-Wödl-Hütte Gesamtgehzeit 7 bis 8 Std.

Einzelne der bis in frühe Siedlungsperioden zurückblickenden Gehöfte liegen in Höhen bis zu 1250 m, ebenso wie die an landschaftlich besonders reizvoller Stelle auf dem Weg zum Pleschnitzinken in einer malerischen Almhütte eingerichtete Jugendherberge für ca. 40 Personen. P r u g g e r n (Erholungsort in 694 m Seehöhe, ca. 650 Ew., PLZ: A-8965) eignet sich durch seine Lage als Ausgangspunkt für zahlreiche Bergwanderungen und Schitouren, die u. a. Walter Stipperger 1964 in seinem Wanderfüh-

rer Pruggern–Aich-Assach–Gössenberg ausführlich beschrieben hat. Aber auch wirtschaftlich hat der kleine Ort seine Bedeutung: Das Wasser des Sattentalbaches betreibt am Talausgang ein E-Werk, dessen Kapazität ausreicht, Gröbming, seine weitere Umgebung und die Sölktäler zu versorgen. Das klare, fischreiche Wasser des Baches und seiner Quellflüsse bietet nicht nur die Grundlage für die Erzeugung des berühmten Ennstaler „Graukäses", sondern auch die Möglichkeit zu geruhsamen Fischzügen. Die Ortschaft Pruggern feierte als einer der aufstrebenden Fremdenverkehrspunkte der Dachstein-Tauern-Region im Jahre 1974 das 900. Jahr ihres Bestehens.
W a n d e r k a r t e n : F&B: Blatt 20 oder 201; ÖK: Blatt 127 u. 128; AV-Karte Nr. 45/3; Kompaß-Wanderkarten 68 sowie Dachstein-Tauern-Gebiet; WK Dachstein-Tauern-Region; G e h z e i t : gesamt 7 bis 8 Std.; HU.: 1590 m.

73 Zum Klafferkessel

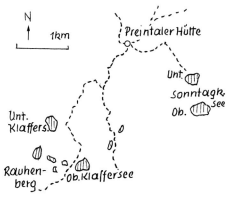

Vom Parkplatz auf der Gfölleralm im Schladminger Untertal gehen wir los und kommen sofort zu einem der großen Schaustücke des Gebietes, zum 70 Meter hohen Riesach-Wasserfall, der auf einer Brücke überquert wird. Nach einer knappen Stunde ist der ausgedehnte Riesachsee erreicht, an dessen Rand die urige Jausenstation „Obere Gfölleralm" liegt. Am linken Seeufer entlang geht es über mehrere Almen, zum Schluß steiler ansteigend, in weiteren 1¹/₂ Std. zur 1656 m hoch gelegenen Preintalerhütte (140 Schlafplätze) auf der Waldhornalm. Waldhorn, Greifenstein, Pulverturm und Hochwildstelle geben der Hütte eine hochalpine Umrahmung. – Weiterhin bestens markiert führt der Steig nun in das Äußere Lämmerkar, wo der Pfad zum Waldhorntörl abzweigt. Wir steigen aber gerade und ziemlich steil hinauf zur Unteren Klafferscharte. – Es ist fast eine Märchenwelt, die uns hier in 2200 m begegnet, denn über- und untereinander liegen die vielen Seen und Lacken, in denen sich je nach Wetter nur der blaue Himmel oder auch die Wolken spiegeln. Alle Seelein sind verschieden ausgeformt. Das Zentrum des Unteren Klafferkessels sind die vielen Seen um Greifenstein und Reislingkogel;

hier lohnt es sich, ein oder zwei Stunden zu rasten und zu verweilen. Natürlich haben die größeren Seen auch Namen: Von den beiden Klippenseen haben wir einen überraschenden Blick auf die Dachsteinwände und einen Tiefblick zum Unteren Klaffersee. Die Gamsaugen und der Eissee sind meist noch bis in den Hochsommer zugefroren, und im Törlsee spiegelt sich der 2397 m hohe Greifenstein. – Weiter führt der Pfad zum Winkelsee mit seiner kleinen Insel, zu den Staffelseen und schließlich in die 2290 m hohe Reislingscharte. Dann geht es zum größten See im Klafferkessel, dem Oberen Klaffersee, in die Obere Klafferscharte und auf den Greifenberg. Von hier kann man nun steil zur Gollinghütte absteigen oder aber „die Seenrunde" im Klafferkessel fortsetzen und über Klafferkogel und Rauhenbergsee die Runde schließen. – Der Aufstieg von der Preintalerhütte zur Unteren Klafferscharte dauert ca. 1¹/₄ Std. und der Rundweg im Kessel etwa 2 Std.

S c h l a d m i n g : PLZ: A-8970, 745 m Seehöhe, 4400 Ew. – Bergstadt mit großer Vergangenheit und herrlicher Lage zwischen dem Dachstein und dem „Schladminger Tauern" genannten Abschnitt der Niederen Tauern; Luftkurort und Mittelpunkt der Dachstein-Tauern-Region sowie Austragungsort etlicher Weltcuprennen und der Alpinen Schiweltmeisterschaft vom 27. 1. bis 7. 2. 1982. Der Ort war – nimmt man einen 1924 entdeckten 12 km langen „öffentlichen Weg" (jetzt „Hochstraße" genannt) aus der Römerzeit zur Grundlage – vermutlich an einer Verbindungsstraße zwischen zwei bedeutenden Römerstraßen gelegen: jener nach Teurnia, die bei Ani (Altenmarkt) quer durch das Ennstal führte, und jener über den Pyhrnpaß (also durch das Gebiet von Liezen) nach Ovilava (Wels) geführten Handelsstraße. Die slawischen Wurzeln vieler Ortsnamen des oberen Ennstales sowie etlicher Bergnamen weisen auf die der Römerherrschaft etwa ab dem Beginn des 7. Jhdts. folgende Besiedlung durch die Pannonslawen hin, während eine große Zahl eingedeutschter Namensformen auf die um das Jahr 800 einsetzende bairische Landnahme zurückzuführen ist. 1180 erste Erwähnung als „Slaebnich" in Verbindung mit „mons Slaeuenich" (Schladmingberg, jetzt: Rohrmoosberg) in einer Schenkungsurkunde eines Konrad Edler von Wolfsegg, der vor seinem Tod je einen Hof (das nachmalige Hofbauerngut) an das Salzburger Domkapitel und das Stift Admont abgab. Unechter „-ing"-Name nach einer slawischen Wurzel „zlaebnik" – Berg mit einer Schlucht, womit wohl die nahe liegende Talbachschlucht oberhalb von Schladming gemeint war. (1288 „Villa Slebnich"; 1400 „Slabming"; 1456 „Sledming" genannt.)
W a n d e r k a r t e n : F&B: Blatt 20 oder 201; ÖK: Blatt 127; AV-Karte Nr. 45/3; Kompaß-Wanderkarte Dachstein-Tauern-Gebiet; WK Dachstein-Tauern-Region; G e h z e i t e n : PP Gfölleralm–Preintalerhütte 2 bis 2¹/₂ Std.; Preintalerhütte–Klafferkessel 1¹/₄ Std.; Kesselrundweg v. Preintalerhütte ca. 2 Std.; Preintalerhütte–Gollinghütte–Gfölleralm–PP 6¹/₂ bis 7 Std.; HU.: PP 1079 m, Preintalerhütte 1657 m; Greifenbergsattel 2449 m; Gollinghütte 1651 m.

74 Auf das Waldhorn

Einer der klassischen Wege in das Herzstück der Schladminger Tauern führt uns durch das Untertal, am berühmten Riesachfall vorbei, hinauf zur Oberen Gfölleralm mit ihrer beliebten Jausenstation, zu deren Füßen sich der

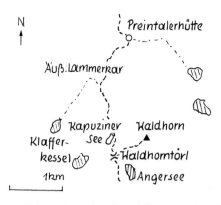

Riesachsee weithin ausdehnt. An seinem Ufer gehen wir weiter nach Osten, in Richtung Preintalerhütte, mit ständigem Blick auf das tiefgrüne, klare Wasser. Über die Kerschbaumeralm mit den urigen Hütten erreichen wir schließlich den hübschen, 1976 modernisierten und erneuerten Holzbau der Preintalerhütte. Von hier bieten sich verschiedene lohnende Wanderungen an: so etwa zu den Sonntagskarseen, über den Höfersteig zum Wildlochsee und hinunter zur Kerschbaumeralm oder in den einzigartigen Klafferkessel. Diesmal wollen wir aber das Waldhorn, einen der höchsten Berge der Steiermark, besteigen. Der gut markierte Pfad führt zuerst gemeinsam Richtung Klafferkessel und Waldhorntörl bis ins Äußere Lämmerkar, wo sich die beiden Routen trennen. Der Steig leitet uns ins Innere Lämmerkar, unter die wilden Schrofen des Waldhorns hinein und hinauf zum Kapuzinersee. Von hier steigen wir durch eine erdige Rinne steil hinauf ins Waldhorntörl (2283 m). Weiterweg nach Lessach in den Lungau. Aus der Scharte klimmen wir über eine kleine Felspassage, immer der Markierung folgend, später über ein gutes Weglein, das aber manchmal sehr ausgesetzt verläuft, bis hinauf zum Gipfelkreuz (2702 m). Vom Waldhorntörl weg verlangt die Besteigung Trittsicherheit und Schwindelfreiheit! Der Aufstieg sollte überdies nur bei trockenem Wetter durchgeführt werden. Prachtvoller Ausblick zu Hochgolling, Wildstelle, Dachstein, in Teile des Klafferkessels und auf eine Vielzahl von „Tauern-Seen".

Die ehemals reichen Silberbergwerke (vermutlich wurde im Oberthal schon von den Kelten, vielleicht auch den Römern Silber abgebaut) wurden schon vor der Erfindung des Schießpulvers betrieben und machten S c h l a d m i n g bald zur bevölkerungsreichsten Ansiedlung des Tales. 1304 erhielt es von der Gemahlin Kaiser Albrechts III., Elsbeth, den ersten Freiheitsbrief, am 27. Juli 1322 wurde Schladming (vermutlich von Herzog Friedrich dem Schönen zur Stadt erhoben) in einer Lehensverzichtserklärung erstmals urkundlich als „Stadt" bezeichnet. – Besondere Bedeutung als Wiege des alpenländischen Bergbaues im Mittelalter erhielt die Stadt durch die am 16. Juli 1408 vor der versammelten Schladminger Berggemeinde erfolgte Aufzeichnung der beim Bergbau üblichen Gewohnheitsrechte durch den Bergrichter Leonhard der Egkelzain im berühmten „Schladminger Bergbrief". Dieser wurde nicht nur Vorbild für viele andere Bergbau-Verordnungen in Mitteleuropa, er beeinflußte sogar die Bergrechtsgesetzgebung im gesamteuropäischen Raum. – Die 1523 erstellte „Neue Stadtordnung" und ein „Reformiertes Hofurbar" von Schladming aus demselben Jahr geben Einblick in die damaligen Verhältnisse; im Jahre 1525 zählte man rund 1500 Knappen im Bergbau. Mit den Bauernaufständen im Salzburgischen, die teils auf die vorangegangene Befreiung eines Schladminger Predigers namens Franz – der unter den schon durch Kontakte mit Bergknappen aus dem Harz und aus Gastein/Rauris mit evangelischem Glaubensgut bekanntgemachten Bergleuten im oberen Ennstal lutherische Lebensgestaltung lehrte – als Vorbild zurückgingen und die sich gegen einen willkürlichen Rechtsbruch seitens des Salzburger Erzbischofs Lang richteten, und dem Anschluß der Schladminger an diese Bewegung unter der Führung des Bergrichters Gabriel Reustl brach eine vernichtende Katastrophe über die Stadt und das obere Ennstal herein. W a n d e r k a r t e n : F&B: Blatt 20 oder 201; ÖK: Blatt 127; AV-Karte Nr. 45/3; Kompaß-Wanderkarte Dachstein-Tauern-Gebiet; WK Dachstein-Tauern-Region; G e h - z e i t e n : PP Gfölleralm–Preintalerhütte 2 bis 2¹/₂ Std.; Preintalerhütte–Waldhorn 2¹/₂ Std.; HU.: 1646 m.

75 Planai – Preintalerhütte

Dieser Höhenweg zählt zu den beachtenswertesten in den Schladminger Tauern und erfordert Trittsicherheit. – Am besten fährt man mit der Kabinenseilbahn hinauf und beginnt die Wanderung in 1850 m Höhe, knapp unter dem „Almgipfel" der Planai. Wir folgen der Markierung in Richtung „Preintalerhütte" und steigen vorerst ein paar Meter zum Krahbergsattel ab. Nun geht es mäßig ansteigend bis zur Abzweigung auf den Krahbergzinken (2134 m), den man in 20 Minuten ersteigen kann. Da unser Weg bis zur Preintalerhütte aber an die 5 Std. in Anspruch nimmt, überlegt man sich vielleicht eine Besteigung dieses Gipfels. – Unser Steig führt nun unterhalb der Schrofengrate des Krahbergzinkens dahin und verläuft manchmal recht ausgesetzt an den Kanten der Rasen-Felshänge oberhalb des Untertales, auf das man – 1000 Meter tiefer – hinunterschaut. In der Lärnachscharte (2057 m) quert der Pfad auf die Nordostseite und führt anschließend mehrmals hin und her. Unterhalb des Seerieszinkens geht es wieder auf die Südseite; hier gibt es auch an einigen abschüssigen Felsplatten gute Drahtseilversicherungen. Weiter geht die herrliche Route unterhalb des Rauhenberges und der Sonntaghöhe weiter – manchmal direkt am Gratrücken oben und dann wieder in die Flanke hinunter ausweichend. Die Hasenkarspitze wird südlich umgangen, anschließend führt der Weg etwas ansteigend in die 2207 m hoch gelegene Hasenscharte. Hier hat man einen hervorragenden Nahblick zum Höchstein, zum Walcher und zum Pulverturm. Über weites Almgelände gelangen wir nun auf die Kaltenbachalm und – ständig die Hangkare ausquerend, immer auch mit bester Sicht auf die Gipfel beiderseits des Tales – dann weiter bis zur Neualm (1857 m). Hier kann man sich nun entscheiden, entweder den markierten Weg steil hinunter zur Kerschbaumeralm und weiter zum Riesachsee und zur Straße hinunter ins Untertal zu wählen oder den prächtig angelegten sogenannten „Höfersteig" zur Preintalerhütte (1657 m) zu nehmen. Auf der Hütte (140 Schlafplätze) kann man gut nächtigen und am nächsten Tag gemütlich ins Tal absteigen. – Vom Untertal gibt es in der Hauptsaison eine Busverbindung nach Schladming.

Auf einen Kriegs- und Plünderzug von angeblich 10.000 Knappen und Bauernaufständischen, der auch das Kloster Admont ereilte und bis ins Leobner Gebiet Auswirkungen zeigte, folgte ein Gegenschlag durch ein Söldnerheer des steirischen Landeshauptmannes Siegmund von Dietrichstein, das am 1. Juli 1525 Schladming besetzte. Durch eine Finte ihres neuen Anführers Michael Gruber gelangten darauf die aufständischen Bauern und Bergknappen am 3. Juli in die Stadt, nahmen Dietrichstein gefangen und führten ihn nach Radstadt. Der darauffolgenden Strafexpedition unter Graf Niklas von Salm, dem später berühmt gewordenen Verteidiger Wiens gegen die Türken, folgte die völlige Zerstörung der Stadt durch Brandschatzung – ein Schicksal, dem auch Aussee, Gröbming und Johnsbach nicht entgingen. Was einzig blieb, war im Ennstal – besonders in der Ramsau – das heimliche, trotzige Festhalten am lutherischen Glauben, das sich nach dem Erlaß des Toleranzpatentes am 13. Oktober 1781 durch Kaiser Josef II. in darauffolgende Bekenntnis des größten Teils der Bevölkerung zu Luthers Lehren vor den Glaubenskommissionen im erzbischöflichen Amtshaus in Pichl/Enns offenbarte. 1814 wurde nach einem Brand das erste zweckdienliche Bethaus erbaut, 1851 begann die Errichtung der evangelischen Kirche Schladmings, die am 29. Juni 1862 geweiht wurde. Nicht zuletzt auf Verdienste der im Jahr 1523 gegründeten „Schladminger Bürgerschaft" zurückführen ist die durch Jahrhunderte zu verfolgende Aufwärtsentwicklung von Schladming, das wegen seiner wirtschaftlichen Bedeutung am 19. Mai 1530 wieder das Marktrecht, 1572 seinen Burgfried und 1629 auch das Recht auf Stadtmauern zurückerhielt.

W a n d e r k a r t e n : F&B: Blatt 20 oder 201; ÖK: Blatt 127; AV-Karte Nr. 45/2; Kompaß-Wanderkarte Dachstein-Tauern-Gebiet; WK Dachstein-Tauern-Region; G e h z e i t : ca. 5 Std.; HU.: ca. 360 m.

76 Viermannlspitze – Sonntagkarzinken

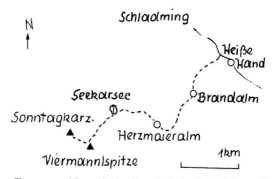

Dieser Tourenvorschlag – in das Herzstück der Schladminger Tauern – ist ein kleiner Geheimtip, weil der Weg nicht markiert ist; dennoch sind die Pfade aber leicht zu finden. Ausgangspunkt ist das Gh. „Weiße Wand" im Schladminger Untertal. Wir überqueren den Untertalbach auf einer Holzbrücke, begehen dann kurz einen Forstweg und zweigen gleich rechts auf den alten Almsteig ab, der ziemlich steil durch Hochwald in vielen Serpentinen nach oben führt und nicht verfehlt werden kann. Nach gut einer Stunde geht es auf verwachsenes Almgelände hinaus; wir überqueren den Bach, der aus dem Herzmaierkar kommt, nach rechts und gelangen auf die Herzmaieralm (1649 m) mit der Colloredoschen Jagdhütte. – Der einzige erkennbare Pfad neben der alten Almhütte auf der Herzmaieralm ist unser Weiterweg. Es geht um eine Felsrippe herum, der Almwald bleibt hinter uns, und wir gelangen auf die freien Almflächen hinaus. In weiteren 10 Minuten erreichen wir den großen Seekarsee (1888 m), der im Juli prachtvoll von Almrauschfeldern umgeben ist. Bis hierher waren wir vom Untertal 1½ bis 2 Std. unterwegs. – Direkt vor uns das Gipfelziel, die 2212 m hohe Gras-Felspyramide der Viermannlspitze und direkt dahinter der 2243 m hohe Sonntagkarzinken. – Der weitere Anstieg erfolgt vom Seekarsee aus pfadlos oder auf Pfadspuren. Manchmal erklimmen wir leichte Schrofen, harmlose Blockfelder müssen da und dort überquert werden, und nach knapp einer Stunde vom See erreichen wir die beiden Gipfel. Uns direkt gegenüber die Wasserfallspitze; großartig der Tiefblick auf Riesachsee im Osten und Duisitzsee im Westen; extrem steil wirkt von hier der Höchstein, aber auch sein Nachbar, die Wildstelle, ist natürlich bestens auszumachen.

Solange die Habsburger in Österreich an der Macht waren, wurde den Schladmingern die Wiedererhebung zur Stadt verweigert; erst auf Antrag des Marktes anläßlich des Tages, an dem sich der Verlust des Stadtrechtes zum 400. Mal jährte, und nach Unterstützung durch die Steiermärkische Landesregierung vom 12. Februar 1925 wurde mit Beschluß der österreichischen Bundesregierung vom 7. Juli 1925 die Marktgemeinde

Schladming einschließlich der Ortschaft Maistatt (mittelalterl. „Meilstatt" = jenseits der Talbachbrücke) zur Stadt erhoben. An die Gründung der o. g. „Schladminger Bürgerschaft", die ab 1888 bereits vereinsmäßige Organisation besaß, erinnert in der Gegenwart noch der sog. „Bürgerschafts-Burgfriedstein" des Jahres 1588 auf dem Pichlhof bei Schladming, der 1594 der steirischen Landschaft von Ferdinand Hofmann, Freiherr von Grünbühel, als Knappenspital gestiftet und übergeben wurde. Als historischer Nachlaß des 1870 erloschenen Bergbaues finden sich jetzt noch alte Knappenhäuser in der „Kohlgrube", das 1661 im bäuerlichen Stil erbaute Haus Vorstadt Konskr. Nr. 110, dzt. Talbachstraße 110, ein ehemaliges „Bruderhaus" zur Unterbringung ausgedienter oder erkrankter Knappen und deren Familienangehöriger sowie das Haus Konskr. Nr. 23 (Apothekerhaus), das wahrscheinlich auch als Bruderhaus gedient haben dürfte. Letzte Versuche eines Braunkohlenabbaues um 1903 und zur Zeit der Rohstoff-Verknappung zwischen 1945–47 wurden wegen Absatzmangels aufgrund minderer Qualität rasch aufgegeben. Im Zuge der infrastrukturellen Vorbereitungen auf die Weltmeisterschaften in den alpinen Disziplinen 1982 wurde u. a. auch eines der ältesten und prominentesten Gebäude der Stadt, das „Hotel Post", nach einem Umbau wieder der Öffentlichkeit übergeben. In diesem Gebäude wurde im Jahre 1808 die erste Poststation errichtet; die Postmeisterstelle wurde der Gastwirtin Josefa Tritscher verliehen, die ihren Sohn Franz Tritscher als Postschreiber einstellte.
W a n d e r k a r t e n : F&B: Blatt 20 oder 201; ÖK: Blatt 127; AV-Karte Nr. 45/2; Kompaß-Wanderkarte Dachstein-Tauern-Gebiet; WK Dachstein-Tauern-Region; G e h z e i t e n : Untertal–Seekarsee 1½ bis 2 Std.; Seekarsee–Viermannlspitze und Sonntagkarzinken ca. 1 Std.; HU.: ca. 1200 m.

77 Schladminger Untertal – Gollinghütte – Greifenberg

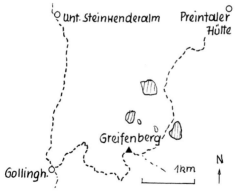

Das Gebiet des Klafferkessels wird von der Preintalerhütte aus sehr oft besucht, und nur die „Weitwanderer" überschreiten den Klafferkessel, um über den Greifenberg zur Gollinghütte abzusteigen. – Wir wollen diesmal den Weg zum Teil umgekehrt begehen, weil es hier besonders interessante Einblicke in den Gollingwinkel gibt: Beim großen Parkplatz im hintersten

Schladminger Untertal beginnen wir unsere Bergtour. Vorbei am höchsten Wasserfall der Steiermark, am zweimal 70 m hohen Riesenfall, wandern wir vorerst gemächlich durch das Steinriesental mit seinen steilen Felsflanken und sehen hier noch immer die immensen Windwurfschäden aus dem Sommer 1993. Bei der Unteren Steinwenderalm kürzen wir auf dem alten Almweg die Zufahrtsstraße zur Materialseilbahn auf die Gollinghütte ab und haben vor uns den unteren Teil des prachtvollen Talschlusses, auf dessen erster Stufe die Gollinghütte steht. Links und rechts stürzen Wasserfälle herunter, manche nur als dünner „Faden", andere mit beachtlichen Wassermengen. Direkt vor uns aber der mächtige Steinriesenfall, der sich in Kaskaden aufteilt und über dem auf einem Geländevorsprung die Gollinghütte thront. – Nach einem kurzen Steilaufstieg haben wir den idealen Bergsteigerstützpunkt erreicht und sind maximal 2 Std. unterwegs gewesen. – Ehe wir nun auf den Greifenberg weitersteigen, müssen wir unbedingt dem „Gollingwinkel", dem „größten Amphitheater der Welt", wie ein amerikanischer Journalist einmal geschrieben hat, einen Besuch abstatten: Nochmals vorbei an einem prachtvollen Wasserfall steigen wir fast eben in den drückend wuchtigen Talschluß hinein. Vorbei an Felstrümmern, erreichen wir schließlich den hintersten Winkel, dreiseitig umfangen von lotrechten Wänden; in der Mitte die düstere Golling-Nordwand mit ihren braunen Farbflächen. Zu Füßen der Felswände erstreckt sich aber eine völlig ebene, große Almrasenfläche, auf der Pferde und Rinder weiden – ein selten kontrastreicher Anblick. – Direkt von der Gollinghütte führt uns ein guter Steig in steilen Serpentinen hinauf zum 2618 m hohen Greifenberg, von dem aus wir den oberen Teil des Klafferkessels überblicken. – In 2$^1/_2$ bis 3 Std. sind wir oben und können, wenn der Tag schon zu weit fortgeschritten ist, auf der Gollinghütte nächtigen.

Die heutige Bedeutung der Stadt als wirtschaftliches Zentrum des 1974 gegründeten Fremdenverkehrsverbandes „Dachstein-Tauern" in der gleichnamigen Region wuchs parallel mit den Geschicken der Interessengemeinschaft „Schladminger Planai", den Bemühungen des in seinen Anfängen bis 1834 zurückreichenden Verkehrsvereines und den Aktivitäten des Wintersportvereines Schladming, der 1908 aus dem „Rodelclub Schladming" hervorgegangen war. Der erste Schiwettbewerb des WSV am 13. Februar 1910 war ein Abfahrtslauf mit Start bei der Austriahütte und Ziel im Bahnhofgelände. Erste sportliche Höhepunkte waren der Weltcup-Abfahrtslauf von der Planai am 22. Dezember 1973 und die mit großem Erfolg für die Veranstalter abgelaufenen „Alpinen Weltmeisterschaften 1982", die in Schladming und Haus im Ennstal ausgetragen wurden.

Geschichte des Bergbaues im Raum Schladming: Die Anfänge des Schladminger Bergbaues, dessen Spuren in den Seitentälern südlich der Stadt noch deutlich erhalten sind, reichen in das Ende des 13. Jhdts. zurück. Um diese Zeit fand man am Silberstein, an der Rosenbleiwand, am Fastenberg sowie im Eiskar in der Gleiming Kupfer, Blei und Silbererze. Schon im Jahre 1304 verlieh die Gemahlin Herzog Albrechts I. von Habsburg (Sohn Kaiser Rudolfs I.), Herzogin Elisabeth von Görz, den Bergleuten der kurz zuvor um einen Rechteckplatz auf grünem Rasen angelegten Plansiedlung den ersten Freiheitsbrief, der nach einem späteren Bericht (16. Jhdt.) den

sich auf landesfürstlichem Eigenbesitz niederlassenden Bergleuten besondere Frei-
heiten verlieh und bestimmte, daß sie ihre errichteten Wohnhäuser samt Gärten und
Äckern „burkrechtsweiss" innehaben sollten. Welche bedeutende Stellung Schladming innerhalb des alpenländischen Bergbaues zu Beginn des 15. Jhdts. eingenom-
men hat, zeigt sich darin, daß der Bergrichter Leonhard der Egkelzain (der Name bedeutet soviel wie „Stahl- oder Eisenstab") am 16. Juli 1408 vor dem „ehrbaren Rat"
mitsamt den Bürgern der Stadt Schladming, den Knappen (diese Berufsbezeichnung
erscheint hier erstmals urkundlich) und der ganzen Gemeinde, den „armen und ri-
chen", die damals beim dortigen Bergbau üblichen Gewohnheitsrechte und Bräuche
aufgezeichnet hat, die als „Schladminger Bergbrief" in die Bergrechtsliteratur eingegangen sind.
W a n d e r k a r t e n : F&B: Blatt 20 oder 201; ÖK: Blatt 127; AV-Karte Nr. 45/2; Kompaß-Wanderkarte Dachstein-Tauern-Gebiet; WK Dachstein-Tauern-Region; G e h -
z e i t : PP Gfölleralm–Greifenberg 2¹/₂ bis 3 Std.; HU.: 1539 m.

78 Auf den Hochgolling

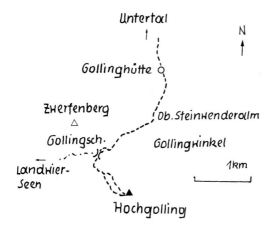

Der Hochgolling ist mit 2863 m nicht nur der höchste Berg der Schladminger Tauern, sondern auch genau gleich hoch wie der Triglav. Seine Besteigung ist ein lohnendes, wenn auch schon recht „alpines" Unternehmen. Trittsicherheit und Schwindelfreiheit sind erforderlich. Die Bergtour kann ohne
weiteres vom Parkplatz der Gfölleralm im Untertal aus in einem Tag be-
werkstelligt werden, besser ist es aber, auf der Gollinghütte (1651 m) zu
übernachten. – Ein besonders schönes Wegstück, ja vielleicht eines der im-
posantesten in den Schladminger Tauern, führt uns von der Hütte über die
Obere Steinwenderalm in den Gollingwinkel. Ganz eben führt der Pfad unter die düsteren und wilden Abstürze des Hochgollings bis zum Talschluß.

Rasch führt uns dann der gut markierte Pfad in vielen kleinen Kehren hinauf in die Gollingscharte. Von dort geht es nun in weitem Bogen zur Westflanke. Es ist dies der leichteste Aufstieg auf den Gipfel, der zuerst über Schutt in weiten Kehren nach oben leitet und später dann über Felsstufen und weitere kleine Schuttflächen zum höchsten Punkt führt. In der Gesamtansicht ist die Westflanke nicht sehr schön, sondern gleicht riesigen Schuttflächen; ist man aber mit der Besteigung beschäftigt, merkt man bald, daß es auch beim leichtesten Anstieg einige Schwierigkeiten zu überwinden gibt. (Gar nicht wenige tödlich Abstürze weisen darauf hin, daß Ungeübte an einigen Stellen mit einer längeren Rebschnur gesichert werden sollten.) – Für den geübten Bergsteiger lohnt es sich, den direkten Nordwestgrat zu begehen, der – gut markiert – wunderschön zum Gipfel führt. Es gibt ausnahmslos hervorragende Griffe, so daß auch hier nur der wenig Geübte am Seil gehen muß. – Nach $3^1/_2$ bis 4 Std. von der Gollinghütte stehen wir beim Gipfelkreuz. Von hier genießen wir eine wunderbare Aussicht auf alle bedeutenden Gipfel der näheren und weiteren Umgebung, besonders aber hinüber zum Preber und auf die Hohen Tauern. – Im Frühsommer kann man in der Westflanke des Gollings die gelbblühende Nelkenwurz und den Roten Steinbrech bewundern.

Das Original des „Schladminger Bergbriefes" dieses Dokumentes, das – man beachte – nicht eine von einem Inhaber des Bergregals erlassene Bergordnung, sondern die Fixierung der von einer freien Berggemeinde „erfundenen" Rechtsgebräuche darstellt, ist nicht mehr vorhanden, es existieren aber zahlreiche Abschriften. Die Lebensmittelversorgung der Bergstadt, die seit 1322 Ummauerungs- und Stadtrechte sowie seit 1308 einen Richter besaß, erfolgte aus privilegierten Widmungsbezirken: Um das Jahr 1490 waren dies die Tauerntäler um Schladming, vom Seewigtal bei Aich bis zur Mandling – später auch aus dem benachbarten Salzburg und vom Linzer Markt. – Die gedeihliche Entwicklung des Bergbaues wurde durch den Bauern- und Knappenaufstand des Jahres 1525 unter der Führung des Schladminger Bergrichters Gabriel Reustl, den darauffolgenden mißglückten Feldzug des steirischen Landesgouverneurs Siegmund von Dietrichstein und die wiederum diesem nachfolgende Strafexpedition durch Graf Niklas von Salms Streitmacht im September 1525, der nicht nur die Zerstörung der Stadt Schladming in den ersten Oktobertagen (nach Sicherstellung von Schmelzgut und Schlagschatz), sondern auch die Brandschatzung von Aussee, Gröbming und Johnsbach folgte, unterbrochen. Inwieweit die Gründe für dieses überaus strenge Vorgehen der Regierung gegen den Rat und die Vorstellungen der steirischen Landstände im Bemühen des Hauses Habsburg um größeren Einfluß auf Salzburg gegenüber den Bayern zu suchen sind oder in der verletzten Majestät des in Spanien erzogenen Landesfürsten Ferdinand I. bzw. im aufkeimenden religiösen Fanatismus gegenüber dem Protestantismus oder in einer reinen Abschreckungstaktik gegenüber den aufständischen Bauern, ist heute nicht mehr festzustellen. Jedenfalls führten die immer akuter werdende Türkengefahr und die Notwendigkeit, zu deren Abwehr auf die aus dem Bergbau reich fließenden Mittel zurückgreifen zu können, dazu, daß Ferdinand schon im Frühjahr 1526 die Bewilligung zum Wiederaufbau des Bergbaues und der Ortschaft erteilte, die bereits im Mai 1530 wieder das Marktrecht erhielt. Im 16. Jhdt. erlebte Schladming aufgrund der Fortschritte des Bergbaues eine neue Blütezeit; die beachtlichen Silbererträge flossen vorwiegend in die Münzerzeugung von Salzburg, Linz und Wien.

Wanderkarten: F&B: Blatt 20 oder 201; ÖK: Blatt 127; AV-Karte Nr. 45/2; Kompaß-Wanderkarte Dachstein-Tauern-Gebiet; WK Dachstein-Tauern-Region; Aufstiegszeit: ca. 6 Std.; HU.: 1780 m.

79 Duisitzkar – Giglachsee – Hopfriesen

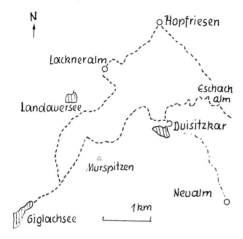

In das Herz der Schladminger Tauern führt diese 6- bis 7stündige Wanderung, die man allerdings bei einer Nächtigung auf der „Ignaz-Mattis-Hütte" (1986 m) am Giglachsee entsprechend halbieren kann. – Wir fahren in das Schladminger Obertal hinein (bis zur „Hopfriesen" asphaltiert, dann noch 2 km Staubstraße) bis zum Parkplatz auf der Eschachalm (1213 m). Hier finden wir den Wegweiser zum „Duisitzkar". – In vielen Serpentinen geht es nun im Hochwald zügig aufwärts. Wir überqueren dabei den mächtig schäumenden Duisitzbach und erfreuen uns am wilden Bergwasser. – Bis zur „Saghüttenalm" in 1439 m Seehöhe führt auch eine Alm-Forststraße, über die man dieses Wegstück ganz bequem zurücklegen kann. – Von hier geht es nochmals in Kehren aufwärts, bis wir nach etwa $1^1/_2$ Std. den breiten Boden des Duisitzkars mit dem fast kreisrunden See und der bewirtschafteten Hütte sowie einigen Jagdhütten erreichen (1648 m). – Das Kar wird vom mächtigen Krugeck beherrscht, hinter dessen Gipfel der Weg von der Keinprechthütte über die Rotmandlscharte zum Giglachsee führt. – Wir folgen nun der Markierung Nr. 775 in Kehren aufwärts zur Scharte unterhalb der Murspitzen (2065 m; kurze Versicherung) und genießen einen Prachtblick zum Hochgolling (1 Std. vom Duisitzsee). – Längs der Gratflanken wechseln wir hinüber ins breite Giglachtal und folgen dem guten, mäßig fallenden Pfad abwärts, bis es schließlich wieder wenige Meter zum Unteren

Giglachsee hinaufgeht. – Das von den eiszeitlichen Gletschern geprägte breite Tal trägt skandinavische Züge. Nur noch ein kurzes Stück ist es in dieser
prächtigen Tauernlandschaft bis zur „Mattis-Hütte" (voll bewirtschaftet; 56
Schlafplätze). Wir können nun zur Ursprungalm hinübergehen oder
zur Hopfriesen absteigen: Zuerst gehen wir das kurze Wegstück wieder zurück
und lassen uns sodann von der Markierung Nr. 776 leiten. Wunderbar ist es,
neben den Mäandern des „mineralisch" gefärbten Giglachbaches dahinzu-
wandern. – Bei der Giglachalm kommen wir an Mauerresten alter Knappenhäuser vorbei, und sodann geht es über zwei Geländestufen zügig abwärts. – Auf 1360 m können wir uns bei der Sennerin auf der Lackneralm
nochmals vor den letzten 300 Abstiegsmetern laben.

Zu Beginn des 17. Jhdts. erfolgte aber eine Wende im „Bergglück", wobei der allmähliche Niedergang der Bergbaue trotz bedeutender Investitionen nicht nur auf die
gesamteuropäische Wirtschaftskrise, sondern wohl auch auf die dem Einsatz der
Gegenreformationskommissionen Kaiser Ferdinands II. (damals Erzherzog Ferdinand
von Österreich) folgende Abwanderung jener Gewerken und Knappen (110 Knappen
und Bauern sowie 23 Bürgerfamilien) zurückzuführen war, die sich frühzeitig zur Lehre Luthers bekannt hatten. Nach dem weiteren Niedergang des Bergbaues, der schließlich ganz eingestellt werden mußte, verlor Schladming seinen Charakter als Bergstadt;
lediglich im 19. Jhdt. lebte die Bergbautätigkeit noch einmal auf, als an der Zinkwand,
nahe der heutigen Keinprechthütte, und im Knappenkar noch einmal auf Nickel und
Kobalt geschürft wurde. Dies war aber – abgesehen von einigen unbedeutenden Ver-
suchen während des Zweiten Weltkrieges – nur ein letztes Aufflackern dieses einst so
bedeutenden Wirtschaftszweiges.
Hier noch in Kurzform eine Aufzählung der ehemaligen Abbruchversuche:
S i l b e r – B l e i : Eiskar im obersten Teil des Obertales, worauf noch die Namen Knappenkar, Knappenscharte oder Knappenkreuz hinweisen. Bergbau Bromriese oberhalb
des Gasthofes „Hopfriese", Einbau und Halden im Gebiet Kreuteralm-Patzenkar, weitere Baue im Bereich Eschach-, Sag- und Duisitzalm; S i l b e r – K u p f e r : Krom-
bachbaue gegen den Mitterberg, Neualmbrande; K i e s : beim Gehöft Klock; K o b a l t
– N i c k e l : Zinkwand, Knappenkar, Vetternspitzen; A l a u n s c h i e f e r : im Graben
Oberhaus (altpaläozoische Tonschiefer); E i s e n k i e s : im Seewigtal (Bodensee);
K u p f e r u n d G o l d : im Graben nach dem Marmorbruch im Walchental bei Öblarn;
auch Arsen-, Wismut- und Zinkvorkommen sind überliefert, ob aber in den letzten Jahren erforschte Uranlager und kürzlich entdeckte Scheelitvorkommen wirtschaftlich
nutzbar sind, läß sich kaum voraussagen.
W a n d e r k a r t e n : F&B: Blatt 20 oder 201; ÖK: Blatt 127; AV-Karte Nr. 45/2; Kompaß-Wanderkarte Dachstein-Tauern-Gebiet; WK Dachstein-Tauern-Region; G e h -
z e i t : 6 bis 7 Std.; HU.: 852 m.

80 Eschachalm – Keinprechthütte –
Rotmannlspitze – Giglachsee

Wir benötigen für diesen klassischen Abschnitt des „Tauernhöhenweges"
zwei Autos und beginnen unsere Wanderung auf der Eschachalm im hintersten Schladminger Obertal. – Die erste Stunde geht es durch Hochwald auf

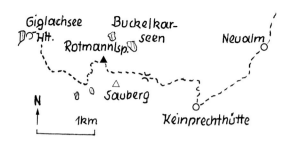

dem alten Almweg aufwärts, der aber seit kurzem auch von einem neuen Forstaufschließungsweg auf anderer Route begleitet wird. Erst vor der Neualm treffen sich beide Wege (der Forstweg endet hier). Auf der etwa 1650 m hoch gelegenen Neualm weitet sich das Tal zu einer echten Bilderbuchlandschaft mit den beiden Almhütten, den ernsten Tauernbergen von Geinkel und Elendberg und der kleinen Wasserfallstufe im Hintergrund. – Wir steigen in die nächsten beiden Karstufen hinauf und erfreuen uns am Glockengebimmel der Weidetiere. Schließlich geht es reizend neben einem Bacherl die letzten Meter zur Keinprechthütte (1872 m; 50 Schlafstellen), die in einem eindrucksvollen Talschluß, umgeben von hohen Gipfeln, steht. – 2 Std. haben wir herauf benötigt und steigen, dem Weg Nr. 702 folgend, im prächtigen Felsrund in angenehmen Kehren, aber dennoch zügig, hinauf in Richtung Krukeckscharte. Bald erreichen wir den unteren Rand des oberen Kares und queren nun längere Zeit in mäßiger Steigung hinauf. Eine Versicherung hilft, eine abschüssige Stelle gefahrlos zu bewältigen. – Wir schauen hinüber zum Eingang des Zinkwandstollens und zum darüberliegenden Gipfelkreuz der Zinkwand und erreichen nun das obere, von den Eiszeitgletschern ausgeschliffene Kar. Sogar die Steinplatten in den Geröllflanken sind zu einem gut gangbaren Pfad geordnet. Nach 1 1/2 Std. stehen wir in der Krukeckscharte (2303 m) und genießen einen Prachtblick auf den Hochgolling im Hintergrund. – Ein paar Meter steigen wir ab und queren in 1/2 Std., mäßig steigend, hinauf zur Rotmannspitze, die eigentlich nur ein abgeflachter Rücken ist. Wir schauen dabei ständig auf den wunderschönen Duisitzsee hinunter. – Von der 2453 m hohen Gipfelstange genießen wir einen großartigen Ausblick hinunter auf die Giglachseen und über die Kalkspitzen hinweg zu den Hohen Tauern, vom Ankogel bis zum Großglockner. – In vielen Serpentinen geht es nun hinunter zu den Giglachseen und ein paar Meter hinauf zur Ignaz-Mattis-Hütte (1956 m; 1 Std.) – und schließlich in knapp 1 Std. zur Ursprungalm. (17 Uhr Rückfahrt nach Schladming mit dem Autobus.)

Auf Anregung von Toni Breitfuß, dem Verfasser eines ausgezeichneten „Wanderführers Dachstein-Tauern", wurden die eindrucksvollen Reste des Bergbaus im Schladminger Tauernbereich dem ausdauernden Wanderer erschlossen. Er und einige erfahrene Kameraden sind auch gerne zu Führungen durch die einstige Stollenwelt bereit und zeigen den fachgerecht restaurierten Nickelschmelzofen in der Hopfriesen, der besonders leicht zugänglich ist, auch wenn die benachbarten Stollengänge geschmeidiges Bücken verlangen. Erzherzog Johann, dessen wir Steirer im heurigen Millenniumsjahr besonders dankbar gedenken, hätte sich wohl über diese Initiativen äußerst lobend geäußert, zumal ihm diese Berglandschaft eng vertraut war.

Zu den persönlichen alpinistischen Großtaten des „Steirischen Prinzen", der schon im August und September 1810 eine wohlvorbereitete Reise, großteils als Wanderung durch das steirische Salzkammergut, die Schladminger und Sölker Tauern und das Ennstal bis Admont mit einem Ausklang in den Triebener Tauern unternommen hatte, zählt die Besteigung der H o c h w i l d s t e l l e und des H o c h g o l l i n g am 18./19. August 1814 beziehungsweise am 28. August 1817. Dazu muß allerdings vermerkt werden, daß der Erzherzog in erster Linie ein Bergwanderer war, der in der Gebirgswelt die Einheit der Natur und des Lebens suchte und verstand, der die Berge nicht getrennt von ihren Menschen sehen konnte und wollte. – Er hatte nicht den Ehrgeiz, Erstbesteigungen selbst durchzuführen, aber wenn ihm ein Bergziel attraktiv erschien, ließ er es erforschen und nahm an seiner Besteigung teil, wenn es sich gerade so ergab. Sah er die Notwendigkeit, bei einem schwierigen Unternehmen etwas nachzuhelfen, so ging er selbst mit, zumal wenn seine vorausgesandten Erkunder nicht recht „anbeißen" hatten wollen. Demzufolge waren seine Unternehmungen fast immer kleine Expeditionen, meist von Jägern und anderen Bergbewohnern vorbereitet, und nur in Ausnahmefällen ein wirkliches Erstbetreten von Neuland.

W a n d e r k a r t e n : F&B: Blatt 20 oder 201; ÖK: Blatt 127 (157); AV-Karte Nr. 45/2; Kompaß-Wanderkarte Dachstein-Tauern-Gebiet; WK Dachstein-Tauern-Region; G e h z e i t : Eschachalm–Keinprechthütte 2 Std.; Keinprechthütte–Rotmannlspitze 2 Std.; Rotmannlspitze–Giglachseen–Ursprungalm 2 Std.; HU.: 1240 m.

81 Zu den „Steinernen Rinnen" im Knappenkar

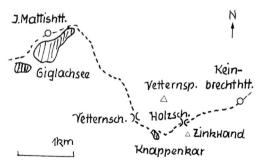

Es ist hochinteressant, den Spuren des alten Bergbaues in den Schladminger Tauern nachzuspüren. Besonders eindrucksvolle Objekte sind im Knappenkar zu finden, wohin es zwei Zugangsmöglichkeiten gibt. Die beste ist jene von der Keinprechthütte; es gibt eindeutige Trittspuren durch das Schnabelkar hinauf zur Holzscharte (der Hüttenwirt von der Keinprechthütte zeigt

Am Gipfel der Scheichenspitze

Am Weg zur Scheichenspitze (oberhalb Gruberscharte)

Hölltalsee

den Weg) – wir folgen hier dem alten Knappensteig. Das Holzschartl ist 2380 m hoch und durch ein markantes kleines Felsköpfl schon von unten her klar auszunehmen. Südöstlich erhebt sich die interessante Zinkwand (2442 m), welche vom Knappenkar her mit einem Stollen durchbrochen ist. Vom Holzschartl hat man einen hervorragenden Blick auf die „Steinernen Rinnen", die lawinensicheren alten Laufgänge der Bergknappen, die von den Wohn- und Aufbereitungsanlagen im Knappenkar zur Zinkwand hinüberführen: Sie waren mit Holz überdeckt und sind so in den Hang hineingepaßt, daß die von der Vetternspitze kommenden Lawinen darüber hinwegfegten. – Mineralfundmöglichkeiten: Derberze von Arsenkies, Weiß- u. Rotnickelkies, gediegenes Arsen und das seltene Mineral „Löllingit". Abstieg vom Holzschartl ins Knappenkar 10 m nordwestlich der Scharte auf etwas ausgesetztem Steig für trittsichere Bergwanderer! Wer sich dies nicht zutraut, kann sich durchaus mit der hervorragenden Aussicht von oben begnügen! Rundweg: In einer halben Stunde ist die Vetternscharte (2437 m) aus dem Knappenkar auf unmarkiertem, aber leicht zu findendem Pfad erreicht; von dort problemloser Abstieg zum markierten Weg, der von der Ignaz-Mattis-Hütte zur Keinprechthütte führt. Über die Rotmannlspitze und Krukeckscharte dann zurück zur Keinprechthütte. Gesamtgehzeit: 5 Stunden.

Ein bezeichnendes Beispiel für diese Einstellung des Erzherzogs war die Erstbesteigung der H o c h w i l d s t e l l e , von welcher sein Tagebuchbericht leider gegen Ende des Zweiten Weltkrieges wie so vieles andere am Aufbewahrungsort in der Oststeiermark verlorenging. Als Erzherzog Johann bei seinem zweiten Aufenthalt im Ennstal eine Höhenwanderung entlang des Schladminger Tauernkamms unternommen hatte, bezog er sich dann gemeinsam mit dem Höchstein schon vom Tal her bewunderten Gipfel in seine Pläne mit ein und notierte am 11. August 1811 am Schwarzensee im Kleinsölktal über die Hochwildstelle folgendes: „Diese ist am besten von der Seite des Rissachsees im Unterthal bei Schladming zu besteigen." Der Erzherzog kam allerdings erst im Jahre 1814 zu der geplanten Tour, die ihn wirklich von der Ursprungalm im Preuneggtal weg den Hauptkamm entlangführte. Die Hochgolling-Besteigung mußte wegen Schlechtwetters entfallen. Die Hochwildstelle jedoch wurde am 18. oder 19. August (hier schwanken die Angaben) mit Hilfe eines Jägers und einer Anzahl von Bergknappen mit einigen „Älplern" vom Trattenkar her über die Westseite – also keinesfalls auf dem leichtesten Weg – erstiegen.
W a n d e r k a r t e n : F&B: Blatt 20 oder 201; ÖK: Blatt 127 (157); AV-Karte Nr. 45/2; Kompaß-Wanderkarte Dachstein-Tauern-Gebiet; WK Dachstein-Tauern-Region; G e h z e i t : Eschachalm–Keinprechthütte 2 Std.; Keinprechthütte–Knappenkar und zurück ca. 5 Std.; HU.: ca. 1230 m.

82 Giglachsee – Hochwurzen

Die Route wird auch „Schladminger Höhenweg" genannt und ist eine der schönsten Kammwanderungen in den Schladminger Tauern. Entweder geht man in Richtung Hochwurzen, dann hat man immer den Dachstein vor Augen, oder man beginnt auf der Hochwurzen oder in Rohrmoos, dann hat

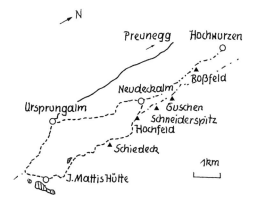

man die Tauerngipfel vor sich. Sehr lohnend ist aber auch ein Rundweg von der Ursprungalm über die Giglachseen zur Neudeckalm und auf der Westseite zurück auf die Ursprungalm. Die Giglachseen erreichen wir mühelos über den Preuneggsattel (1953 m), und ein ebenes Steiglein führt in kurzer Zeit zur Ignaz-Mattis-Hütte (1986 m), die in prächtiger Lage über dem Nordostteil des Sees liegt. Hier beginnt der eigentliche „Schladminger Höhenweg“, wobei man zuerst in einigen steilen Kehren auf den Höhenrücken steigt, der sich genau in Süd-Nord-Richtung zur Hochwurzen zieht. Zur großen Überraschung ist es kein scharfer Grat, sondern im ersten Drittel eine eigene Kammrücken-Landschaft mit vielen Seen und Seelein, haushohen Felsblöcken und zwischengestreuten kleinen Almrasenflächen. Kurze und steile Felsflanken führen zur Kammspitze und anderen scharfen Graterhebungen. Es ist ein beglückendes Schreiten durch eine echte Tauernlandschaft, die im tiefgrünen Brettersee einen Höhepunkt findet. Der ständig gut markierte Pfad (773) überquert einige kleine Scharten, und nun kommen auch Höchstein und Hochgolling auf der einen und die Dachsteingipfel auf der anderen Seite ins Blickfeld. Unterhalb des Schiedecks (Gipfelkreuz 2339 m) wechselt der Pfad auf die Westseite, dann nach Osten und schließlich wieder zurück nach Westen. Bald erreichen wir die Abzweigung hinunter zur Neudeckalm, von wo wir auf markiertem Pfad wieder zurück zur Ursprungalm oder direkt nach Rohrmoos hinausgehen können. Genausogut können wir aber den prächtigen Gratweg über Moosscharte und Guschengipfel zum Latterfußsattel und nach Rohrmoos nehmen. Gute Geher werden es sich vielleicht nicht nehmen lassen, zum Hüttecksattel und damit zur Hochwurzen hinaufzusteigen.

Sehenswürdigkeiten in Schladming: Katholische Stadtpfarrkirche St. Achatius: Einziges Relikt aus der ursprünglichen Bausubstanz ist der wuchtige romanische W-Turm, an welchen in den Unruhejahren 1522–32 eine gotische Halle mit

schweren Rundpfeilern angebaut wurde. Das in klarer Einfachheit gestaltete Kircheninnere erinnert an die Bauten von Pöllauberg, St. Lambrecht und Rottenmann, die Kanzel und ein Vesperbild am barocken Kreuzaltar stammen aus dem Anfang des 16. Jhdts., das Kruzifix vor dem Hochaltar wurde – wie dieser – nach 1702 vom Admonter Bildhauer Martin Neuberg und Peter Hafner aus Radstadt geschaffen. E v a n g e - l i s c h e   K i r c h e : 1852–62 erbaut nach dem Vorbild der Welser Kirche; größtes evangelisches Gotteshaus der Steiermark, mit 1200 Sitzplätzen; Baukosten ohne materielle Hilfeleistungen: rund 56.000 Gulden. Interessanter Altaraufsatz eines evangelischen Flügelaltars um 1570, der von 1570 bis 1900 in der katholischen Pfarrkirche bzw. im Karner gestanden war. Derzeit zählt die evangelische Gemeinde Schladmings über 1500 Mitglieder.
Profanbauten: K n a p p e n - b z w. B r u d e r h ä u s e r (s. oben). – S t a d t a m t : ehemaliges Jagdschloß des Prinzen August v. Sachsen-Coburg-Gotha; von 1884. – S a l z - b u r g e r   T o r : das Tor neben der kath. Kirche, der andere Bogen wurde erst 1930 aus Verkehrsgründen dazugebaut. B a u e r n k r i e g e - D e n k m a l : am Ostrand des Hauptplatzes. – V a s o l d - H a u s : Hauptplatz 10, 1519 erbaut vom Sensenhammerwerksbesitzer Vasold. – B u r g (r e s t e) S t a t t e n e c k : 1278 von den Goldeckern, Salzburger Ministerialen, erbaut (Bericht in der „Österreichischen Reimchronik"), später nach anderem Besitzer „Katzenburg" genannt (Katzbeck von Katzenstein, Schladminger Gewerke im 16. Jhdt.); an der Ramsauleiten nahe dem Hof Burglehner, ca. um 1600 zerstört, Familie vermutlich aus Glaubensgründen ausgewandert.
W a n d e r k a r t e n : F&B: Blatt 20 oder 201; ÖK: Blatt 127 (157); AV-Karte Nr. 45/2; Kompaß-Wanderkarte Dachstein-Tauern-Gebiet; WK Dachstein-Tauern-Region; G e h z e i t : 6 bis 8 Std.; HU.: max. ca. 500 m.

83 Auf die Steirische Kalkspitze

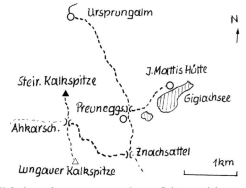

Die Giglachseen kann man von mehreren Seiten erreichen, am einfachsten über die Ursprungalm, zu der man von Pichl über eine Mautstraße mit dem Auto gelangt, oder als Halbtagstour über die reizvolle Route vom Gh. Hopfriesen aus dem Obertal. Von der Ursprungalm – wo den ganzen Sommer über immer „was los ist" – sind wir mäßig ansteigend in einer $^3/_4$ Std.

am Preuneggsattel (1953 m), von wo man erkennt, daß die Kalkspitze auch einen ganz leichten Anstiegsweg hat. Der Obere Giglachsee liegt zu unseren Füßen; ein kleines Stück höher – Richtung Znachsattel – überblicken wir dann auch den Unteren Giglachsee, der in seinem Nordteil fjordähnlichen Charakter mit einigen besonders reizvollen Inselchen aufweist. Besonders im Juli ist das Farbzusammenspiel der blauen Seefläche mit dem Hellrot des Almrauschs und dem Grün der Almflächen ein Erlebnis für sich. In wunderschöner Lage oberhalb des Sees befindet sich die Ignaz-Mattis-Hütte des AV – ein heimeliger Holzbau. An einer zu einer Jausenstation ausgebauten neuen Almhütte steigen wir vorbei in Richtung Znachsattel, von wo ein Pfad in den Lungau hinunterführt. Obwohl die Schladminger Tauern aus Kristallin, einem Urgestein, bestehen, ist hier eine Kalksohle darübergelagert. Man bemerkt das auch daran, daß man plötzlich über Kalkschutt und Kalkplatten geht. Überraschend ist auch der Wechsel von der Urgesteins- zur Kalkflora: es fallen besonders viele Blütensternchen der Silberwurz auf. – Wir steigen unterhalb der glatten Wände der Lungauer Kalkspitze – begleitet von Dolinen – gemütlich weiter bis zur Ahkarscharte (2315 m), die einen wichtigen Übergang am Tauern-Höhenweg hinüber zum Radstädter Tauernpaß darstellt. Aus der Scharte kann man die Steirische Kalkspitze in $^1/_2$ Std. erreichen. Über gutmütige Schrofen sind wir bald auf der kleinen Felskanzel des Gipfelkreuzes (2459 m), und die Schau über den Großteil der Niederen Tauern und hinüber zum Dachstein ist gewaltig und lohnend. Die Lungauer Kalkspitze ersteigt man auf ganz leichtem Pfad von der Scharte in 20 Min. wobei man einen interessanten Blick auf die Almen des oberen Weißpriachtales werfen kann.

Ortskundliches: P i c h l a n d e r E n n s: Erholungsgebiet aus 5 Ortschaften (Pichl Mandling, Preunegg, Gleiming, Vorberg) bäuerlicher Streusiedlungen; PLZ: A-8973 FVV 0 64 54/342. – Unter dem Schirm des ehemaligen wehrhaften Amtshofes der Herrschaft Ennstal des Salzburger Klosters St. Peter (ca. 1188–1803) entstanden mehr als 60 überwiegend einzelstehende Bauernhöfe. Der Pichlmaierhof, im 15. Jhdt. als einfacher Vierkanter auf einem künstlich gebösschten Hang am linken Ennsufer erbaut, besitzt noch zwei schmiedeeiserne Rokoko-Fensterkörbe und aus gleicher Zeit (aus Salzburg) stammende Sandsteinstatuen der vier Jahreszeiten. Im Flur des nunmehr eleganten, 1978 aufgestockten Beherbergungs- und Restaurationsbetriebes findet sich ein gotisches Weihwasserbecken; hier mußten sich – wie viele Bewohner des oberen Ennstales – am 24. Juni 1782 (nach dem Erlaß des „Toleranzpatentes" durch Kaiser Josef II. im Jahr 1781) etwa auch die Bewohner der Ramsau vor besonderen „Glaubenskommissionen" zu ihrer religiösen Einstellung bekennen, um in den Genuß der „Toleranz" zu kommen, wobei sich nur drei (!) Hausväter der Gemeinde Ramsau als katholisch bekannten. In Mandling (auf einem Felsen über dem Mandlingbach, der voreiszeitlichen Wasserscheide zwischen Enns und Salzach) befinden sich Reste der um Albrecht I. 1288 er bauten „Ennsburg"; 1295 neue Burg, Reste im Tal beim Gh. Geringer; Bergbau auf Kupfer u. Schwefel (am Meißlingberg schon 1552 beurkundet, 1813 aufgelassen), Silberschmelzhütte; 1847 zur Verarbeitung der Zinkwanderze Gersdorffsches Nickelwerk von Gloggnitz nach Mandling verlegt. – H ü t t e n: Ursprungalm: 1604 m Seehöhe, bewirtschaftet von Anfang Juni bis Anfang Oktober, 11 Betten, 16 Lager; Bus von Pla nai-Station Schladming, Tel. 0 36 87/22 0 67, vom 22. 6. bis 20. 9. – Ignaz-Mattis Hütte: ÖAV, 1986 m Seehöhe, am Giglachsee; bewirtschaftet von Mitte Juni bis Ende

September, 7 Betten, 40 Lager; A-8970 Untertal 70, Tel. 036 87/61 2 62, Reinhard Keinprecht.
Wanderkarten: F&B Blatt 20 oder 201; ÖK: Blatt 127 (157); AV-Karte Nr. 45/2; Kompaß-Wanderkarte Dachstein-Tauern-Gebiet; WK Dachstein-Tauern-Region, Gehzeiten: Ursprungalm–Preuneggsattel 45 Min.; weiter zur Ahkarscharte 1 bis 1¹/₂ Std.; Ahkarscharte–St. Kalkspitze bzw. Lungauer Kalkspitze je 25 Min.; HU.: 850 m.

84 Reiteralm – Gasselhöhe – Rippeteck – Schober

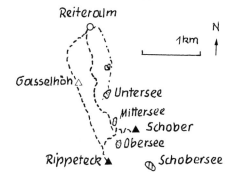

Eine der landschaftlich schönsten und abwechslungsreichsten Wanderungen in den Schladminger Tauern ist der „Gasselseen-Rundweg". Wir fahren von Pichl-Preunegg bei Schladming zuerst in Richtung Preunegtal und dann rechter Hand den Wegweisern zur Reiteralm folgend, an die 15 km (zuerst asphaltiert, später auf guter Schotterstraße) über eine Mautstraße hinauf in das weite Schigelände der Reiteralm, wo es bei der „Eiskar-" und „Reiter-almhütte" in 1700 m Seehöhe genügend Parkplätze gibt. – Von hier leitet uns der Weg Nr. 772 vorerst einmal über einen breiten Almrücken zum Gipfel-kreuz der 2001 m hohen Gasselhöhe. In bequemem Auf und Ab geht es am aussichtsreichen Kamm mit Blick zu den Bergen rund um Obertauern und zu den Hohen Tauern auf den Gipfel des 2120 m hohen Rippetecks (2 Std.). – Nun gehen wir wieder ein kurzes Stück zurück, um unseren Rund-weg in Richtung Gasselseen fortzusetzen. Die Markierung Nr. 66 führt uns auf gutem Pfad hinunter zum oberen der insgesamt fünf Gasselseen. Pracht-voll liegen die tiefgrünen Seen in die Felskare der herben Tauernlandschaft eingebettet. – Vom Oberen See können wir nun auf Pfad Nr. 68 einen ins-gesamt kaum eine Stunde in Anspruch nehmenden, sehr lohnenden Abstecher hinauf zum Gipfelkreuz des 2133 m hohen Schobers unternehmen. – Zurück-gekehrt, steigen wir das kurze Stück zum Mittleren Gasselsee ab und ge-nießen hier das berühmte und oft fotografierte Motiv der Spiegelung der Dachsteinwände im See, der von einzelnen Wetterzirben umrahmt ist. – Nun führt uns der Steig mehr oder weniger eben und später wieder etwas ansteigend (eine abschüssige Stelle ist hier sogar versichert) mit Blick auf die unteren beiden Gasselseen erneut zurück auf die Reiteralm. – Einschließlich Schoberbesteigung sind wir insgesamt vier bis fünf Stunden unterwegs gewesen. – Besonders zu empfehlen ist der Rundweg etwa Mitte Juli, wenn der Almrausch in den Karen voll aufgeblüht ist; besonders die Westflanke zwischen Gasselhöhe und Rippeteck, die sich zum Forstaubach hinunterzieht, glüht im Rot der Almrauschblüten förmlich auf.

Schon 1125 ist zu Füßen der Reiteralm, deren schöne Schihänge demnächst mit jener der Hochwurzen zu einer weiteren Schischaukel verbunden werden sollen, eine Siedlung „Puhel", also „Pichl" = Bühel, urkundlich bezeugt. 1285 finden wir auch ein Gotteshaus angeführt, das zunächst als „Neukirchen bey den zwelft potten", wohl „Neukirchen bei den 12 Aposteln", bezeichnet, später aber dem Patronat des hl. Jakobus des Älteren unterstellt wurde. Es dürfte sich damals um einen recht kleinen Bau gehandelt haben, denn bei größeren Kirchenfesten mußte die Predigt im Freien gehalten werden, damit alle Gläubigen sie hören konnten; andererseits klagten Geistliche immer wieder, daß der Gottesdienst durch laute Unterhaltung und das Tabakrauchen der vor der Kirchentür Stehenden gestört würde. Nach 1544 dürfte das Gotteshaus aber – einer zeitgenössischen Abbildung zufolge – wenigstens teilweise vergrößert worden sein; erst 1763 finden sich im Dekanatsarchiv von Haus im Ennstal Erweiterungspläne auf der Basis eines Kostenvoranschlages des Kitzbühler Maurermeisters Andreas Hueber, der 1767 auch mit dem Erweiterungsbau begann. Die beiden Heiligen Benedikt und Scholastika weisen auf die ursprüngliche Verbindung zwischen Pichl und dem Gründerstift St. Peter in Salzburg hin; die Seitenaltarfiguren stammen von Johann Fortschegger. Erst bei Renovierungsarbeiten im Jahre 1982 kamen jene Änderungen zum Vorschein, die der Kitzbüheler Baumeister 1767 vorgenommen hatte: Die alte Form der Apsis wurde daraufhin belassen. In der Zeit der Glaubensspaltung im 15. und 16. Jhdt. hat das Pichlmaiergut eine bedeutsame Rolle bei der Bestandsaufnahme der Reformkommissionen gespielt, aber davon mehr in den Kapiteln über die Ramsauer Geschichte.
W a n d e r k a r t e n : F&B: Blatt 20 oder 201; ÖK: Blatt 127 (157); AV-Karte Nr. 45/2 Kompaß-Wanderkarte Dachstein-Tauern-Gebiet; WK Dachstein-Tauern-Region G e h z e i t : 4 bis 5 Std.; HU.: Reiteralmhütte 1700 m, Gasselhöhe 2001 m, Rippeteck 2120 m, Schober 2133 m.

85 Schitour: Auf den Schusterstuhl im Sattental

Von Pruggern fahren wir die ständig geräumte Straße bis zum Gh.Winkler ins Sattental hinauf und fragen dort wegen allfälliger Weiterfahrtmöglichkeit bis zum „Leonhardikreuz" (4 km). – Es liegt auf 1146 m Seehöhe; von hier weg folgen wir dem Forstweg über den Sattentalbach zuerst in nordöstlicher, bald aber in südlicher Richtung, und es geht durch den sog. „Schlagerwald" und „Thonachwald" zwar nicht steil, aber doch zügig aufwärts. – Bald erreichen wir die Hütten der Schladmingeralm (1644 m) und genießen einen schönen Ausblick hinüber zur Hochwildstelle. – Nur müssen wir etwa 500 m durch den lockeren Almwald eben hinüberqueren bis wir zum Ansatz jenes Rückens gelangen, der sich mehr oder weniger in südlicher Richtung bis zum Schusterstuhl-Gipfel hinaufzieht. – Im lockeren Wald und dann später am Kammrücken legen wir unsere Serpentinen je nach Lust und Kondition. Im oberen Teil ist der Rücken oft stark abgeblasen, und da läßt man unter Umständen sogar die Schier zurück und bewältigt die mäßige Steigung problemlos zu Fuß. – Nach 3 bis 3¹/₂ Std. vom Leonhardikreuz erreichen wir das kleine, holzgezimmerte Gipfelkreuz. Wir haben hier eine Prachtaussicht: Säuleck, Schareck und der gesamte Südgrat der Hochwildstelle liegen direkt gegenüber. Dann wandert der Blick zu Deneck, Predigtstuhl, Knallstein und weiter zum Gipfelkreuz des Spatecks gleich in der Nähe, ferner zu Bösenstein, Gumpeneck, den Gesäusebergen, den Haller Mauern, Grimming, auf viele Gipfel des Toten Gebirges, auf Kammspitze, Stoder, Hirzberg und Dachstein. Man sieht aber auch nach Gröbming hinaus und in die Breitlahn hinunter. – Die Abfahrt unternehmen wir am besten direkt in Verlängerung des Kammrückens, und bei Pulverschnee (die Abfahrt liegt ja nordseitig) fahren wir nun günstigerweise nicht zur Schladmingeralm hinüber, sondern durch den Hochwald bis zum Forstweg hinunter und hinaus zur Keinreiteralm mit ihrer reizend gelegenen Kapelle, von wo es 1 km bis zum Leonhardikreuz ist.

Zitat aus F. Krauß, „Die eherne Mark", 1895:
Im Charakter zeigt die Bevölkerung alle Eigenschaften der Gebirgsbauern, eine gewisse Wortkargheit, Verschlossenheit gegen die Fremden und zähes Festhalten am Hergebrachten, bei großer Ehrlichkeit und Treuherzigkeit, Fleiß und Sparsamkeit.
Die Mahlzeiten sind ungemein reichhaltig und opulent im Verhältnis zu jenen von Mittel-, Ost- und Untersteier, alle Speisen werden reichlichst geschmalzen und Fleisch fehlt von Herbste bis ins Frühjahr hinein so wenig, wie Kraut als tägliches Gericht. Weit mehr als in anderen Thälern Obersteiers hat sich bei den Männern die steirische Volkstracht erhalten, auch die Frauen- und Mädchentrachten zeichnen sich durch eine originelle Bindart des Kopftüchels aus.
– V o l k s s c h a u s p i e l e : „Paradeisspiel"; „Die 4 Landstände" (Faschingsdienstag), Nikolospiel usf. – V o l k s t a n z : ist 1930 meist mündlich überliefert, dann aufgezeichnet: besonders von K. Mautner (schon vor dem Ersten Weltkrieg) und A. Novak (Steirische Tänze, Graz 1949). Bekannteste Formen: „Ennstaler Polka", der „Siebenschritt", der „Schwabentanz", Walzer, Polka, Schottischer, „Hiatamadl" sowie „Buckerltanz" u. a.
W a n d e r k a r t e n : F&B: Blatt 20 oder 201; ÖK: Blatt 128; AV-Karte Nr. 45/3; Kompaß-Wanderkarten 68 sowie Dachstein-Tauern-Gebiet; WK Dachstein-Tauern-Region; A u f s t i e g s z e i t : 3 bis 3¹/₂ Std.; HU.: 1040 m.

86 Schitour: Auf das Säuleck

Unser Ausgangspunkt ist Pruggern, von wo wir in das Sattental bis zum Gh. Winkler hinauffahren. (Bei nicht zu hoher Schneelage kann man von dort noch 4 km weiter bis zum Leonhardikreuz bzw. bis zur Keinreiteralm [1256 m] hineinfahren.) – Von ihr gehen wir noch ca. 700 m bis zur Perner-

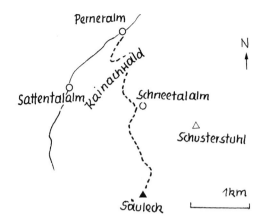

alm im Talboden weiter, überqueren den Sattentalbach auf einem Brückerl
und steigen auf einem Forstweg im Bereich des sog. „Kainachwaldes" zügig aufwärts. – Nach etwa 1½ Std. (vom Talboden aus) gelangen wir zur
Schneetalalm (1754 m) mit ihrer neu errichteten Almhütte. – Knapp vor der
Almhütte wenden wir uns im lockeren Alm-Lärchenwald zum sog. „Schnee-
talrücken" hinauf, der sich bis zur Schulter bzw. zum Vorgipfel des Säulecks
hinaufzieht. – Über ihn steigen wir nun weiter aufwärts. Im unteren Teil ist
der Kammrücken flach, weiter oben wird er mäßig steil, wobei sich am häufig abgeblasenen Rücken Schneezungen bis hoch hinauf ziehen, über deren
windgepreßte Bänder man dann in der Regel auch sehr gut abfahren kann.
(Hüten muß man sich bei der Abfahrt vor den seitlichen Steilflanken wegen
Schneebrettgefahr!) „Schidepot" in der Nähe des Vorgipfels (Geübte können aber den Gipfel selbst auch mit Schiern ersteigen). Über gut gestufte
Felsplatten erreichen wir den Vorgipfel und in 10 Minuten das nur 30 cm hohe Gipfelkreuz; 4 Std. haben wir von der Keinreiteralm herauf benötigt. –
Prachtvolle Aussicht auf Hochwildstelle, Spateck, Bösenstein, Gumpeneck,
Gesäuseberge, Haller Mauern, Grimming, Totes Gebirge, Kammspitze, Sto-
der, Hirzberg, Gröbming und Breitlahn.

Volksmusik und Musiker: Besonders intensive Pflege des Jodlers oder „Hal-
lers", erstaunliche Vielfalt im rein Harmonischen und phantasievolle Stimmführung
finden sich zu Klangformen, die unter Bezeichnungen wie „Nacheinand", „Fü:rein-
and", „Gegeneinand", „Durcheinand"; „Zwoara" (zweistimmiger Jodler), „Dreia",
„Viera" eine Gefühlsskala von ausgelassener Fröhlichkeit bis zu festlicher Andacht
zum Ausdruck bringen können. – Gespielte Volksmusik war fast immer auf Tanzweisen zurückzuführen und wurde auf der Ziehharmonika, dem „Fotzhobel" (Mundhar-
monika) oder in verschiedenen Gruppierungen musiziert. Die heute noch lebendigen
Tänze bzw. Tanzweisen tragen meist auch charakteristische, landschaftsgebundene

Eigennamen: „Der Steirische", „Hiatamadl", „Bandltanz", „Ennstaler Polka", „Gößler Steirer", „Ennstaler Bauernwalzer" usw. Originelle Instrumente wie Schwegelpfeifen, Wurzhörner oder „Seitelpfeifen" (Seitenpfeifen) ergänzen die klangliche Vielfalt.
M u s i k e r : Alois Pachernegg: geb. 21. 4. 1892 in Irdning, gest. 13. 8. 1964 in Wien. Bekannter Dirigent und Komponist, v. a. gehobener Unterhaltungsmusik für den Rundfunk. – Jürgen Ewers: geb. 11. 12. 1937 in Bremen, vor seinem Bergtod am Grimming (19. 9. 1965) Komponist und zuletzt Musikdirektor in Gröbming. – Dr. Josef Pommer: 5. 2. 1845–25. 11. 1918; geb. in Mürzzuschlag, gest. in Gröbming. Gründer des Deutschen Volksgesangsvereines in Wien (1889/90) und der Zeitschrift „Das Deutsche Volkslied", 1899; Begründer des österreichischen Volkslied-Unternehmens (1904) und von dessen Arbeitsausschüssen in den Ländern; Sammler, Erforscher und Pfleger des Volksliedes, besonders auch des Jodlers (s. „252 Jodler und Juchezer", Wien 1893, sowie „444 Jodler und Juchezer", Wien 1906). – Dr. Rudolf Schwarz: geb. 26. 6. 1917 in Preßburg, dzt. Musikerzieher in Graz; erster Volksmusikschuldirektor in Gröbming nach dessen Gründung 1952 (als 6. in der Steiermark). Mit Prof. Emil Seidel Herausgeber des „Steirischen Liederbuches", 1959, und des Bandes „Steirische Volkslieder", Verlag Leykam, Graz–Wien 1981.
W a n d e r k a r t e n : F&B: Blatt 20 oder 201; ÖK: Blatt 128; AV-Karte Nr. 45/3; Kompaß-Wanderkarten 68 sowie Dachstein-Tauern-Gebiet; WK Dachstein-Tauern-Region; A u f s t i e g s z e i t : ca. 4 Std.; HU.: Keinreiteralm 1256 m, Säuleck 2359 m, also: 1103 m.

87 Auf den Grimming

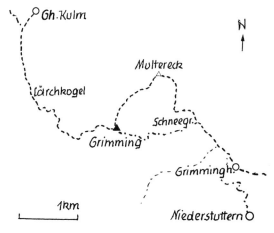

Der Grimming ist kein Berg für Wanderer, seine Besteigung auf den drei verschieden markierten Routen verlangt Schwindelfreiheit, Trittsicherheit und Übung im steilen Schrofengelände sowie einen verläßlichen Schönwettertag. – Der meistbegangene Aufstieg beginnt beim Gh. Kulm an der Nordseite und führt durch den Stribinggraben nach oben. Die Nadelwaldzone wird nach steilem Aufstieg bald durch Laubwald und später durch Latschen abgelöst. Es geht über Schutt aufwärts, und der erste lotrechte Felsriegel wird mittels Versicherungen überwunden. Daran schließt eine ungesicherte, nicht so steile Felsbankung, und dahinter führt uns der Pfad in weitem Bogen durch das obere Kar (es wird als echter „Felsenzirkus" von Farbkogel und Schartenspitze eingeschlossen) an die Westrippe heran. Hier beginnt ein ungesichertes, jedoch steiles Schrofengelände, das keine Kletterei im eigentlichen Sinne, aber Geübtheit und Gewandtheit erfordert und uns mehrere hundert Meter bis an den scharfen Rand des weiten Gipfelplateaus hinaufführt (Achtung auf abgetretene Steine!). Bei Nässe und Vereisung kann diese verhältnismäßig lange Passage äußerst gefährlich werden! Nun geht es, an der Not-Unterstandshütte vorbei, in wenigen Minuten zum Gipfelkreuz mit seinem großartigen Ausblick über die halbe Obersteiermark und dem faszinierenden Tiefblick auf das Ennstal. – Viele begehen zum Abstieg den etwas leichteren Weg über das Multereck, wobei aber einige gefährliche Steinschlagrinnen gequert werden müssen. – Der schönste, aber ausgesetzte, markierte Aufstieg führt von der Grimminghütte, an der „Schneegrube" vorbei, über den Südostgrat zum Gipfelkreuz.

Der Grimming – literarisch durch Paula Groggers Roman „Das Grimmingtor" zu Weltruhm gelangt – galt lange Zeit als „Mons altissimus Styriae", als der höchste Berg des Steirerlandes, zu dessen eindrucksvollsten Berggestalten er unzweifelhaft zählt. Während über die Deutung seines Namens (Bach und Gegend hießen 1321 „Grima", möglicherweise vom slowenischen Wort für „Donnern, Tosen" oder auch vom mittelhochdeutschen „grim, grimme, grimmig" im Sinne von „schrecklich, wild, unfreundlich") Uneinigkeit herrscht, ist einer der schönsten Blickwinkel auf den gern bestiegenen Berg unumstritten: nämlich jener vom berühmten Malerwinkel in Pürgg, dessen nächste Umgebung auf der Felsterrasse unter dem „Burgstall" Peter Rosegger einmal „Kripperl von Österreich" genannt hat.

Der Name des Ortes P ü r g g , das heißt Burg, weist wie jener des Burgstalls darauf hin, daß auf dieser markanten, den Übergang zum Ausseerland beherrschenden Anhöhe vor 900 Jahren eine Burg der steirischen Otakare, der Traungauer Herzöge, gestanden hat. Die schon 1160 urkundlich als „Gruscharn" erwähnte landesfürstliche Burg ist längst verschwunden, war aber mehrmals Residenz der Otakare von Steyr und hatte als Talsperre auf dem wichtigsten Salztransportweg große Bedeutung. Der Pfarrsprengel der Georgskirche von Pürgg, die zu den ältesten und früher wichtigsten des Ennstales gehört, umfaßte das gesamte Hinterland bis über Bad Aussee hinaus und war Sitz eines Archidiakons. 1490 kam Pürgg, das damals auch Sitz der Schuhmacherzunft des steirischen Ennstales und des Ausseerlandes war, in den Besitz der Georgsritter von Millstatt, 1599 bezog Erzherzog Ferdinand Pürgg und Millstatt in die Schenkungen an das neu gegründete Jesuiten-Kollegium in Graz ein. Nach der Aufhebung des Ordens 1773 kam Pürgg an die k. k. Studienfonds. 1827 kaufte der Besitzer von Großsölk, Max Gronigg, die Herrschaft, danach blieb sie in privater Hand. – Die 1130 geweihte Kirche ist eine dreijochige, dreischiffige, romanische Basilika mit einem mächtigen, von einem wuchtigen Helm gekrönten Westturm. Romanische Teile der Kirche sind das mit Spiralen beschlagene eiserne Westportal, die Arkaden und die Apsiden. Zur frühen Gotik gehören das Kreuzgewölbe des unteren Turmgeschosses und das Läut-

haus des Turmes mit den 1952 aufgedeckten Passions- und Katharinen-Legenden-Fresken aus den Jahren um 1300. Gotisch sind der Hochaltar, der Taufstein (1483), eine künstlerisch besonders wertvolle Pietà, Glasgemälde in der Apsis (rechtes Chorfenster), der Liebfrauenaltar mit den Holztafelbildern und etliche Figuren. Zur Pfarre Pürgg gehört auch die berühmte „Johanniskirche", ein Kunstdenkmal von hervorragender Bedeutung. Als Stifter dieses vom Kalvarienberg Pürggs aus ein großartiges Panorama beherrschenden Sakralbaues nimmt man entweder den Admonter Abt Gottfried I. oder den Traungauer Otakar III. an. Der Ruhm des Pürgger Johanniskirchleins, in welchem jeden Mittwoch um 16 Uhr eine kunstgeschichtliche Führung stattfindet und dessen Torschlüssel ansonsten im Haus Nummer 27 gleich neben der Kirche zu erhalten ist, liegt im reichen Freskenschmuck aus dem 12. Jhdt.
W a n d e r k a r t e n : F&B: Blatt 8 oder 082; ÖK: Blatt 98; Kompaß-Wanderkarte 68 sowie Kompaß-WK Dachstein-Tauern-Gebiet; WK Dachstein-Tauern-Region, nur Südaufstieg; WK Heimat am Grimming; G e h z e i t e n : Gh. Kulm–Gipfel 3¹/₂ bis 4 Std.; Grimminghaus–Multereck–Gipfel 3 bis 4 Std.; HU.: 1351 m bzw. 1385 m.

88 Lengdorf – Perillenalm – Kammspitze

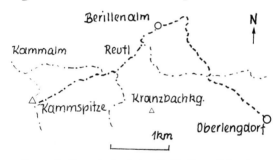

Im netten Bauerndorf Lengdorf zwischen St. Martin am Grimming und Gröbming stellen wir unser Fahrzeug ab (wir könnten auch durch den Ort bis zum Sportplatz hinauffahren) und folgen der Markierung in nordwestlicher Richtung in den Wald hinein. Es geht neben dem Lengdorfbach aufwärts, wir kommen an zwei alten Mühlen vorbei und erreichen einen Forstweg, bald aber wieder einen Waldpfad. In einem krautigen Hohlweg geht es neben dem Bach hinauf, und nun müssen wir achtgeben, weil die blasse Markierung oft nicht gut zu sehen ist. Unser Pfad zweigt nämlich abrupt nach links ab. In Serpentinen führt uns nun ein hübscher Pfad oberhalb einer kleinen Klamm hinauf; Ende Mai, Anfang Juni können wir hier reizende Exemplare des wunderbaren Frauenschuhs finden. – Nun erreichen wir einen Forstweg und müssen ihm einige hundert Meter folgen. Rechts unten rauscht der Bach, den wir bald auf einer Brücke überschreiten. Die anschließende Wegkreuzung heißt „Kohlstatt"; hier zweigt rechter Hand eine Markierung in die „Prenten" ab. Wir folgen aber dem Hinweisschild „Perillenalm Nr. 29 sowie Kammspitze". (Auf den Landkarten wird „Berillen . . ." angegeben, die Einheimischen schreiben den Namen aber offenbar mit „P".) Nun geht es im steinigen Bergwald auf einem mäßig steilen Pfad aufwärts. Weiter oben überschreiten wir einen kleinen Bach und müssen immer auf die Markierung achtgeben. Eine Forststraße wird mehrmals gequert, und wir steigen nun im lockeren Wald zügig aufwärts. – Bei einem Rastplatz gibt es einen hervorragenden Ausblick auf den Talboden und den Mitterberg sowie darüber hinweg auf Gumpeneck, Knallstein und Hochwildstelle. Wir erreichen einen kleinen Felsabsturz im Schrofengelände und können hier die wärmeliebende Felsenbirne bewundern, die mit ihren filzigen Blättern und den weißen Blüten (Ende Mai) auch „Edelweißstrauch" genannt wird. – Nun geht es im lockeren Almwald nur noch mäßig steil hinauf, und schließlich weisen Markierungspfeile nach links hinaus auf freies Almgelände. Wir gehen einige hundert Meter in westlicher Richtung und stehen dann bald vor den Hütten der Perillenalm (1444 m), zwischen denen die Dachsteingletscher herüberleuchten. – Im Sommer werden hier an die 40 Stück Jungrinder aufgetrieben; die lustigen kleinen Schweinestallungen – so groß wie Hundehütten – werden aber nicht mehr benötigt. – Wir sind gute 2 Std. heraufgegangen und können nun in 1¹/₂ Std. über den zirbenbestandenen Rücken des „Zirmel" und anschließend über einen voll gesicherten Felsensteig (Schwindelfreiheit nötig!) auf den stolzen Gipfel der Kammspitze hinaufsteigen. – Die „Almgeher" werden sich aber mit der schönen Perillenalm und dem hervorragenden Ausblick auf Dachstein, Hirzberg, Hochmühleck und viele Gipfel des Toten Gebirges zufriedengeben.

Gröbming – wegen seines milden Klimas gelegentlich auch „steirisches Davos" genannt – trägt in seinem Namen zugleich die Geschichte der Besiedlung des oberen Ennstales zur Schau: Das nach den Wirren der Völkerwanderung vom Osten eindringende mongolische Reitervolk der Awaren – räuberische Nomaden – brachte ab dem Jahre 568 n. Chr. die ihm untertanen Alpenslawen als ackerbautreibendes Vasallenvolk in die Alpentäler. Wir können das Verbreitungsgebiet dieses heidnischen, der Schrift unkundigen Volkes, das auch keine Grabsteine, Münzen oder Baudenkmäler kannte, wohl aber die Biene, den Apfel, die Birne und die Pflaume ins Land brachte und sich mit den Resten der kelto-illyrischen, provinzialrömischen und germanischen Siedlungsschicht friedlich vermischte, anhand der vielen, manchmal nur wenig veränderten slawischen Orts- und Flurnamensformen ziemlich genau verfolgen. Es reicht drautalaufwärts bis Innichen, über die Steiermark durch das Ennstal bis in den Pinzgau und Pongau und in Oberösterreich bis zur Traun und an das rechte Donauufer.

Der Ortsname von Gröbming dient als gutes Beispiel für die Namensgebung durch die Slawen, die schon bestehende – uns heute oft nur in Spuren erhaltene – Namen nicht übernommen haben, sondern eigene, slawische Bezeichnungen suchten. Diese neuen slawischen Namensformen wurden hingegen von den bayrischen und fränkischen Siedlern, die ab der 1. Hälfte des 8. Jahrhunderts und in einer zweiten, großen Kolonisationswelle vom 10. Jahrhundert bis zum Beginn des 13. Jahrhunderts die Steiermark bis in die höheren Lagen urbar machten, sehr wohl übernommen. Auf Grund der für die „deutsche Zunge" oft schwer nachvollziehbaren slawischen Aussprache wurden freilich manche Bezeichnungen im Wortlaut verändert oder durch deutsche Ausdrücke ergänzt beziehungsweise ersetzt, wie es auch bei unserem Ausgangspunkt Gröbming geschah.

140

Wanderkarten: F&B: Blatt 20 oder 281; ÖK: Blatt 128; Kompaß-Wanderkarte 68
u. Dachstein-Tauern-Gebiet; WK Dachstein-Tauern-Region; WK Heimat am Grimming; Gehzeit: Perillenalm ca. 2 Std.; Perillenalm–Kammspitze ca 1¹/₂ Std.; HU.:
Oberlengdorf ca. 780 m, Perillenalm 1444 m, Kammspitze 2139 m.

89 Felsritzzeichnungen im Gebiet der Neubergalm

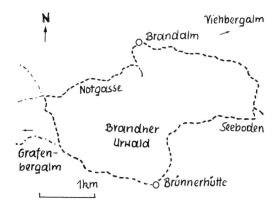

Unser Ausgangspunkt ist Winkel bei Gröbming bzw. der Parkplatz vor der
Klamm, welche Stoderzinken und Kammspitze teilt. Durch die interessanten „Öfen" folgen wir dem elegant angelegten Forstweg hinauf und kommen schließlich zur Alm bei der „Rahnstube" (1154 m), wo man zur Brandalm und weiter zur Notgasse (siehe Tourenbeschreibung Nr. 91) geht. Wir
wählen aber die Markierung in Richtung „Viehbergalm". Über „Eckangerl"
und „Sauboden" gelangen wir zu einem kleinen Niedermoor, und hier müssen wir genau achtgeben, weil der Weiterweg zur Neubergalm abzweigt, der
aber nur mit roten Farbtupfen gekennzeichnet ist. Wir queren eine Forststraße und folgen den Farbtupfen weiter längs eines angenehmen alten Alm-
weges. Wir kommen am „Kassitz", einem aus Felsplatten gelegten Abstell-
bankerl für die seinerzeitigen „Kasträger", und einer kleinen Höhle, dem
„Schottenloch", vorüber; hier wurden früher Topfen und Käse kühl gelagert.
In einer benachbarten Höhle wurde ein 1500 Jahre altes Elchgeweih gefunden. Gleich in der Nähe, im sog. „Eiskeller", einer ganzjährig am Grund mit
Schnee gefüllten Felskluft, finden sich sehr alte Felszeichnungen: Zählzei-
chen, Leitern, eine Tiergestalt an einem Baum u. a. – Ein paar Minuten sind
es bloß von hier zu den Hütten der Neubergalm. 2¹/₂ Std. sind wir von den
„Öfen" bis herauf auf 1678 m gegangen. Wir marschieren aber weiter in
Richtung „Wiesalpe", um noch eine weitere interessante Höhle aufzusuchen.
Wir finden sie in der Nähe der „Kohlröserlgrubn". Auch sie liegt abseits des

Pfades, und man sollte die 25.000er-Karte zu Rate ziehen, wenn man keine Almleute hier oben antrifft. In dieser Höhle finden sich alte Zählzeichen, der keltische Drudenfuß und andere geheimnisvolle Symbole. – Hier ist noch längst nicht alles erforscht, und es gäbe so manches Geheimnis im unübersichtlichen Gelände zu entdecken.

Gröbming gehörte mit seiner bereits 1170 erwähnten, mächtigen gotischen Pfarrkirche Mariae Himmelfahrt (1491 bis 1550 erbaut, Zwiebelturm 1678, gotische Musikempore, spätgotischer Flügelaltar des „Hallstätter Hochaltarmeisters" um 1520, prächtiges gotisches Chorgestühl 1514 bis 1674) von 1220 bis 1803 dem Erzbistum Salzburg, machte aber auch in der Geschichte der lutherischen Bewegung von sich reden. Im Jahre 1599 leistete der starke protestantische Bevölkerungsanteil den „Commissären" der Gegenreformation unter Ferdinand II. harten Widerstand, wobei der „Prädicant" Martin Schröfl, der sich auf seine Hube (Almhaus) zurückgezogen hatte, von dort vertrieben und dieselbe in Brand gesteckt wurde. – Erst seit 1810 besteht in Gröbming eine eigene evangelische Kirchengemeinde, die in vorbildlichem Zusammenwirken mit der katholischen Bevölkerung anstelle der ersten, 1853 geweihten protestantischen Pfarrkirche – sie mußte dem Bau der Umfahrungsstraße weichen – ein neues Pastoralzentrum schuf, das am 20. April 1981 geweiht wurde. Es liegt genau an jener Stelle, wo nach 1840 – als die Evangelischen noch keine Kirchen mit Glockentürmen bauen durften – in der Scheune des Landwirts Lorenz Moosbrugger vulgo Loi Gottesdienste gehalten wurden.
Wer die vom Gewerken Emil Ritter von Horstig zur Erschließung der Kohlenflöze auf der Stoderalpe (Abbau von 1846 bis 1906) angelegte „Horstig-Alpenstraße" auf den Stoderzinken befahren hat, muß auch den Initiatoren des weiteren Ausbaues in den Jahren 1962/63 dankbar sein, denn sie führt nicht nur in ein schneereiches Wintersportgebiet, sondern auch zum beliebten Aussichtspunkt des Friedenskirchleins, das 1902 in 20 Gehminuten Entfernung vom Steinerhaus durch Ritter von Horstig in die Felsen der Kaiserwand hineingebaut wurde und in dessen – leider verbranntes – Besuchsbuch Peter Rosegger 1904 eintrug: „Was soll ich schreiben in diesen Bergen voll Sonnenschein? Ich kann nur in Andacht schweigen und selig sein!"
Wanderkarten: F&B: Blatt 20 und 8 oder 281; ÖK: Blatt 128 u. 97; Kompaß-Wanderkarten 68 u. Dachstein-Tauern-Gebiet; WK Dachstein-Tauern-Region; Gehzeit: Klamm–Neubergalm 2 Std.; HU.: ca. 790 m.

90 Kammspitze und Mausbendlloch

Von Hofmanning bei Gröbming gibt es zwei markierte Pfade – Nr. 677 und 678 –, die uns beide ziemlich rasch durch die Waldzone der Kammspitze nach oben führen. Nach gut einer Gehstunde erreichen wir am „Säbelboden" den ersten ebenen Ansatz. Das Landschaftsbild ändert sich ab hier vollkommen, wir stehen vor Felswänden, zwischen denen sich Schuttfelder herunterziehen. Der Steig schlängelt sich, gut angelegt, zwischen den Abstürzen hindurch, und wir gelangen zuerst auf den Absatz neben dem 1915 m hohen Winterstein; ein erster Rastplatz mit herrlicher Aussicht. Knapp unterhalb des 2139 m hohen Gipfels gibt es einige Trittklammern und ein Seil, das uns die letzten Meter zum Gipfelkreuz gefahrlos zurückzulegen erleich-

tert. Von hier hat man prachtvolle Aussicht zu Grimming, Dachstein und zu den Niederen und Hohen Tauern. Wenn wir trittsicher und schwindelfrei sind, dann können wir die Kammspitze nach Norden überschreiten. Wir folgen dabei der Wegnummer 28 zum „Miesbodensee", der, von Moorflächen umgeben, verträumt daliegt. Eine halbe Gehstunde vom See entfernt, Richtung „Hocheck" (25.000er-Karte!), liegt der wahrscheinlich interessanteste Platz für Höhlenzeichnungen im Kemetgebirge, das „Mausbendlloch". – Die Höhle hat einen Portaleingang von 5 m Höhe und 10 m Breite. Ein ebener Boden führt ein kurzes Stück völlig gleichmäßig nach hinten. Sie setzt sich nach einer Seite in einem schmalen Spalt fort, und dahinter gibt es einen größeren Raum, vorne aber ewiges Eis in Form eines Eis-Stalagmiten. Die Felszeichnungen stellen ebenfalls Leitern, Raster, Zähl- und Fruchtbarkeitszeichen, aber auch eine Menschengestalt mit einer Axt in Händen dar. Die Höhle steht unter Denkmalschutz, und die Zeichnungen sind an die 4000 Jahre alt. – 6½ Std. benötigen wir für den Rundweg, wenn wir über die Neubergalm und die „Öfen" nach Gröbming zurückkehren (2. Auto). – „Mausbendl" bezieht sich übrigens auf den Kot der Fledermäuse = „Mausberln".

Unser Bergziel, die besonders vom Südwesten her deutlich erkennbaren Felszähne des „Kammes", wurden von den Slawen als „greben", das heißt der Kamm (auch Grat oder Bergrücken), bezeichnet, und die zu seinen Füßen als typisch slawische Schwemmkegelsiedlung liegende, nach dem „Grebenika", dem „Bach am Bergkamm", benannte Ortschaft weist ebenfalls mit den ersten urkundlichen Nennungen (1135 de Grebin, 1139 Grebnich, um 1150 Grebenicha, nach 1370 Grebnik) auf den namengebenden Berg hin. Die Endsilbe des Namens wurde im 16. Jhdt. wie die vieler anderer ehemals slawisch endender Ortsnamen (zum Beispiel Slaebnich – Schladming, Manlich [a] –

Mandling, Gleibenich – Gleiming) den echten deutschen „-ing-Namen" angeglichen. So wurde hier aus Grebnich oder Grebnik – Grebming, später Gröbming, also eigentlich ein sogenannter „falscher -ing-Name".

W i n k e l : eine Stelle „im Winkel", in einer abgelegenen Gegend.

W e y e r n : bei Gröbming, vom ahd. „wiwari" = der Fischteich, später verschwanden viele dieser Weyer-Namen (noch erhalten z. B. in Weyer in OÖ) und wichen dem Wort „Teich".

S t o d e r (z i n k e n) : „Stoder" kommt mehrmals vor (s. Gstoder, Hinterstoder etc.); vom slaw. „stodor", einem Eigennamen, der aber etymologisch nicht ganz gesichert erscheint, da er in den slawischen Sprachen nicht belegbar ist (Zinken – nach der Form des Berges).

H o f m a n n i n g : Ortsteil mit Lungenheilanstalt; einer der „falschen -ing-Namen", 1074 „Hofheimarin", 1171 „Hofehaim" = bei den Leuten am Hofheim, einem herrschaftlichen Besitz.

W a n d e r k a r t e n : F&B: Blatt 20 oder 281; ÖK: Blatt 128; Kompaß-Wanderkarten 68 u. Dachstein-Tauern-Gebiet; WK Dachstein-Tauern-Region; G e h z e i t : insgesamt 6½ Std.; HU.: 1150 m.

91 Zu den geheimnisvollen Felszeichnungen in der „Notgasse"

Im Kemetgebirge liegt zwischen Stoderzinken und Hirzberg die „Notgasse". Es ist dies eine kleine Felsschlucht, deren Namen sich vielleicht vom heiligen Feuer „Hnot" der Kelten ableitet. In der Felsklamm finden sich nämlich hochinteressante Fels-Ritzzeichnungen, von denen einige 4000 Jahre alt sein sollen. Es handelt sich um Rauten, Leitern, Baummotive, Drudensterne, Zählzeichen u. a. Daneben finden sich Namen und Sterbejahre bekannter protestantischer Ennstaler Familien aus dem 18. Jhdt. und leider auch Initialen und Kritzeleien aus jüngster Zeit, obwohl der Platz unter strengstem Denkmalschutz steht. – Die Notgasse kann man von zwei Seiten her erreichen: Am einfachsten zu finden ist sie von Gröbming-Winkel über die Forststraße, die über die „Öfen" zur „Brandalm" führt. Von dort folgt man der

Straße noch gut ½ km, bis rechter Hand ein Hinweisschild zur „Notgasse" weist. Knapp 2 Std. haben wir vom Wegschranken bei den „Öfen" bis hierher benötigt und gelangen schon nach ¼ Std. zu den ersten Ritzzeichnungen. In weiteren 20 Min. durchqueren wir sodann die äußerst romantische (manchmal nur 3 m enge) Schlucht und finden an vielen Stellen eine größere Anzahl dieser Zeichnungen. An den wichtigsten Stellen befinden sich Denkmalschutztafeln und Hinweise, daß keinesfalls Veränderungen an diesem wertvollen Kulturgut, das noch immer nicht voll erforscht ist, vorgenommen werden dürfen. An einem kleinen Fels ist sogar ein „Wandbuch" angebracht. Die Notgasse liegt über 1500 m hoch; an ihrem westlichen Ende findet sich ein Markierungsstein aus dem vorigen Jhdt., an dem die Richtung zur „Stoderalm" angezeigt ist: Wir folgen ihr zuerst über den Almwiesenboden und entdecken dann bald (am linken Rand eines kleinen Almkessels) den gut ausgetretenen, aber nicht markierten Pfad – sieht man von alten Schimarkierungen ab –, der uns in gut ½ Std. hinauf zum markierten Weg führt, der von der Grafenbergalm zur Brünnerhütte verläuft. In ½ Std. sind wir bei der Brünnerhütte und können nun von dort in 1 Std. über die Route Nr. 618 zum Parkplatz bei den „Öfen" absteigen.

Kaum einer der Wanderer, die den Weg hierher zu den versteckten Plätzen gefunden haben, wird nicht nachdenklich beim Anblick der im wahrsten Sinn des Wortes „steinalten" Felszeichnungen im Mauspendlloch und in der Notgasse, die ihren Namen entweder der Einsamkeit und Abgeschiedenheit oder etwa dem vermutlich keltischen Wort „hnod" verdankt, das „heiliges Feuer" bedeuten mochte. Man nimmt an, daß das von den Kelten, wie ja von allen frühzeitlichen Völkern, als heilig erachtete Herdfeuer (man vergleiche auch die Symbolik in Richard Wagners „Ring des Nibelungen", wo ja das Schwert Notung im Feuer geschmiedet wird!), welches eine ausgefrorene, vor Sonnwend gelöscht und am Sonnwendtag in einem besonderen Feuerentzündungsritual neu entfacht wurde. Hiezu hätte sich die „windarme" Notgassenschlucht sicherlich gut geeignet. Als weiterführende These möchte der Verfasser dieser Zeilen anfügen, daß noch im Mittelhochdeutschen „nôt" im eigentlichen Wortsinn „die Reibung", das „Reiben" bedeutet hat. Und wer weiß nicht, daß man durch das Aneinanderreiben von Holz oder Quarzsteinen „Feuer" erzeugen, also im mittelalterlichen Sinne „niuwen", das heißt erneuern, neu machen, kann, wie uns auch der Ausdruck „nôt-viur", Notfeuer, ein „durch Reibung hervorgebrachtes Feuer", beweist.

W a n d e r k a r t e n : F&B: Blatt 20 und 8, oder 281; ÖK: Blatt 128 u. 97; Kompaß-Wanderkarte 68 u. Dachstein-Tauern-Gebiet; WK Dachstein-Tauern-Region; G e h z e i t : von Winkel ca. 2 Std.; vom PP am Stoderzinken über Weg 675, 618, Abzw. Hirzberg–Mitterndorf bei 1646 m; Hochwiesmahd und Gr. Wiesmahd (dort im 18. u. 19. Jhdt. ausgedehnte Köhlerei, vermutlich zur Versorgung des Hammerwerkes Pruggern), Kodepunkt 1570 m–Notgasse ca. 2 bis 2½ Std.; HU.: ca. 570 m bzw. max. 300 m.

92 Von Aich-Assach auf den Stoderzinken

Von Gröbming kann man auf den Stoderzinken hinauffahren, wir aber wollen den Berg von Aich/Assach auf markiertem Weg ersteigen. – Unser Aus-

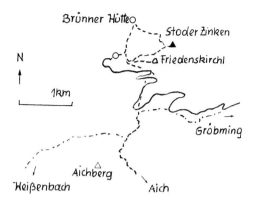

gangspunkt liegt in Aich an der Gemeindestraße, wo uns die Markierung über Wiesen hinaufleitet; weiter oben finden wir das Hinweisschild „Brünnerhütte – Stoderzinken" mit der Wegnummer 679. Im Wald geht es zügig aufwärts, wobei man Blicke hinüber auf die Schladminger Tauern werfen kann. Unser Pfad umgeht den steilen Waldriegel des Aichbergs. Nach knapp 1¹/₂ Std. lichtet sich der Wald, und die Gipfelfelsen des Stoderzinken schauen durch die Bäume herunter. Unser Pfad quert nun bis auf einen Rücken hinaus, wo der markierte Weg von Weißenbach heraufkommt. Durch ein Latschen-Felsschrofengelände geht es weiter, worauf lockerer Almwald folgt, und hier stößt auch der markierte Fußweg von Gröbming auf unsere Route. Wir überqueren die Mautstraße und folgen einem alten Almweg. Beim romantischen „Verlobungskreuz" an der „Kaiserwand" bietet sich ein Prachtblick hinüber in die Tauern. Die ersten Zirbenbestände säumen unseren Weg, und schließlich kommen wir auf das Stoderplateau in etwa 1870 m Seehöhe, genau bei der Wegabzweigung zur Brünnerhütte, hinauf. Knapp 3 Std. haben wir benötigt und sollten uns eine Besteigung des Stodergipfels (2048 m) nicht entgehen lassen. ³/₄ bis 1 Std. müssen wir dafür zusätzlich noch aufwenden, aber die großartige Aussicht, besonders auf die hier sehr bizarr wirkenden Dachsteingipfel, lohnt diese zusätzliche Mühe. Unbedingt sollten wir vom Stoderplateau aus aber in etwa 20 Min. das sog. „Friedenskirchlein" aufsuchen, das an der Südseite des Stoders regelrecht in die Felsen „hineingeklebt" ist und auf 1901 m Seehöhe liegt. Der holzschindelgedeckte Bau mit dem kleinen Dachreiter-Türmchen wurde schon 1902 erbaut, und der Blick von hier reicht bis zum Großglockner.

Die Forschungen in der Notgasse haben interessante Ergebnisse erbracht. Wegen der vielen Namens- und Datumseintragungen aus den letzten Jahrhunderten (z. B. Johann Schröfl 1790) sah man zunächst in den Ideogrammen nur Erinnerungsmale ehemaliger Geheimprotestanten aus der Zeit der Glaubenskämpfe. Die gleichen Namen, die

146

man an den Felsen der Notgasse lesen kann, tragen aber heute noch die evangelischen Familien des Ennstales. Um eine Erklärung zu finden, verglich man daraufhin einige der bei den Namen angebrachten Daten mit erhaltenen Familienchroniken und stellte fest, daß alle diese Daten Sterbedaten waren. Aber diese Namen oder Initialen und Sterbedaten haben keine bäuerlichen Hände in den Fels graviert. Solche oft kalligraphischen Leistungen konnten nur Fachmänner vollbracht haben. Nach dem Tod eines Familienvaters mußte also ein beauftragter „Steinschreiber" in die Notgasse hinaufgestiegen sein, um dort seine Arbeit zu vollbringen. Weshalb? Weshalb in der weltabgeschiedenen und nur nach stundenlangem Anmarsch zu erreichenden Notgasse? Was verband die im Tal lebenden Ennstaler mit dieser düsteren Felsschlucht? Eine Tradition. Welche Tradition? Wir wissen, daß nahe der Notgasse ein uralter Salzweg (die Trasse ist noch deutlich erkenn- und verfolgbar) aus dem Salzkammergut in die Steiermark führte. So weltabgeschieden, wie man heute glaubt, war die Notgasse einst also doch nicht. Viele Felsbilder in der Kluft haben eindeutig ein hohes Alter (lt. letzten Forschungen bis 4000 v. Chr.) und haben wohl auch den Nachahmungstrieb späterer Generationen angeregt. In der Notgasse findet der Besucher daher auch ein seltsames Durcheinander und Aufeinander von Raddarstellungen, Bäumen, Leitern, Drei- und Vierecken, Ackergeräten, Pentagrammen, Kreuzen usf.

In den letzten Jahren hat der Verein „ANISA", angeführt vom Hauser Franz Mandl, im Zuge seiner „Hochalpinen Wüstungsforschung am östlichen Dachsteinplateau" vieles zur Erforschung der frühgeschichtlichen Verhältnisse geleistet und publiziert (Tel. 0 36 86/23 93).

W a n d e r k a r t e n : F&B: Blatt 20 und 8 oder 281; ÖK: Blatt 128 u. 97; AV-Karte Nr. 45/3; Kompaß-Wanderkarten 68 u. Dachstein-Tauern-Gebiet; WK Dachstein-Tauern-Region; G e h z e i t e n : bis Brünnerhütte 3 Std.; Gipfel ¾ bis 1 Std.; Friedenskircherl ca. 20 Min. vom Plateau; HU.: Aich 727 m, Brünnerhütte 1737 m, Stoderzinken 2048 m.

93 Weißenbach – Kufstein

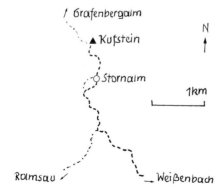

Am besten beginnt man die Besteigung des 2049 m hohen Kufsteins beim Gh. Burgstaller in Ramsau-Rössing. Wir folgen der Markierung Nr. 667, dreimal einen Forstweg querend, und begehen dann einen alten Almsteig in angenehmen Serpentinen, die uns rasch nach oben führen. Immer umfassender wird beim Höhersteigen der Blick über das Ennstal. – Unterwegs bietet das „Viertelbründl" letzte Gelegenheit zum Füllen der Trinkflaschen. Weiter oben, wo der Weg schon flacher wird, gelangen wir in einen prächtigen Lärchenwald, und zwei Wegvarianten (die linke einfacher, die rechte felsig und Trittsicherheit erfordernd) leiten uns auf die romantische Stornalm mit ihren Hütten. Oberhalb von uns schon der Gipfelaufbau des Kufsteins, an den wir über felsdurchsetzte Almböden rasch herankommen. Den direkten Steig zur Grafenbergalm lassen wir rechts liegen und erreichen über einen steiler werdenden Pfad (nach 2^1/$_2$ Std.) das Gipfelkreuz mit seiner prachtvollen Aussicht auf das Ennstal, unzählige Gipfel der Niederen Tauern, aber auch auf die faszinierende „Ödlandschaft" von Stein- und Kemetgebirge. – In ^{1}/$_2$ Std. erreichen wir über die Markierung Nr. 667 die Grafenbergalm (Ziegenmilchprodukte und Getränke erhältlich), von der man auf bequemem Weg über den Ahornsee nach Weißenbach absteigen kann. – Wir empfehlen bei guten Wetterbedingungen aber den Abstieg über die Luseralm, wobei wir zuerst dem Weg Nr. 618 über die Luserpfanne zum Guttenberghaus folgen. Bei der Türlwand zweigen wir aber nach Süden zu den Hütten der Luseralm, großartig zu Füßen der Luserwand liegend, ab. (Westlich von uns, beim Abstieg zur Luseralm, ein Blick ins Silberkar.) Über den Almsteig – und zum Schluß über einen Forstweg – erreichen wir wieder unseren Ausgangspunkt beim „Burgstaller".

Von Weißenbach mit seinem Golfplatz und der auch botanisch „reizvollen" Natur-Kneipp-Anlage ins Quellgebiet „Siebenbrünn" zurück nach H a u s, wo das Ennstal 1978 durch das damals neu eröffnete Dekanatsmuseum um ein bedeutendes kulturelles Zentrum reicher wurde. Sein heuer 77 Jahre alter Schöpfer und langjähriger Kustos, Prof. Walter Stipperger, hatte schon 1936 mit der Sammeltätigkeit im oberen Ennstal begonnen, aber nach dem Zweiten Weltkrieg wurde das Ergebnis nicht zur Einrichtung eines Bezirksmuseums in Schladming, sondern als Grundstock für das heutige Landschaftsmuseum Trautenfels verwendet und der angesammelte Archivbestand dem Stmk. Landesarchiv übergeben. Stipperger – auch langjähriger Mitarbeiter im ORF-Landesstudio Steiermark – begann bald danach mit der archivalischen Aufarbeitung und Dokumentation der Pfarrgeschichte seines Heimatortes, die zunächst in der Restaurierung der Katharinenkapelle (Anfang 15. Jhdt.) gipfelte. Die darin geborgenen Objekte, darunter der älteste romanische und kunstgeschichtlich bedeutende Kruzifixus der Steiermark aus der alten Kirche von Oberhaus, bildeten den Grundstock des heutigen, mehr als 200 Quadratmeter Ausstellungsfläche umfassenden Dekanatsmuseums im ehemaligen Zehntspeicher der Pfarre Haus. Der Besucher findet Details zur Geschichte der Gemeinde, einen kunsthistorischen Überblick über die Pfarrkirche, Dokumente zur Zeit von Protestantismus, Geheimprotestantismus und Gegenreformation sowie viele Objekte aus dem Bereich des Volks- und Aberglaubens und neben Zeugnissen des jahreszeitlichen Brauchtums und des Totenkults auch eine Geschichte des Schulwesens von Haus und Umgebung. Wer den „Hauser Kruzifixus" (sog. „Viernageltypus", in der Romanik, also vom 11. Jhdt. bis 1230 stark vertreten; mit streng gehaltenem Körper und ausgebreiteten Armen, dem Umriß eines „T" entsprechend) gesehen hat, sollte nicht versäumen, auch die anderen kunstgeschichtlich bedeutenden „Christus am Kreuz"-Darstellungen in der Steiermark zu besuchen, darunter jene in Seckau, Göß, Aflenz oder dem nahe gelegenen Pürgg.

W a n d e r k a r t e n : F&B: Blatt 20 und 8; oder 281; ÖK: Blatt 127; AV-Karte Nr. 45/3; Kompaß-Wanderkarten 68 u. Dachstein-Tauern-Gebiet; WK Dachstein-Tauern-Region; G e h z e i t e n : Kufstein 2¹/₂ Std.; Gipfel–Grafenbergalm (Halter: Schriftsteller Bodo Hell) ca. 30 Min.; Abstieg über Luseralm zum Burgstaller 3 Std.; HU.: Gh. Burgstaller ca. 1000 m; Kufstein 2049 m; Grafenbergalm 1783 m; Luseralm 1596 m.

94 Durch die Silberkarklamm zum Hölltalsee

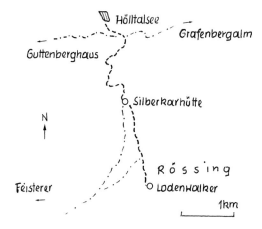

Die Hochfläche „Auf dem Stein" im Osten des Dachsteins birgt überraschenderweise manche landschaftliche Kostbarkeiten. Eines dieser Kleinode ist der Hölltalsee, der – umrahmt von lotrechten Felswänden – einzigartig daliegt. Der rascheste Aufstieg führt durch die Silberkarklamm und über das Silberkar vom „Lodenwalker" aus der Ramsau her. Auch die Silberkarklamm ist sehenswert. Man steigt durch sie über Treppen und Holzleitern – alles bestens gesichert – neben dem tobenden Wildbach und vorbei an Wasserfällen nach oben. Am Ende der Klamm das „Glanzstück", ein in viele Seitenarme aufgespaltener Kaskaden-Wasserfall. Gleich oberhalb der Klamm liegt inmitten eines kleinen Almkars die Silberkarhütte (1223 m). Von ihr geht es in vielen Serpentinen – durch Latschen immer bestens markiert – hinauf, um über eine Felsrampe die Reste der alten und das Hütterl der „neuen" Stangalm zu erreichen. Von hier sind wir dann bald oben auf der Hochfläche mit ihren unübersichtlichen Dolinen und Karbuckeln und haben nochmals einen Blick zurück auf den schmalen Einschnitt der Silberkarklamm, aber auch auf die gesamte Kette der Schladminger Tauern. Hier, im sog. „Grubach", führt der Weg vom Guttenberghaus zur Grafenbergalm vorbei. Wir folgen aber der Markierungsnummer 66 die 20 Minuten hinunter ins Seetal. Der Abstieg ist äußerst romantisch: Zwischen riesigen Steinblöcken und an kleinen Felswänden vorbei schlängelt sich der Pfad inmitten einer prachtvollen Alpinflora nach unten. Dann liegt aber schon der überraschend große Wasserspiegel des Hölltalsees mit seiner wunderbaren Türkisfarbe unter uns. Steile Felswände und Schuttflanken umgeben das einzigartig romantisch daliegende Gewässer. Das süd- und westseitige Ufer ist von einem Alm-Wiesenstreifen umrahmt, auf dem sich herrlich lagern läßt. Gehzeit vom Silberkar herauf: 2 Std. Bei Schönwetter empfiehlt sich ein Rundweg von weiteren 2½ Std. über Feisterscharte–Guttenberghaus–Ramsau.

Ramsau/Dachstein: PLZ: A-8972, 1000 bis 2700 m Seehöhe; 2340 Ew.; Ausk.: FVV Ramsau, Tel. 036 87/81 9 25 o. 81 8 33 bzw. 81 5 00. Liegt 5 km nördlich oberhalb von Schladming auf einem 3 km breiten und ca. 18 km langen Hochplateau zu Füßen des höchsten Bergmassivs der Steiermark, des Dachsteins (2996 m), und der Scheichenspitzgruppe (2662 m). Zwischen den weitgestreuten einzelnen Orsteilen Kulm, Ort, Schildlehen, Hierzegg, Leiten und Sattelberg liegt eine prächtige, naturparkähnliche Wanderlandschaft. Die Ramsau war einst ganz mit Ahornwaldungen bedeckt, deren fast völlige Ausrottung in das 14. und 15. Jhdt. zurückfallen dürfte, und hieß deshalb „Ahorntal". Nach der Umwandlung in Almweiden, Wiesen und Äcker entstanden hier Ansiedlungen, deren Wohlstand sich besonders in der Reformationszeit vermehrte, als sich viele Anhänger der Lehre Luthers auf die sichere Hochebene zurückzogen und dort wohnhaft wurden. Als größte und hartnäckigste protestantische Gemeinde des Landes erklärten sich nach dem Toleranzpatent Kaiser Josefs II. vor den Glaubenskommissionen im Salzburger Amtshof von Pichl (Pichlmaiergut) nur 3 Hausväter der Ramsau als katholisch! Sehenswürdigkeiten: kath. Pfarrkirche hl. Rupert (Ortsteil Kulm): ab 1440 über romanischem Kern in spätgotischer Form durch den Schladminger Gewerken Günzberger errichtet, romanische und gotische Fresken; 1747 Pfarre. Evang. Kirche: 1783 erstes Bethaus mit 900 Sitzplätzen, erst 1866 Baupläne zur Kirche durch R. Hilpert u. Hans Kieser, neuromanisch in Kreuzform, galt nach seiner Vollendung im Jahre 1895 als schönstes protestantisches Gotteshaus der Stmk. 750 Sitzplätze („größtes" in Schladming!). Lodenwalker: Ramsau-Rössing Nr. 95. Älteste Ennstaler und österreichische Lodenwalkerei am Eingang zur Silberkarklamm, urkdl. schon 1434 im Admonter Urbar, fol. 30 „Resing" (= Rössing) genannt; noch heute Erzeugung von Strapazloden, Sportstoffen und Strickwollwaren aus reiner Schafwolle. Wanderkarten: F&B: Blatt 20 oder 281 oder 201; ÖK: Blatt 127; Kompaß-Wanderkarten 68 u. Dachstein-Tauern-Gebiet; WK Dachstein-Tauern-Region; Gehzeit: 2 Std.; Weiterweg Feisterscharte–Guttenberghaus–Ramsau 2½ Std.; HU.: ca. 950 m.

95 Luseralm – Hölltalsee – Silberkar

Vom Lodenwalker in Ramsau/Rössing folgen wir der Straße weiter bis zum Gh. Burgstaller. Hier beginnt ein Forstweg in Richtung Luseralm auf der linken Seite des Luserbaches (2 km bis zum Schranken). In der Nähe der Schwalbensteinwand endet der Weg in einem interessanten Talschluß. Ab

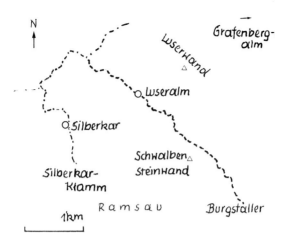

hier führt ein unmarkierter Pfad in nordwestlicher Richtung. Er überwindet problemlos die Felsstufe. Oben tritt der Wald zurück, und wir gelangen hinaus auf die reizend gelegene Luseralm mit ihren schindelgedeckten Hütten (unbewirtschaftet). 1½ Std. vom Burgstaller. Romantisch ist das grüne Almkar vom weißen Kalkfels der Luserwand im Osten, von Türlwand im Norden und Luserriedel im Westen eingerahmt – ein selten schöner Platz! Von der 1596 m hoch gelegenen Luseralm steigen wir in einer weiteren Stunde hinauf auf die Hochfläche „Am Stein", wo wir auf den markierten Verbindungsweg „Guttenberghaus – Grafenbergalm" stoßen. Interessanter Blick auf Gjaidstein, Koppenkarstein und Scheichenspitze. Nach ¼ Std. (in Richtung Guttenberghaus) markierte Abzweigung zum Hölltalsee. Prachtvoll ist seine jadegrüne Wasserfläche, die in ein fast lotrechtes Felsrund eingebettet ist (½ Std. vom Hauptweg). Westlich über dem See steht der Landfriedstein, und man kann nun von dort direkt zur Feisterscharte und weiter zum Guttenberghaus gehen, oder wir steigen zurück hinauf auf den Plateaurand und gehen hinunter durch das Silberkar zum Lodenwalker in Rössing. Der gute Steig führt durch Latschengelände und teilweise über Kalkschuttriesen in vielen Serpentinen sicher nach unten; steile Felsabbrüche werden entsprechend umgangen. Nach gut einer Stunde erreichen wir das beliebte Ausflugsziel der Silberkarhütte (1223 m) und gehen durch die romantische Klamm über Steiganlagen hinaus.

Charakteristisch für die angestammte Frömmigkeit der auch heute noch fast ausschließlich evangelischen Bevölkerung der Ramsau (um die Jahrhundertwende gab es z. B. unter den 1221 Einwohnern 1158 Protestanten und 63 Katholiken, dzt. etwa 1800 evangelische Gläubige) sind die vielen in öffentlichen Gebäuden, Gasthäusern oder auf Firstbäumen und über Wegrastbänken angebrachten Sinnsprüche. Zu den bekanntesten zählt wohl das Hausmotto eines der ältesten Häuser von Ramsau-Ort, des jetzigen Hotels Pe(r)hab: „Gott lieben macht selig, Wein trinken macht fröhlich, drum liebe Gott und trinke Wein, so wirst Du fröhlich und selig sein", oder etwa die Inschrift auf halbem Wege zum Brandriedlgipfel, deren Inhalt für diesen Platz auch zutraf: „Mein Auge sieht, wohin es blickt, des Schöpfers große Werke"; daneben gibt es noch viele andere Spruchweisheiten. – Die ursprüngliche Bedeutung von Viehzucht und Ackerbau für die Bevölkerung ist seit einigen Generationen – nicht zuletzt aufgrund der Erschließung des Dachsteinmassivs durch Männer wie Erzherzog Johann, Simony, Pichler, Steiner u. a. seit Beginn des vorigen Jahrhunderts – gegenüber dem Aufschwung des Fremdenverkehrs zurückgegangen. Als zweites – historisch gesehen – früheres markantes Ereignis von größter Tragweite für die (von dem im 11. Jhdt. eingewanderten Bayern abstammende) Bevölkerung gilt wohl die Einführung des protestantischen Glaubens, der sich trotz schwieriger Zeitumstände bis zum Erlaß des Toleranzpatentes 1781 vehement erhalten konnte.

W a n d e r k a r t e n : F&B: Blatt 20 oder 281 oder 201; ÖK: Blatt 127; Kompaß-Wanderkarten 68 u. Dachstein-Tauern-Gebiet; WK Dachstein-Tauern-Region; G e h z e i t e n : Burgstaller–Luseralm 1½ Std.; bis Hölltalsee 1 Std.; bis Silberkarklamm 1 Std.; HU.: zur Luseralm ca. 600 m; zum Grubachsattel weitere 350 m; Hölltalsee 1880 m.

96 Auf die Lackenmoosalm „Auf dem Stein"

Wissenschafter legten auf der Lackenmoosalm „Auf dem Stein", der östlich an das Dachsteinmassiv anschließenden Kalkhochfläche, eine bronzezeitliche Höhensiedlung, wahrscheinlich die älteste Almwirtschaft in diesem Gebiet, frei. – Dieses interessante Wanderziel beschert uns aber auch das Erlebnis einer selten großartigen Hochgebirgslandschaft, und wenn noch genug Zeit verbleibt, können wir auch den 2341 m hohen Sinabell, einen guten Aussichtspunkt über die Niederen Tauern bis zum Großglockner und auf weite Teile des Ennstales, besteigen. Ausgangspunkt ist der Gh. Feisterer in der Ramsau, von wo wir in 2 Std. den bekannten Weg zum Guttenberghaus (2146 m) hinaufgehen. Kurz dahinter liegt die Feisterscharte (und von dort kann der relativ kurze Abstecher auf den Sinabell unternommen werden). – Von der Feisterscharte folgen wir der Markierungstafel „Gjaidalm" (Nr. 616) durch kleine und größere Dolinen, über Felsriefen, -platten und -bänke in stetigem Auf und Ab, wie es für diese Karsthochflächen so typisch ist. – Der Pfad ist hinreichend markiert, darf aber nur bei gutem Wetter begangen werden! An der Abzweigung zum Hölltalsee gehen wir vorbei und wenden uns bei der Markierungsteilung der sogenannten „Hand" nach rechts (in gr. Buchstaben ist hier „Lackenmoos" auf die Felsen gemalt). Nach Durchschreiten zweier flacher Dolinentrichter stoßen wir direkt am Pfad auf die Ausgrabungs- bzw. Rekonstruktionsstelle der bronzezeitlichen Almhäuser, deren Steinfundamente nicht zu übersehen sind. 5 Minuten weiter liegen dann an der Sumpfstelle des Lackenmooses die anderen Objekte; 1½ Std. vom Guttenberghaus bis zur Lackenmoosalm. – Der Rückweg kann (roten Farbtupfen folgend) in südlicher Richtung, am Miesberggipfel und am Hölltalsee vorbei, durch das Silberkar in die Ramsau gewählt werden und ist etwas kürzer als über die Feisterscharte.

Damals, am 24. Juni 1782, mußten sich die Ramsauer im Amtshof Pichl (an der Enns) des kath. Stiftes St. Peter zu Salzburg – wie viele andere Bewohner des oberen Ennstales – vor besonderen „Glaubenskommissionen" zu ihrer religiösen Einstellung bekennen, um in den Genuß der „Toleranz" zu kommen; zu diesem Zeitpunkt erklärten sich, wie erwähnt, nur drei Hausväter der Gemeinde Ramsau zum katholischen Glauben. Dies erklärt – zumal davor alle nun als protestantisch deklarierten Bewohner der Gegend in die katholische Kirche gegangen waren – auch die fast gänzliche Verwaisung der entzückend gelegenen Pfarre St. Rupert – katholische Kirche von Kulm –, deren Vikariat bald darauf aufgelassen und erst 1876 als Pfarre wiedererrichtet wurde. Das schlichte Gotteshaus wurde ab 1440 über einem romanischen Mauerkern in spätgotischer Form vom Schladminger Gewerken Stephan Günzberger errichtet, wie die Inschrift am 1444 vollendeten Chor bezeugt: „Dac pau ist breit (bereitet) anno Domini MCCCCXXXX jar Stepan Gvencperiger Steinmetz von Domhof Memento mori". Fresken an der N-Wand: romanisch und jünger: „Jüngstes Gericht". Fresken außen am Chor: gotisch, Mitte 15. Jhdt., besonders schön: Muttergottes mit Kind und St. Daniel als Bergbaupatron sowie hl. Jakobus der Ältere. – Marienaltar: aus der 2. Hälfte des 18. Jhdts., seit der Renovierung 1952 in der Rupertkirche, früher in der Brucker (Mur) Minoritenkirche Maria im Walde. Glocke: von Medardus Raig aus dem Jahre 1674.

Wanderkarten: F&B: Blatt 20 oder 281 oder 201; ÖK: Blatt 127; Kompaß-Wanderkarten 68 u. Dachstein-Tauern-Gebiet; WK Dachstein-Tauern-Region; Gehzeiten: Feisterer–Guttenberghaus–Lackenmoosalm ca. 3½ Std.; Rückweg über Miesberg und Silberkar ca. 3 Std.; HU: Feisterer ca. 1170 m; Guttenberghaus 2146 m; Feisterscharte 2198 m; Sinabell (v. Feisterscharte ca. 30 Min.) 2341 m; Lackenmoosalm 2036 m.

97 Von der Ramsau auf die Scheichenspitze

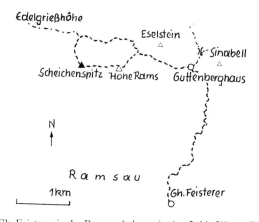

Vom Gh. Feisterer in der Ramsau haben wir eine 2- bis 2½stündige Wanderung hinauf zum Guttenberghaus. Der Pfad führt längs des Feistererbaches zuerst durch Hochwald, dann am „Kalchbründl" vorbei, hinauf in das Feisterkar. In bequemen Serpentinen geht es im Kar weiter, um schließlich über die oberen Almböden das Guttenberghaus (2131 m) zu erreichen. Es befindet sich in prachtvoller Lage unter der Feisterscharte zwischen Sinabell, Eselstein und Mitterstein. – Vom Guttenberghaus führt uns ein hübsches Steiglein, mäßig ansteigend, unter den Abstürzen des Eselsteins in die 2252 m hohe Gruberscharte. Hier teilt sich nun der Weg: Die Markierungsnummer 618 führt nördlich um Hohe Rams und Scheichenspitze herum und dann weiter zur Edelgrießscharte und von dort auf den Gipfel (leichte Variante). Der direkte Weg auf Hohe Rams und Scheichenspitze erfordert aber Trittsicherheit und Schwindelfreiheit und ist nur für geübte Bergwanderer zu empfehlen. Man folgt hierbei der Markierung Nr. 673, einem bestens gesicherten Pfad (Drahtseil und einige Trittklammern), zuerst im festen Fels und dann – auf halbem Weg zwischen Scharte und Gipfel – auf breiten Schuttbändern auf die Hohe Rams (2546 m), von wo man einen schönen Blick zurück zum Guttenberghaus, nach Osten zum Stoderzinken, zur Kammspitze und schließlich zum Grimming hat. Sehenswert ist auch die weite Einöde des „Stein". Im Nordosten erheben sich Koppenkarstein und Gjaidstein mit ihren mächtigen Felsklötzen. – In lustiger Turnerei über Gratstücke führt der Weg nun weiter. Er ist ständig gut versichert und überschreitet nie den Schwierigkeitsgrad I. – Etwa eine halbe Stunde braucht man von der Hohen Rams zur Scheichenspitze mit ihrem gewaltigen Gipfelkreuz (1½ Std. vom Guttenberghaus). Hier weitet sich der Blick noch hinüber in die Hohen Tauern bis zum Großglockner; ganz nah gegenüber der Dachstein.

Charakteristisch für die Bekrönung der Flachdachhäuser dieser Landschaft mit den steinbeschwerten sog. „Schwardächern" waren die heute noch erzeugten Glockentürmchen. Einer der Erzeuger ist der Vater des bekannten Schirennläufers Reinhard Tritscher, der seit Jahrzehnten als Organist der evangelischen Kirche tätig ist.

Von der R u p e r t i - K i r c h e : bester Ausblick über den unteren (östlichen) Teil der Ramsau. – E v a n g e l i s c h e s B e t h a u s : erste Gottesdienste in der Scheune des vlg. Mayerhofer. Bauzeit des Bethauses: 3 Monate. Kosten: 3475 Gulden. 1805: Einbau einer Orgel mit 7 Manual- und 2 Pedal-Registern durch den Grazer Orgelbauer Schwarz. – Schöner, 2,5 m hoher Kruzifixus in der Mitte des Friedhofes; in der Nähe ein Pestkreuz: 1715 als Mahnmal errichtet, daß in diesem Jahr die Pest nur „bis hierher und nicht weiter" wütete. – P f a r r k i r c h e : erst 1886 unter dem sächsischen Pfarrer Carl-Richard Hilpert Baupläne; Altarbild: Kopie des „Gekreuzigten" von Rubens; Seitenbilder: Apostel Petrus und Paulus. Orgel: Fa. Hopferwieser, Graz. – 1949: Kriegerdenkmal in Gestalt eines „sterbenden Kriegers in den Armen Christi", aus Ton, vom Wiener Bildhauer Opitz.

W a n d e r k a r t e n : F&B: Blatt 20 oder 281 oder 201; ÖK: Blatt 96 u. 127; AV-Karte Nr. 14; Kompaß-Wanderkarten 68 u. Dachstein-Tauern-Gebiet; WK Dachstein-Tauern-Region; G e h z e i t : Aufstieg 3½ bis 4 Std.; HU.: 1514 m.

98 „Ramsauer Klettersteig":
Hohe Gamsfeldspitze – Scheichenspitze

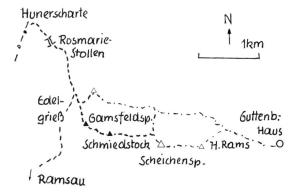

Ausnahmsweise ist dieser Vorschlag nur dem geübten Bergsteiger vorbehalten, der schwindelfrei ist und ausreichend Kondition besitzt, um 2 Std. lang sein Körpergewicht hochzuziehen und in Balance zu halten! – Für die Bergwanderer gibt es in der wunderschönen Ramsau aber ebenfalls mehr als genug Wanderziele; sie können jedenfalls auch zum Ausgangspunkt des Klettersteigs, zur Edelgrieß-Höhe, mitwandern. – Diese erreicht man sehr einfach, wenn man im Spätsommer (sobald die Sicherungsseile am „Walcher-

Steig", nach Durchquerung des Rosemarie-Stollens, ausgeapert sind) mit der Dachstein-Seilbahn zum Hunerkogel hinauffährt und zur Austriascharte hinübergeht, um sodann durch den Stollen zur Edelgrießhöhe abzusteigen. Wir erreichen die Edelgrießhöhe aber auch durch das Edelgrieß (2 Std. von der Türlwandhütte), über den Schladmingergletscher und das Koppenkar (2^1/$_2$ Std. vom Hunerkogel) oder vom Guttenberghaus her (1^1/$_2$ bis 2 Std.). – Hier, in 2488 m, beginnt unser Klettersteig, der mit Drahtseilen und Trittklammern voll gesichert ist. Der Weg führt über die Hohe Gamsfeldspitze und den Schmiedstock bis zur Scheichenspitze und bietet eine großartige Aussicht mit eindrucksvollen Tiefblicken; er führt den Geübten genußvoll über Grate, Bänder, Risse, Wandln und oft auch beträchtliche lotrechte Steilaufschwünge. Auf halber Wegstrecke erreichen wir den prächtigen Felsgipfel der Hohen Gamsfeldspitze (2611 m; mit Gipfelbuch), dann steigen wir ausgesetzt zum Fuß des Schmiedstocks ab und erklimmen fast in der Senkrechten durch kaminähnliche Risse und über rauhe Wandstufen an der Südseite seinen Gipfel. Von dort ist es nicht mehr weit zur Scheichenspitze, von wo wir auf dem Normalweg zur Edelgrießhöhe oder über den versicherten Weg zur Hohen Rams und hinunter zur Gruberscharte absteigen.

R a m s a u : Die neuesten Ergebnisse der Ortsnamenforschung deuten immer mehr auf die Rolle des „Bär(en)lauchs" als namengebende Pflanze unter vielen anderen Pflanzen und Bäumen hin, eine Benennungsmethode, die vor allem bei slawischen Völkern, die ja zu Beginn ihrer Einwanderungsperiode noch heidnische Analphabeten waren und keine Schriftzeichen, Münzen, Grabsteine, Baudenkmäler oder Kirchen kannten, festgestellt wurde. Der Bärlauch ist ein Kraut, das in seinem Aussehen der Herbstzeitlose, vielleicht auch den Maiglöckchen ähnelt und das, ohne die vielen als unangenehm empfundenen Geruchseigenschaften des Knoblauchs aufzuweisen, dessen altbekannte Wirkstoffe besitzt. Er riecht nur leicht nach Knoblauch und hilft gegen Arterienverkalkung und Vergeßlichkeit. Der Bärlauch war sowohl den Baiern als auch den Slawen wohlbekannt; Gegenden, wo er in größeren Mengen vorkam, wurden deshalb des öfteren nach ihm benannt. Aus den bairischen Siedlungsperioden stammt daher die oft vorkommende (auf den Bärlauch hinweisende) Bezeichnung „Ramsau"; der Bärlauch hieß im Althochdeutschen „hramusa" (sprich: „chramusa"), was sich später zu „hramsa" und – ohne Behauchung – zu „ramsa" entwickelte und zumeist in Verbindung mit dem Gelände, wo die Pflanze vorkam – er ist eine typische „Au-Pflanze" –, auch durch eine „Au"-Bezeichnung erweitert wurde; daher also der Name „Ramsau". – P l a n a i : vom mhd. plane = der freie (kahle) Platz; siehe auch K a i b l i n g (4mal im Ennstal): von ahd. kalo, gen.: kalves = kahl, der kahle Berg. – S i n a b e l l (der Sinabell): vom mhd. sinewel = rund, eine Rundformation; einer der wenigen rundlich geformten (nicht spitzen) Berge im Dachstein-Massiv. – T a u e r n : Es liegt ein vermutlich indogermanischer Wortstamm zugrunde, der „Bergrücken" oder „Bergstock" bedeutet und nach letzten Ergebnissen auf das alte mythische Weltbild des „Welt"- oder „Erd-Berges" zurückgeht, der, vielfach mit dem Stierrücken – lat. taurus, gr. tauros, Berg „Turis" im Atlas (griechische Mythologie) verglichen – den „Himmel" trägt. Der Wortstamm läßt sich an vielen Örtlichkeiten des asiatisch-afrikanisch-europäischen Kulturkreises feststellen!

W a n d e r k a r t e n : F&B: Blatt 20 oder 281 oder 201; ÖK: Blatt 96 u. 127; AV-Karte

Nr. 14; Kompaß-Wanderkarten 68 u. Dachstein-Tauern-Gebiet; WK Dachstein-Tauern-Region; G e h z e i t e n : Klettersteig (1986 angelegt, 1000 m Stahlseil, 200 Haken, 30 Trittbügel, anspruchsvoll!) selbst: ca. 2 Std.; bis zum Einstieg: durch Stollen ca. 30 Min.; von Türlwandhütte über Edelgrieß 2 Std.; über Schladmingergletscher und Koppenkar 2¹/₂ Std.; vom Guttenberghaus 1¹/₂ bis 2 Std.; HU.: PP Türlwandhütte 1680 m, Hunerkogel 2613 m, Edelgrießhöhe 2489 m, Niedere Gamsfeldspitze 2611 m, Hohe Gamsfeldspitze 2655 m, Schmiedstock 2634 m, Scheichenspitze 2667 m.

99 Zu Füßen der Dachsteinsüdwände

Das Wandern im Vorland der Dachstein-Südwände ist besonders im Spätherbst empfehlenswert. – Da kann man etwa vom Gh. Edelbrunn in der Ramsau den markierten Weg hinauf zur Austriahütte nehmen; knapp davor weist dann die Markierung links hinauf zum 1724 m hohen Brandriedel, den Peter Rosegger den „Betschemel am Altar Dachstein" nannte. – Über die Austriahütte wandern wir hinüber zur etwas höher gelegenen Türlwandhütte mit der Seilbahnstation und folgen nun weiter der Markierung im weiten Karbogen über die „Brandstell" gemächlich hinauf zur Dachsteinsüdwandhütte, jenem traditionsreichen Haus auf 1871 m. – Als Weiterweg schlagen wir nun den Pfad unter den Südwänden vor, der nach dem langjährigen Hüttenwirt der SW-Hütte „Pernerweg" genannt wird. – Beim Weiterwandern sind hochinteressante Einblicke in die Südwände mit ihren Kletterrouten möglich. Auch der Kontrast zwischen den graubraunen Kalkwänden und dem lieblichen, mit lockerem Lärchenwald bestandenen Almgelände sowie der Blick hinüber zu den Gipfeln der Schladminger Tauern sind ein Erlebnis. – Nach einer Stunde von der Südwandhütte (mehr oder weniger eben) gelangen wir auf den „Torboden", wo riesige Felsblöcke umherliegen. In steilen Serpentinen geht es nun 200 Höhenmeter hinauf zur scharf eingeprägten Scharte, die von einem Ausläufer des Torstein-Südostgrates und dem 2187 m hohen Raucheck gebildet wird. Mit Recht wird diese Scharte „Tor" genannt. Es empfiehlt sich unbedingt, von hier auf unmarkiertem Pfad, der allerdings Trittsicherheit erfordert, das Raucheck zu besteigen (hervorragende Einblicke in die Dachsteinsüdwand). – Vorbei an der Abzweigung des „Linzerweges" zur Adamekhütte, wählen wir nun die linker Hand abzweigende Markierung Nr. 614, die uns hinunter zum „Schnittlauchmoosboden" und weiter zur „Bachleralm" leitet. Auf der bezeichneten Route Nr. 671 geht es über den Marboden und die Maralm wieder zurück zur Südwandhütte bzw. schon vorher auf einer Forststraße rechts abwärts bis zur Abzweigung „Türlwandhütte" oder direkt auf die Ramsauer Zufahrtsstraße zur Seilbahnstation.

Dem höchsten Berg der Steiermark hat schon Erzherzog Johann, der leidenschaftlichste Bergwanderer des Kaiserhauses, von 1810 bis 1811 sein Interesse zugewandt; 1812 gelangte sein Bruder Erzherzog Karl bei einem Ersteigungsversuch bis zu dem nach ihm benannten Eisfeld, aber erst 1832 erreichte der Filzmooser Peter Gappmayer den Gipfel des Berges über den Westgrat. Schon 1819 hatte der Schladminger Jäger Jakob Buchsteiner allerdings den Torstein bestiegen, der damals noch als die höchste Erhebung des Dachsteinmassivs angesehen wurde. Ab 1840 begann dann Univ.-Prof. Friedrich Simony (Grabstätte in St. Gallen/G.) mit der systematischen naturwissenschaftlichen und bergsteigerischen Erforschung des Dachsteinmassivs, die in seinem Hauptwerk „Das Dachsteingebiet, ein geographisches Charakterbild aus den österreichischen Nordalpen", Wien 1889–1895, gipfeln sollte. Simonys Berichte über seine Erstereisteigung des Dachsteingipfels am 8. September 1842 und die zwei Septembernächte 1843, die er dort verbrachte, haben sogar in Adalbert Stifters „Nachsommer" literarischen Niederschlag gefunden. Noch heute kann man übrigens in Hallstatt das Arbeitszimmer Simonys im dortigen Museum besichtigen. Seit 1874 gibt es ein exaktes Kartenbild des Massivs, dessen Gipfel immer mehr wagemutige Männer anzogen. Der Ramsauer Gastwirt und Bergführer Johann Schrempf vlg. Auhäusler (mit Hans Steiner auch Erstbesteiger der Bischofsmütze, 28. 6. 1879) fand durch Zufall den Durchstieg durch die Hunerscharte; die große Alpingeschichte am Dachstein schrieb aber die nächste Generation: Die Brüder Franz und Georg („Irg") Steiner bezwangen am 22. September 1909 mit ihren 2 m langen „Stieglstecken" erstmals die Dachsteinsüdwand über die seither legendäre „Himmelsleiter der Steinerbuben". Viele andere sind durch ihre Leistungen in die steirische Alpingeschichte am Dachstein eingegangen; neben Kurt Maix, der sie in seinem Buch „Im Banne der Dachsteinsüdwand" (letzte Auflage im Bergland-Buch-Verlag, Salzburg 1981) packend zu schildern wußte, waren es Pichl, Gödl, Höfler, der Schladminger Matterhorn-Nordwand-Wintererstbegeher Leo Schlömmer, Peter Perner, Helmuth „Heli" Gebauer, Klaus Hoi, Albert Prugger und viele andere. Ausführlich dargestellt ist die Erschließungsgeschichte des Dachsteins im „Alpinmuseum" in der Austriahütte, das im Frühjahr 1989 von Walter und Lia Stipperger eingerichtet wurde.

W a n d e r k a r t e n : F&B: Blatt 20 oder 281 bzw. 201; ÖK: Blatt 96 u. 127; AV-Karte Nr. 14; Kompaß-Wanderkarte 68 u. Dachstein-Tauern-Gebiet; WK Dachstein-Tauern-Region; G e h z e i t : je nach Wahl 1 bis 5 Std.; HU.: Seilbahntalstation 1680 m, Dachsteinsüdwandhütte 1871 m, „Raucheck"–Tor 2033 m.

100 „Über den Stein" – Vom Krippenstein ins Ennstal

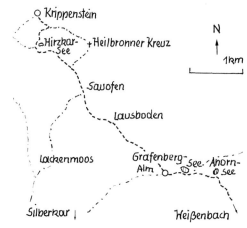

Eine Überquerung des Dachsteinplateaus ist eine äußerst lohnende Bergwanderung, die man aber nur bei sicherem Wetter unternimmt. Der Weg vom Krippenstein zur Grafenbergalm ist zwar sehr gut markiert, so daß man ihn auch bei Nebel gehen könnte, aber Gewittergefahr sollte man auf jeden Fall meiden. – Die erste Gondel von Obertraun zum Krippenstein fährt um 8.45 Uhr, und diesen Zeitvorsprung sollte man auch ausnützen. – Wir folgen zuerst der Markierung über die Schipiste hinunter in Richtung „Heilbronnerkreuz" und dann bald der Nr. 662 zu den „Hirzkarseelein". Durch eine mit großartiger Kalkflora bestandene Karstlandschaft führt uns das Steiglein zu den reizend gelegenen kleinen Seen und gleich darauf zu dem breit angelegten Rundweg, der vom Niederen Krippenstein zum Heilbronner Kreuz führt. Hier wenden wir uns nach links in östliche Richtung und folgen der Markierung Nr. 664, bis ein Wegweiser rechts mit der Nr. 666 zur „Grafenbergalm" weist. Eine Zeitlang verläuft hier auch gleichzeitig die Markierung Nr. 664, was uns aber nicht zu stören braucht. Schließlich trennt sich der Pfad 666 scharf rechter Hand und leitet uns in eine wunderbare grüne Karstlandschaft, die von Juli bis September überhaupt nicht kahl ist, sondern eine kleine Alminsel nach der anderen birgt. Besonders beeindruckend ist die Bergflora im Juli, wenn der Almrausch alles rot färbt! Wir sind in einer Seehöhe von etwa 1800 m unterwegs und befinden uns damit an der obersten Waldgrenze, die sich mit einzelnen interessanten Zirben/Latscheninseln und ganz wenigen Spitzfichten präsentiert. Der Pfad ist erstaunlich angenehm zu begehen und folgt den klassischen kleinen Felstälchen, wie sie auf den Kalk-Hochplateaus unserer Nordalpen so häufig anzutreffen sind. Manchmal säumen Felswandln den Weg, die bei genauerem Hinsehen verkarstete Gletscherschliffe zeigen. Wir kommen am „Sauofen" und „Lausboden" vorbei und sind erstaunt, nach etwa 4¹/₂ Std. in ein weites, welliges Almgelände und damit zur „Grafenbergalm" zu gelangen, die bewirtschaftet ist (Jungrinder und Pferde). Nun steht uns noch ein 2¹/₂ stdger. Abstieg über den reizvollen Grafenberg- und Ahornsee hinunter nach Weißenbach bevor, bis wir uns dort schließlich mit einem Taxi zurückfahren lassen.

H a l l s t a t t – ein klingender Name in der Weltgeschichte, haben doch die dort bei Grabungen ab 1846 entdeckten Funde die erstmalige Verwendung von Eisen im Alpenbereich nachgewiesen und damit die Bezeichnung „Hallstattkultur" zum historischen Terminus gemacht. Ein Besuch des Salzbergwerks ist daher ebenso lohnend wie jener im zweigeteilten Museum des Salinenortes, der seinen Gästen auch ein außergewöhnlich reizvolles „Altstadtbild", darunter die gotische Kirche Mariae Himmelfahrt und die gleichaltrige Friedhofskapelle, eine Dreifaltigkeitssäule von 1744 und den Rudolfsturm von 1284, zu bieten hat. Nur 5 km entfernt liegt in 514 m Seehöhe O b e r t r a u n , von wo die Seilschwebebahn nicht nur zum Eingang der berühmten Dachstein-Eishöhlen (Führungen von Anfang Mais bis Ende September), sondern auch ins Schigebiet des Krippensteins hinaufführt. Daß der Dachstein, von dessen acht Gletscher beherbergendem, 45 km langem und 20 km breitem Massiv rund die Hälfte zur Steiermark und je ein Viertel zu Salzburg und Oberösterreich gehört, kein „harmloser" Berg ist, beweisen Unglücksfälle wie jener am Karfreitag des Jahres 1954. 13 Schüler und ein Lehrer einer Wandergruppe aus Heilbronn mußten damals nach einem Wettersturz im Schneesturm ihr Leben lassen. Zu ihrem Gedenken und zur Warnung an alle Bergwanderer wurde bald danach das schlichte holzgezimmerte „Heilbronnerkreuz" in ca. 1970 m Seehöhe errichtet. Wie ein Wunder mutet es dagegen an, was dem 35jährigen, in Heidelberg stationierten US-Soldaten Ken Cichowicz im Herbst 1985 widerfuhr: Den Gletscherweg zur Simonyhütte abkürzend, war der erfahrene Rucksackwanderer oberhalb eines Eishanges ausgeglitten, 70 Meter über harten Schnee abgerutscht und in eine 3 m tiefe Eisspalte gefallen, wobei er sich einen Oberschenkelbruch sowie Arm- und Rippenbrüche zuzog. Es gelang ihm trotzdem, sein Zelt aufzustellen, und darin überlebte der tapfere Amerikaner am Rand des Hallstätter Gletschers, bis er nach 19 Tagen seinen Retter, den Ramsauer Bergrettungsmann Walter Aschauer, freudig begrüßte und dabei sogar fotografierte. Ein Fernsehfilm des ORF hat diese denkwürdige Rettung aus Bergnot festgehalten; mittlerweile hat sich Ken Cichowicz oberhalb von Washington bereits ein eigenes Haus gebaut; wen wundert es, daß Baustil und Einrichtung steirische Züge tragen?!
W a n d e r k a r t e n : F&B: Blatt 20 oder 281 bzw. 201; ÖK: Blatt 96 u. 127; AV-Karte Nr. 14; Kompaß-Wanderkarten 68 u. Dachstein-Tauern-Gebiet; WK Dachstein-Tauern-Region; G e h z e i t : ca. 7 Std.; HU.: von ca. 2000 m bis 721 m in Weißenbach.